헬로! 티베트

Hello! Tibet

헬로! 티베트

Hello! Tibet

백민섭 지음

(학)신구학원 신구문화사

중국 이동 루트

서울(Seoul)
웨이하이(威海)
지난(濟南)
정저우(郑州)
시안(西安)
란저우(兰州)
시닝(西寧)
거얼무(格爾木)
타클라마칸(Takla Makan Desert)
뤄창(若羌)
호탄(和田)
민펑(民豊)
쿠처(庫車)
아커쑤(阿克蘇)
카슈가르(喀什)
예청(叶城)
아리(阿里)
티베트고원(青藏高原)
구게왕국(古格王国)
카일라스(Kailas)
초모랑마 베이스캠프(珠峰大本营)
라싸(拉薩)
린즈(林芝)
참도(昌都)
더꺼(德格)
위수(玉樹)
마둬(瑪多)

육·해상 신실크로드 일대일로(一帶一路, One Belt One Road) 개념도

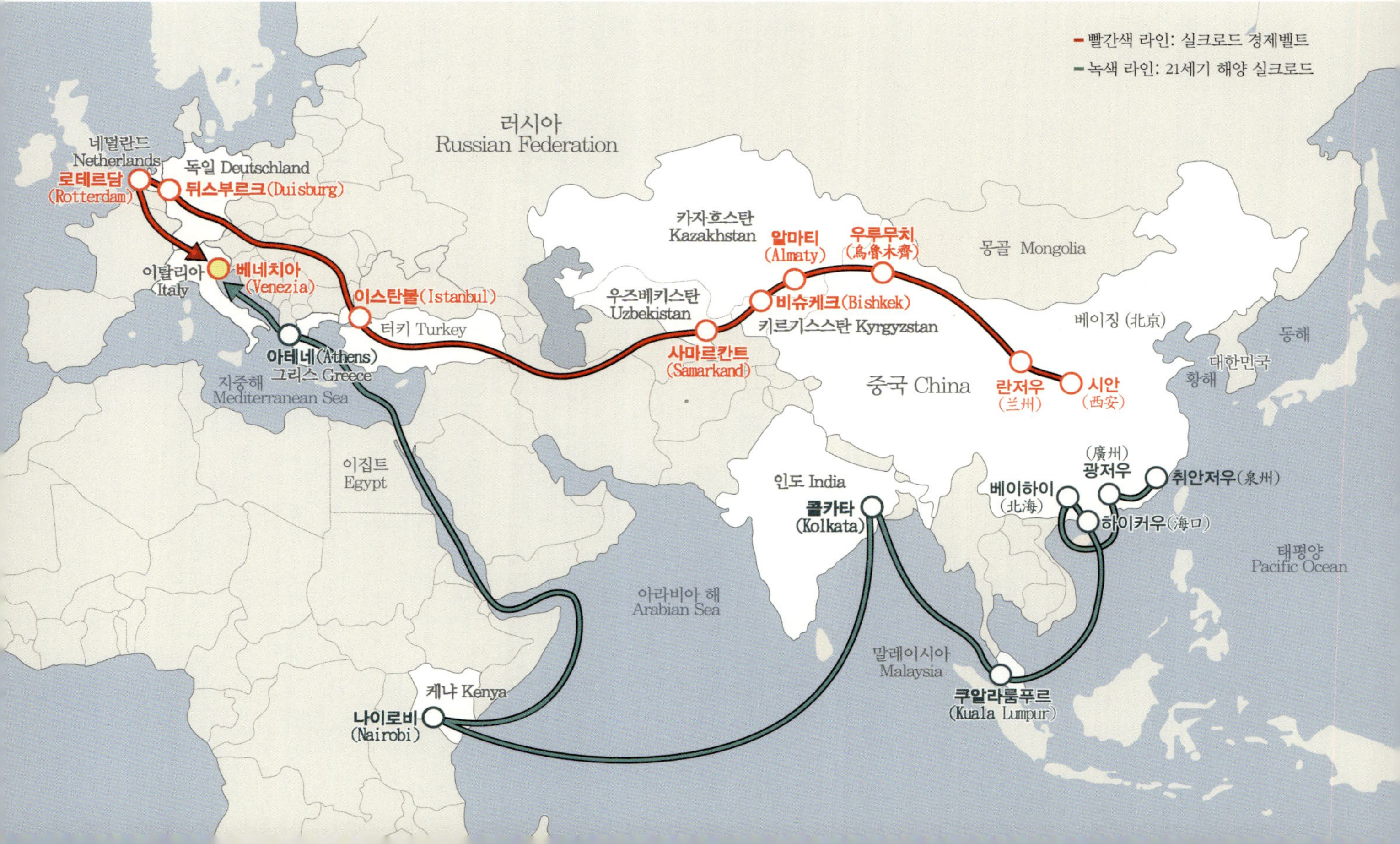

머리말

중국의 고대문화는 동으로는 한반도와 일본, 서로는 유럽까지 영향을 끼쳤다. 한 나라의 문화가 아시아와 유럽을 관통하여 하나의 문명권을 만드는 것은 불굴의 의지와 도전이 있었기에 가능한 일이었다. 그 의지는 지구상에서 가장 험난한 대지에 길을 뚫었다. 2000년을 넘게 동양과 서양을 잇는 가교로서 문화와 경제를 이어왔으며, 수천 년이 지난 오늘에도 여전히 치열한 삶의 터전으로 기능하고 있는 것이 바로 실크로드다.

이 동서 교류에 가장 큰 역할을 한 것은 이슬람 세력과 유목 민족이었다. 실크로드를 통해 비단을 비롯한 수다한 교역품과 문명이 교류하는데 견인차였다.

낙타가 걸었던 곳, 대상들이 걸었던 그 실크로드와 티베트를 향해 간다.

영토 정복과 문화 교류로 확대되는 아시아의 힘과 동·서양을 이은 실크로드가 인류 역사에 남긴 족적을 확인하기 위해서다.

유일하게 중국 중앙정부의 공식적인 허가를 받을 수 있었던 (사)한중자동차문화교류협회(회장 현광민)가 중국의 여유국, 체육총국, 해관총국, 그리고 가장 까다로운 인민해방군 총참모부의 공식적인 허가를 받아 진행한, 티베트를 포함한 중국 서부지역 대탐사가 이 책의 근간이 되었음을 밝힌다.

중국 정부의 비공개 원칙에 따라 오랫동안 미지의 세계로 남아 있었던 지구상의 마지막 오지인 티베트자치구와 신장위구르자치구가 속한 서부지역을 찾아간다. 그곳에 숨어 있는 수천 년 전 고대왕국의 신비, 극한지대에서 문명을 등지고 살아가는 소수민족들의 삶이 궁금하다. 서부대개발 현장과 일대일로(一帶一路, One Belt One Road)를 통해 다시 한 번 세계 제패의 꿈을 꾸고 있는 중국의 역동적이면서도 은밀한 모습을 확인하는 것도 의미가 있다.

인천항에서 뱃길을 따라 웨이하이에 상륙한 후, 지난, 정저우, 카이펑, 시안 등 중국 대륙의 중원을 가로질러 만 년 설산 티베트고원과 죽음의 땅 타클라마칸 사막을 거쳐 칭하이성에 이르기까지 장장 15,000km에 이르는 길을 한국의 자동차로 탐사하는 여정은 실로 상상 밖으로의 도전이다.

2020년 10월

백 민 섭

차례

Hello! Tibet

chapter **01**

미지의 파노라마 속으로

- 웨이하이
- 지난
- 정저우
- 시안

실크로드는 2000년 넘게 동양과 서양을 이었던 길이다. 동서양은 이 길을 의지해 오랜 세월 밀애를 나누었다. 한편으로는 침략과 압제라는 굴레가 쳇바퀴처럼 돌던 곳이기도 하다. 가도 가도 끝을 알 수 없는 아득한 길. 지친 몸을 기대 쉴 나무 한 그루 없고 하늘을 나는 새조차 찾아볼 수 없는 죽음의 땅을 그 옛날 우리보다 먼저 걸었던 이들의 흔적을 이정표 삼아 달린다.

실크로드는 과거의 영화가 굳어진 화석도 아니고 박물관도 아니다. 이름을 남기지 못한 숱한 구법승과 대상들의 뼈가 모래알처럼 흩어진 이곳은, 수천 년 세월이 지난 오늘날에도 여전히 수많은 사람들의 치열한 삶의 터전이다. 21세기,

실크로드와 티베트를 비롯한 중국 서부는 새로운 전기를 맞고 있다. 잊힌 기억을 더듬어, 과거에서 잠을 깨기 시작한 중국이 용틀임하기 시작한 것은 이미 오래전 일이다. 직접 그 현장을 확인하고 체감하기 위해 그 폐부 깊은 곳을 달리고 또 달린다.

가깝고도 먼 이웃. 그리고 까다로운 미래의 동반자.

자신을 지키려면 상대를 잘 알아야 하는 것은 상식이다. 역사·문화적으로 외면할 수 없는 이웃 중국을 바로 알 때 세계 속의 우리를 알 수 있을 것이다.

> "중국이 강대해지는 것은 21세기의 전 지구적인 문제인 동시에 수천 년 동안 국경을 맞대온 우리 한반도와 직결된 문제이다. 중국인들이 오늘을 이루어내는 동안 겪은 삶의 애환과 고달픔도 우리의 경험과 다를 게 무어랴?"
>
> (조정래,『정글만리』)

개혁개방 이후 30여 년 만에 세계 경제를 집어삼키며 세계의 중심으로 급부상한 중국. 수천 년 국경을 맞댄 중국과 우리는 과연 친구인가, 경계의 대상인가? 그 물음의 답을 구하러 길을 떠난다. 중국대륙의 중원을 가로질러 만 년 설산 티베트의 고원과 죽음의 땅 타클라마칸사막을 거쳐 칭하이성에 이르기까지 15,000km에 이르는 길을 탐사하는 도전이 웨이하이에서 시작된다.

출발점 산둥성(山東省) 웨이하이(威海)에서 지난(濟南)으로 가는 길은 멀고 험하다. 시내를 벗어나 교외로 들어서면 바닷가 주변에는 황토 흙을 개간해 만든 양식장이 길게 늘어서 성업 중이고 끝없는 밭은 지평선에 닿아 있다. 대부분 한국과 홍콩 등 외국으로 수출을 겨냥한 계획농사라고 하지만 그 규모에 기가 막힌다. 여기서 생산되는 옥수수와 감자, 채소류가 올해도 어김없이 한국시장을 공략할 것이다.

호수와 어울린 물의 도시 지난

몇 년 전 처음 왔을 때 보았던 우리나라 60~70년대 새마을운동을 연상케 했던 촌락들도 말끔하게 정리되어 있다. 하천의 곳곳은 모래채취가 한창이고, 군데군데 채석작업으로 생채기가 난 돌산이 흉물스럽다. 중국은 여전히 공사 중이다.

지난이 가까워질수록 방직, 제철공장들이 불쑥불쑥 나타났다 사라진다. 웨이하이에서 보았던 맑고 푸른 하늘은 온데간데없고 스모그에 공기까지 탁해진다. 공자의 향리(鄕里) 지난은 그렇게 다가왔다.

저녁부터 몰려든 대형 화물트럭 때문에 길이 막혀 늦게 도착한 시내. 칠흑 같은 어둠 속에 성처럼 보이는 건물이 꽤 많다. 건물들을 워낙 크게 짓는 터라 아파트형 공장 같기도 하고 아파트 단지 같기도 하다. 늦은 밤까지 작업 중인 공사장 불빛과 갓 지은 호텔의 화려한 네온사인이 여행자의 길을 밝혀 주고 있다.

황하를 따라 발전한 지난은 칭다오보다 역사가 깊은 도시이고 우리나라의 대전처럼 남과 북을 잇는 교통의 요충지다. 산둥반도 내 칭다오, 옌타이, 웨이하이 등에 사는 사람들이 북쪽으로 가기 위해서는 반드시 거치는 관문이다. 지난은 산둥성의 성도지만 칭다오보다 인구가 적다. 칭다오가 1,000만 명 정도인데 지난은 700만 명 정도가 산다. 그럼에도 중소 도시쯤으로 느껴진다. 대륙의 크기는 가늠하기가 참 어렵다.

지난은 오래전부터 샘의 도시(泉城)라고 불렸다. 물의 도시답게 도시를 가로질러 흐르는 물길이 전후좌우로 자유롭다. 지난 북쪽으로 흐르는 황하의 영향으로 수많은 샘이 있고 도심을 관통하는 수로는 버드나무와 어우러져 빼어난 경관을 자랑한다. 마치 공원에 있는 듯한 느낌이다.

청나라의 시인 리우 펑하오(劉鳳浩)가, "사면이 연꽃이고 삼면은 버드나무라네. 성안 가득 푸른 산 빛이요 절반은 호수로다(四面荷花三面柳, 一城山色半城湖)."라고 묘사한 것이 전혀 과하지 않다.

지금은 관광지가 된 표돌천(趵突泉)과 대명(大明)호수, 흑호천(黑虎泉) 등이 예전에는 더 고즈넉했으리라 짐작된다. 2,600여 년의 무거운 역사를 가진 도시답게

대명호

무시할 수 없는 기운과 향기가 있다. 한편으로는 거대한 공장지대가 매연을 뿜어대고 한편으로는 수백 수천 년 된 취쉬이팅(曲水亭)과 푸룽지에(芙蓉街) 같은 옛 마을이 보전되어 전통과 명맥을 이어오고 있다는 사실이 더 놀랍다. 지난은 조금 더 두고 볼 필요가 있는 도시다.

중국의 도시에서 이른 아침에 움직이는 것은 일종의 도박이다. 지난 역시 마찬가지다. 몇 년 사이에 엄청나게 커진 도시의 아침은 자전거와 오토바이, 차량에 엉켜 그야말로 인산인해다.

겨우 도시를 빠져나와 정저우(鄭州)로 가는 고속도로에 올라선다. 땅덩어리가 넓은 만큼 중국의 기상도 천변만화한다. 시시때때 밀려드는 짙은 안개와 비는 고속도로에서도 여행자를 긴장하게 만든다. 한국에서는 볼 수 없는 공룡트레일러(어떤 것은 1톤 트럭 16대를 세워서 실은 경우도 있다)가 수십 톤의 화물을 싣거나, 사이드 미러가 아예 보이지 않을 정도로 짐을 빼곡히 실은 차들이 하중을 이기지 못하고 기껏해야 시속 50~60km로 열을 지어 달리면 고속도로는 명절 귀성길처럼 주차장으로 변한다. 이런 것은 실제로 목도하지 않으면 상상할 수 없는 경험이다. 더구나 브레이크를 잘 밟지 않는 운전습관과 수천 km에 이르는 장거리 주행의 피로는 전복, 충돌사고로 이어져 고속도로는 아수라장이 된다.

사정이 이렇다 보니 도로는 성할 날이 없다. 곳곳에 고장난 차를 수리하고 길은 덧칠하기에 바쁘다. 그래서 '중국의 길은 언제나 공사 중'이다. 그 일차적인 원인은 과적이다. 상상을 초월하는 엽기적인 과적기술만큼은 세계 최고 수준이다. 중국의 고속도로가 워낙 길다 보니 한 번에 많이 싣고 가는 것이 이익임은 분명하다. 과적을 엄격하게 단속하면 물가가 상승할 것이라는 분석도 있다. 이 같은 현실을 잘 알고 있는 중국 정부가 경제발전의 첨병이요 서부개발의 주역인 그들을 쉽게 통제할 수 없는 것도 현실이다.

중국의 고속도로는 지루하다. 어찌나 땅덩어리가 넓은지 한참을 달려도 한번 펼쳐진 풍경은 쉬이 바뀌지 않는다. 그러나 찬찬히 살펴보면 반짝이는 새로움과 지혜가 돋보인다. 고속도로변 가로수는 세 겹 이상 켜켜이 조림되어 방풍림 역할뿐 아니라 토양의 사막화 현상도 막아 준다. 나무 사이사이에는 크고 작은 연못을 만들어 농업용수로 활용한다. 더욱 놀라운 것은, 지난에서 시작한 집단 옥수수 밭이 수백 km를 달려도 마치 똑같은 그림을 펼친 듯하고, 그 다음 100km가 밭이면 200km는 논을 보고 달린다는 것이다. 중국이 얼마나 넓고 무한한 잠재력을 가진 나라인지 피부로 느껴지는 풍경이다.

수백 km 넓게 펼쳐진 논에는 노랗게 물든 벼이삭이 안개비에 젖어 수줍게 숨어 있다. 그 끝에 정저우*가 있다. 대평원으로 진입하면서 넓어지는 황하 남쪽 유역, 숑얼산맥(熊耳山脈) 동쪽 끝이다. 이 도시를 중심에 두고 남북으로 타이항산맥(太行山脈)과 허난성 서부산맥의 가장자리를 따라 난 길, 동서로 황하, 시안을 따라 놓인 길이 교차한다.

정저우는 중국 최초의 왕조인 하나라 이후 약 20개 왕조가 도읍을 정했던 유서 깊은 도시다. 우리에게 정저우는 쑹산(嵩山) 자락에 위치한 샤오린스(少林寺)라는 등식으로 인식된다. 삼국지에 무수히 등장하는 인근의 뤄양(洛陽)과 카이펑(開封) 같은 도시에 비해 덜 알려졌지만 사실은 3,500년 역사를 자랑하는 곳으로 한때는 중국의 중심 무대였다. 황하문명의 시작점이자 소위 중국을 '중원(中原)'이라고 칭했던 시절 중원은 정저우와 인근 뤄양, 카이펑(開封)** 등의 도시를 의미했다.

중원을 잡는 자, 천하를 잡는다고 했다. 아마도 과거 중국 영토의 한가운데 위치한다는 상징적 의미와 황하라는 수로를 통해 교통과 물류가 발달하고 곡창지

* 허난성 중북부 도시, 황하 하류에 위치.

** 기원전 전국시대의 위나라와 5대 10국의 5대와 북송이 수도로 삼은 곳.

대라는 여건을 가졌기 때문이었을 것이다. 그래서 덩샤오핑이나 장쩌민도 정저우를 비롯한 허난성(河南省)의 몇 개의 도시가 중국 역사의 중심이라고 했다.

오늘날의 정저우는 허난성의 성도(省都)로 정치·경제·문화의 중심지이자 중국을 사통팔달로 연결하는 철도 교통의 심장부다. 인천공항에서 2시간 남짓 비행거리임에 비해 우리에게 비교적 덜 알려진 곳이다. 최근에 경제가 급부상한 광둥성과 산둥성에 추월당했지만 얼마 전까지만 해도 중국 행정구역 중 최대 인구를 자랑하는 경제 후발지역으로 1억 명 이상이 살고 있는 대도시다.

'정저우를 지나지 않는 기차는 없다'라고 할 정도로 철도가 눈부시게 발달했다. 우루무치에서 란저우, 시안을 지나 동으로는 장쑤성(江蘇省)의 롄윈항(連雲港)까지 연결되는 룽하이선(隴海線)* 과 중국의 남북을 잇는 징광선(京廣線)** 이 만나는 교통의 요충지이다. 신실크로드 프로젝트의 일환으로, 중국과 유럽을 잇는 10,214km 열차 노선(2013년 7월 개통)의 중국 기점이 바로 정저우다.

중국은 현재 서부대개발의 두 중심지, 즉 시베이(西北)의 시안(西安)과 친링산맥(秦嶺山脈)을 넘어 시난(西南)***의 청뚜(成都)를 잇는 고속도로를 건설 중인데, 정저우는 이 도로의 중심이기도 하다.

최근 들어 2·7기념탑 광장****을 중심으로 구도심과 현재 CBD(Central Biz District) 역할을 하는 정둥신취(鄭東新區)를 중심으로 신도시가 어우러져 옛 영화를 구현하기 위해 일취월장하는 모습을 잘 보여 주고 있다.

정저우를 지나 30분 정도 달려 싼먼샤(三門峽)에 이르면 멀리서도 확연히 탁한

* 간쑤성 란저우와 장쑤성 롄윈항 간 철로.

** 베이징과 광저우를 남북으로 잇는 철도.

*** 중국 6대 지리대구의 하나로써, 중국 서남부의 충칭시, 쓰촨성, 윈난성, 구이저우성, 티베트 자치구를 포함한다.

**** 1923년 노동자 시위 때 유혈 진압된 참사를 공산정부가 들어서면서 기념하기 위해 만든 탑.

정저우역 동광장

2·7기념탑 광장

황하가 들어온다. 언뜻 보아도 그 폭이 한강의 몇 배는 됨직하다. 황하는 멀고도 먼 칭하이(青海)성에서 발원한 강이다. 물줄기는 칭하이성 남동부를 흐르면서 쓰촨성(四川省)과 경계를 이루고, 간쑤성(甘肅省)과 시닝(西寧), 란저우(蘭州)를 거쳐 산시성(山西省)의 싼먼샤, 화베이평야(華北平野)를 거쳐 산둥성의 보하이만(渤海灣)으로 들어간다.

장장 5,400여 km를 흐르는 이 강은 한족과 소수민족들의 젖줄인 동시에 문화의 원천이다. 그동안 저 물로 인해 수많은 이들이 웃기도 하고 울부짖기도 하였을 것이다. 지난 3천 년 동안 1,500회 이상 범람해 제방을 무너뜨리고 26번이나 물줄기를 바꾸었다는 황하가 무겁고 넉넉하게 흐르고 있다.

일모도원(日暮途遠)이라 했던가. 해는 떨어지고 아직도 가야 할 길은 200여 km가 남았다. 고속도로를 점령한 대형 트레일러 무리를 피해 곡예하듯 달린 끝에 도착한 시안의 화려한 야경이 등대처럼 우리를 기다리고 있다. 13개 왕조가 수도로 삼고 70여 명의 황제가 살았다는 3천 년 역사의 중심지다.

머나먼 실크로드의 출발지 시안에 피곤으로 뒤범벅이 된 채 도착한다.

chapter **02**

찬란했던 위용, 역사의 뒤안길로

시안

란저우

3천 년 고도이자 실크로드의 출발지 시안. 한나라 때 '자손이 영원히 평안하기를 바란다(慾其子孫長安)'는 뜻의 '장안(長安)'이라고 했으나 명대(1369년)에 이르러 '서쪽이 평안하다'라는 뜻으로 시안(西安)으로 고쳐 불렀다.

시안은 거대한 장기판 모양으로 이루어진 도시다. 과거에는 길이 36km, 높이 5m에 이르는 긴 성벽으로 둘러싸여 있었다고 한다. 지금 남아 있는 것은 남쪽 성벽의 일부다. 오늘날의 시안은 예전의 화려함이나 웅장함을 상상하기 어렵다. 현대화의 바람은 3천 년 고도(古都) 시안도 빗겨 갈 수 없는 광풍이었다. 찬란했던 한나라 때 장안의 위용은 기념물처럼 명맥만 유지한 채 콘크리트 빌딩과 상가로 변해 생채기투성이다.

당시의 전통이 비교적 잘 보전되어 있다는 후이족 시장을 찾았다. 수천 년 역사를 자랑하는 후이족 거리는 골목마다 형성되어 있다. 고루(鼓樓) 뒤에 위치한 베이위안먼(北院門) 거리의 후이민제(回民街) 골목은 후이족의 심장부로 시안의 후이족이 대부분 모여 사는 곳이다.

후이족이 직접 만들어 판매하는 음식과 왁자지껄한 장터를 구경하는 재미가 쏠쏠하다. 요즘의 후이민제는 온통 먹자판이라고 단언하는 것이 맞겠다. 다양한 먹을거리와 기념품가게 그리고 관광객과 거리악사들의 음악이 섞여 불협화음으로 다가온다. 그 옛날 실크로드의 출발점이자 최대의 교역장소 중 하나였다는 사

실크로드 기점 조형물

실을 믿기 어렵다. 구멍가게만한 비단가게 몇 집이 고가의 상품을 진열하고 있으나 이를 실크로드의 흔적으로 삼기엔 너무 초라하다.

시안의 서쪽 관문, 수백 년 동안 대상(隊商)들이 서역으로 끝없는 여행길을 시작하던 곳에 거대한 돌조각 하나가 있다. 실크로드를 개척했다는 장건(張騫)을 필두로 실크로드에서 만났던 여러 민족을 형상화한 조각상이다. 심드렁한 현대 조형물 하나가 창대했던 실크로드 역사를 대변하기에는 역부족이다.

조각상을 뒤로 하고 깐쑤성의 성도(省都) 란저우로 길을 잡는다. 시안에서 란저우로 가는 길은 고속도로를 벗어나 지방도로를 택한다. 500여 km 멀고도 거친 길이지만 황토고원 다랑이 밭의 거대한 장관을 그냥 지나칠 수는 없는 일, 고생을 자초한다.

예상했던 대로 길은 엉망진창이고, 고장난 차들은 장소에 구애 없이 돌멩이 몇 개로 표식을 하고는 제멋대로 정차해 있어 수시로 안전을 위협한다. 가지런한 것은 수양버들 곱게 늘어진 가로수뿐이다. 사정이 이러한데도 셀 수 없을 만큼 많은 톨게이트에서 통행료를 징수한다. 톨게이트 옆에 정부지시문건으로 요금 징수의 이유를 커다랗게 입간판으로 해놓았는데, 공로(公路)사업과 도로보수비 충당을 위해서란다. 하긴 이것이 어디 란저우 가는 길 뿐이겠는가?

실크로드를 따라 서북 방향으로 약 150km를 가면 삔현(彬縣)에 도착한다. 실크로드가 번성하던 시절 관문으로 실크로드의 주요 접점 중의 하나였다. 오늘날 셴양시(咸陽市) 삔현의 312번 국도변에는 산시성(陝西省) 최대의 석굴인 대불사(大佛寺)가 있다. 당나라 초기(628년) 당태종 이세민이 전사한 병사들의 영혼을 달래기 위해 세웠다는 전설과 함께 불교가 흥성하던 시기에 지어진 사원 중 하나로 실크로드를 통한 불교의 전래연구에 중요한 가치가 있다고 알려졌다. 칭량산(清凉山) 자락에 동굴을 파고 돌을 조각해 조성된 것으로 약 400m 길이의 절벽면에 130여 개의 석굴이 있다. 2014년에 세계문화유산으로 등재된 '실크로드 장

대불사

안-천산 랑도도로망(絲綢之路:長安～天山廊道的路网)'의 유적지 중 하나이기도 하다.

이 사원을 지나면 산세가 변하기 시작한다. 구름 같은 평평한 산들이 봉긋봉긋 병풍처럼 나타나는데 자세히 보면 사방이 온통 계단식 논과 밭으로 펼쳐지고, 시작도 끝도 알 수 없는 황토협곡이다. 어느 한곳도 빈틈없이 사람의 손길이 닿아 있다. 어떻게 이 넓고 높은 곳까지 개간을 했을까? 논과 밭 사이로는 수많은 크고 작은 토굴이 보인다. 농작물을 저장하기도 하지만 아직 사람이 살기도 한다. 어느 곳은 폭이 1~2m 정도로 논이라고 하기에는 부끄러운 자투리땅이다. 그러나 농부에게 땅은 생명과도 같은 것이라 그곳에도 사람의 손길이 꼼꼼하다. 자연은 위대하고 그 자연은 농심에 젖어 있어, 고귀하고 위대한 것은 사람이라는 생각이 든다.

서글픔도 있다. 서부대개발 여파로 결딴난 동네도 없지 않다. 개발붐에 편승해 갑자기 넓어진 도로, 끊임없이 왕래하는 차들로 인해 평화롭던 마을이 두 쪽이 됐다. 에코 브리지를 찾는 짐승처럼 가드라인과 중앙분리대를 넘어 어딘가를 찾아가고 있는 코흘리개 꼬마가 애처롭다.

간쑤성의 마지막 도시 핑량(平凉)을 지나 닝샤후이족자치구(寧夏回族自治區) 남단으로 들어선다. 26개의 성(21개의 성과 5개의 자치구) 중 가장 가난한 자치구로 알려진 곳이다. 북서부에 위치해 기후가 혹독하기로 유명하다. 겨울에는 춥고 여름에는 폭염으로 관개시설이 필수적이다. 닝샤후이족자치구는 황하가 없었다면 사람이 살지 못했을 만큼 척박한 곳이다.

인구의 3분의 1이 후이족(回族)이고, 나머지는 한족이다. 소수민족인 후이족은 이슬람화된 한족으로 7세기 당나라 때부터 13세기 원나라까지 중국에 유입된 아랍과 이란, 투르크계 상인들의 후손이다. 후이족으로 불리게 된 배경은 중국과 무역하던 이들이 추운 겨울이 되면 따뜻한 중동지방으로 갔다가 날씨가 풀리면 중국으로 돌아왔기 때문에 '돌아올 회(回)'를 붙여 후이족으로 불리게 되었다. 후이족 대다수는 지금도 이슬람을 고수하고 있지만 장기간 혼혈과 통혼으로 전반적으로는 한족문화에 동화되었다.

황하의 상류 지역에 위치한 닝샤자치구의 남부는 황토고원(黃土高原)과 리우판산(六盤山)이 대부분을 차지하고, 북부는 황하 유역의 닝샤평원(寧夏平原)이 대부분이다. 기후는 건조하지만 2,000여 년 전 진한(秦漢)시대부터 황하의 물을 끌어대는 관개수로가 발달하여 '새북(塞北: 북쪽 변방)의 강남(江南)'으로 알려질 만큼 오랫동안 농경을 주로 했던 지역이었다.

춘추시대(기원전 770~403) 때 중원 진출을 꿈꾸던 진목공(秦穆公)을 도와 진(秦)나라 통일에 공헌했던 백리해(百里奚)는 이곳을 일컬어, "산세는 들개와 같고, 들판은 긴 뱀이 뻗은 것과 같은 이곳(陝西省과 甘肅省 일대)을 주(周)나라는 지키지 못하고 진나라에 내주고 말았으니 그것이 하늘의 도움"이라며, "주변의 수십 개의 오랑캐들을 복속시켜 그 백성을 모으고 농사를 지어 식량을 조달할 수 있다면 중원(中原)의 어떤 나라와도 싸울 수 있다."며 이른바 서방패권론을 주장했다. 그만큼 그 옛날에도 농사짓기 좋은 곡창지대였고 중원을 차지하기 위해서는 반드시 필요한 교두보였다.

실크로드의 주역이었던 이들은 한때 '하늘 아래 황하의 부는 닝샤에 있다(天下黃河富寧夏)'라고 할 정도로 전성시대가 있었다. 그러나 중국의 주인이 수도 없이 바뀌는 역사의 부침은 후이족에게도 그대로 흥망성쇠가 되었다. 청나라 때는 반이슬람정책으로 박해를 받자 태평천국의 난(1851~1864)으로 혼란한 틈을 타 이슬람교도들이 종교적, 민족적 반감으로 둥간의 난(東干反亂)*을 일으켜 반군정부를 수립하지만 1877년 청의 쭤쭝탕(左宗棠, 1812~1885)**에 의해 무참히 진압당한다. 당시 후이족은 중국 전역에서 1,200만 명이 살해당하거나 주변국으로 탈출하면서 급격히 쇠락하고 닝샤는 암흑기를 맞이한다.

식량을 자급할 수 있는 비옥한 토지와 풍부한 광물자원을 보유하고 있으나 불리한 교통여건, 기초 산업기반 미비 등으로 오랫동안 낙후되어 한때는 구이저우(貴州), 칭하이성과 함께 가장 가난한 자치구 중 하나였다.

* 1862년 중국계 무슬림인 둥간과 위구르인들이 일으킨 반란.

** 청나라의 정치인, 군인. 청나라 말기에 이홍장, 증국번과 함께 군사중심 근대화운동인 양무운동의 실질적 지도자.

중화인민공화국이 들어선 이후, 1958년 빠오터우(包頭)~란저우 철도가 완공되면서 고립에서 벗어날 기회를 잡았지만 결과는 순탄하지 않았다. 그러나 중국 정부의 꾸준한 지원으로 닝샤후이족자치구는 새로운 전기를 맞고 있다. 신실크로드인 일대일로 사업이 추진되면서 그 옛날 실크로드의 주인이었던 닝샤지역과 후이족이 새롭게 주목받게 된 것이다.

최근에 건설된 바오웨이철도는 바오지(保鷄)에서 중웨이(中衛)까지 운행한다. 인촨과 바오지, 란저우 사이에는 고속도로가 있으며, 베이징, 시안, 타이위앤(太元) 등 중국의 주요 도시로 통하는 항공편들이 늘어나는 등 교통편이 개선되면서 닝샤의 저력이 서서히 발휘되고 있다.

十八里鎭 톨게이트를 지나자마자 란저우로 연결되는 고속도로를 만난다. 500km에 이르는 지옥 같은 국도에 지친 사람들이라면 환호성을 지를 만하다. 그러나 란저우 가는 고속도로 위에서도 황토고원의 명물 다랑이논의 파노라마는 끝나지 않았다. 멀리서 보는 계단식 논과 밭에는 능선을 따라, 산길 가는대로 가느다란 길이 나 있다. 산책길 같은 그 길을 따라 농부들은 해발 수백 미터를 오르내리며 오늘도 농사를 지으러 다닐 것이다. 그 실 같은 길을 보면서 농심을 천심으로 알고 살아가는 이들의 순수와 행복을 느꼈다면 지나치게 감상적일까.

란저우는 중국 정부의 서부개발정책으로 서북부 최대의 공업도시로 빠르게 발전하고 있는 간쑤성의 성도이다. 실크로드에 해당하는 간쑤성과 칭하이성 그리고 신장성(新疆省)을 가려면 반드시 거쳐야 하는 길목이다.

황토고원의 회랑을 빠져나오자 황톳빛 강을 만난다. 멀리 아치형 다리가 눈에 든다. 황하대교다. 난향(蘭香) 가득한 도시, 란저우는 멀고도 험한 주행으로 지친 우리에게 환상처럼 다가온다. 황하의 발원지는 칭하이성이지만 도시로서는 란저우에서 시작한다. 때문에 강변에는 황하를 어머니의 젖줄로 비유해 황하모친(黃河母親)상을 조각해 놓았다. '황하의 중심지는 란저우'라는 자부심을 드러낸

중산교

란저우 전경

것이다.

란저우 시가지에는 황하를 가로 지르는 중산교(中山橋)가 있다. 중산(中山), 왠지 익숙하지 않은가? 우리에게 잘 알려진 중국 근대혁명의 아버지 '쑨원(孫文)'의 또 다른 이름인 '손중산(孫中山)'에서 따온 이름이다. 쑨원의 별호를 딴 철교니 중국인들이 이 다리를 얼마나 사랑하는지 짐작이 된다. 중산교의 또 다른 이름인 황하제일교(黃河第一橋)는 황하에 설치된 최초의 철교라는 뜻이다.

1909년 독일이 건설하였다. 당시에는 칭하이성과 티베트를 연결하는 유일한 교통로뿐 아니라 중원과 서북 지역의 경제, 문화, 국방력 강화에 지대한 공헌을 했다고 평가받고 있다. 공산혁명 당시에는 후이족 군벌 세력 하에 있던 이 철교를 점령하기 위하여 많은 희생을 치렀다. 자동차도 다녔으나 2004년 재보수하면서 문화재 보호를 위해 차량 통행을 전면 금지했다. 사실상 철교로서의 역사는 막을 내린 것이다. 지금은 사람과 자전거만 통행이 가능하다.

오히려 중산교는 차량이 통제되면서 란저우의 명물로 자리잡았다. 연인들은 물론 가족 단위 시민들의 휴식처이기도 하고, 황하의 역동적인 모습에 감격하고 때론 소원을 비는 장소가 되기도 한다. 황하는 중국인들에게 단순한 강 이상의 의미를 지닌다. 도도히 흐르는 강은 중국 역사와 함께 중국인의 삶이 담겨 있다고 믿기 때문이다.

지난 시절 간쑤성은 역사적으로 가장 중요한 동서교역로에 위치한 까닭에 많은 이익을 보았다. 시안에서 출발했던 길은 간쑤성의 성도 란저우에서 티베트와 몽골 방향으로 갈린다. 교통의 분기점이었던 란저우는 중국 서부 접경지역에 살던 이민족들이 교역을 하기 위해 모였던 곳으로 한때 부귀영화가 넘쳤던 곳이다. 그러나 실크로드의 영화가 끝나면서 란저우 시대도 막을 내렸다. 대부분이 산이나 사막으로 뒤덮인 불모의 간쑤성의 성도 란저우는 오랫동안 가난했고 잊혀진 지역이었다.

란저우대교

그런 란저우가 상업의 중심으로 다시 발전하기 시작한 것은 1949년 10월 1일 국공내전에서 중국 공산당이 승리한 후 중국의 국가철도망 확장계획에 란저우가 포함되면서부터다. 1963년 완공된 1,892km 길이의 란저우~우루무치 사이를 잇는 철도는 간쑤성과 란저우의 고립 상태를 상당 부분 완화시켰을 뿐 그 후로도 침체기는 오래 지속되었다.

그러던 차에 2000년부터 본격적으로 추진된 '서부대개발'은 천재일우의 호기를 제공했다. 간쑤성, 칭하이, 티베트자치구를 가기 위해서 반드시 거쳐야 하는 동서교통의 요충지 란저우가 서부대개발의 '뉴 프런티어'가 된 것이다. 불과 인구 수십만의 변방도시가 서부대개발의 영향으로 인구 360만 명이 넘는 서북부 최대의 공업도시로 급성장했다.

2014년 란저우~우루무치를 연결하는 '란신(蘭新)철도 제2노선'이 개통되었다. 총길이 1,766km가 넘는 철도는 란저우서역(蘭州西驛)을 출발해 칭하이성, 시닝, 간쑤성 장예(張掖), 주취안(酒泉), 자위관(嘉峪關), 신장자치구 하미(哈密), 투루판(吐魯番)을 거쳐 우루무치에 이르는 노선이다. 최고시속 250km로 설계된 고속철은 20시간 넘게 걸리던 운행시간이 8시간으로 단축됐다.

이어서 2015년 3월 중국 양회(中國 兩會)에서 지역 균형발전을 위한 전략으로 제시된 '전국 유통 허브도시 육성 계획(全國流通節點城市布局規劃, 2015~2020)'이 확정되었다. 일대일로 등 발전전략을 추진하기 위해서 중국 전역의 도로망을 경제특구 및 국가급 개발구를 연결하여 내수확대와 소비진작을 위한 유통망을 정비하는 계획이다.

유통 허브도시 육성을 통해 중국 정부의 핵심 프로젝트인 일대일로도 탄력을 받을 것이고 아울러 장기적으로는 중앙아시아와 유럽을 잇는 계획의 연장으로서 현대판 '실크로드'의 꿈을 다시 이루게 될 토대를 구축하고 있는 셈이다. 그 허리 역할을 하는 란저우는 당분간은 망치소리가 여전할 전망이다. 황하를 젖줄로 삼은 란저우는 화려하게 되살아나고 있다.

호사다마라고 했던가. 지형적 특성도 있지만 1950년대 이후 전략적으로 추진되었던 급속한 공업화 정책이 란저우를 공해도시로 만들었다. 환경오염의 심각성은 란저우 일대의 사막화를 촉진하고 있다.

칭하이성으로 가기 위해 황하대교를 건널 때다. 황하대교 끝에서 시작된 협곡의 민둥산부터 스프링클러가 돌아가고, 사방공사와 함께 조림사업을 하고 있었다. 이는 도시 코앞에 사막이 있다는 것을 의미한다. 예전에는 서쪽에서 날아오는 모래를 막는 것이 고작이었지만 지금은 보다 철저하고 거대한 생태복원사업을 시행 중이다. 황토산만 개조하는 것이 아니라 경사 25도 이상의 밭들도 정부가 보상을 해주고 조림사업을 하는 이른바 '퇴경환림(退耕還林)' 작업이 동시에 진행되고 있다. 이렇게 해서 동서 60km, 남북 5~50km의 '거대한 숲'을 조성

서부대개발(西部大開發)

덩샤오핑(鄧小平)의 '선부기래(先富起來)'*의 구호 아래(선부론) 중국 동부 연해 지방은 개혁개방정책의 혜택을 받아 눈부신 경제발전을 이루었다. 그러나 내륙의 여러 지역은 뒤떨어져 연해 지방과의 소득 격차가 확대되었다. 이 때문에 장쩌민(江澤民) 정권은 2000년부터 서부대개발 계획을 출범시켜, 철도·도로 건설 등 인프라 정비나 투자환경의 정비, 과학 교육의 발전 등 우대정책을 실시했다. 후진타오(胡錦濤) 정권도 서부개발은 부동의 정책이라고 표명한 이후 현재까지 중화인민공화국 국무원이 실시하고 있는 개발정책 및 경제동향을 말하는 주요 정책을 말한다.

2000년 3월 전국인민대표대회에서 정식 결정된 4개의 주요 프로젝트는 다음과 같다.

서전동송(西電東送): 서부의 전기를 동부로 보냄.
남수북조(南水北調): 남부의 수자원을 북부로 보냄.
서기동수(西氣東輸): 서부의 천연가스를 동부로 보냄.
칭짱철도(青藏鐵道): 시닝과 라싸를 연결하는 철도를 건설함.

해서 사막의 확산을 막는다는 계획이다.

이 중국스러운 거대한 녹화사업이 성공을 거둘지는 두고볼 일이다. 민둥산에 나무젓가락 꽂듯 작은 묘목들이 뱅뱅이 돌려 심어진 모습을 120여 km 구간에 걸쳐 직접 목격했지만, 그 결과는 10년쯤은 지나야 예측할 수 있지 않을까. 무모한 것 같지만 한 뜸 한 뜸 꿰어 옷을 짓는 심정으로 산을 가꾸는 중국인들의 느린 걸음이 놀랍고도 존경스럽다.

* 1985년경부터 덩샤오핑이 주창한 개혁개방의 기본 원칙으로 일부가 먼저 부유해진 뒤 이를 확산한다는 이론.

chapter **03**

티베트로 가는 길

- 란저우
- 시닝
- 마둬

2005년도에 개통된, 란저우～시닝 간 고속도로는 시원하다. 서부대개발 계획으로 만들어진 도로답게 넓고 길다. 가끔 지나는 거대한 화물차들의 굉음을 제외하고는 한산하다. 솜이불 같은 안온한 중국의 고속도로에서 병풍 같은 경치를 한껏 즐기며 칭하이성의 심장 시닝을 향해 달려간다.

란저우에서 시작된 녹화사업은 끝없이 펼쳐지고, 수천 년 동안 힘겹게 숨을 쉬고 살았을 법한 황토산들도 생긋 미소짓는 듯하다. 멀리 드문드문 스쳐가는 토담집의 굴뚝에서 아침을 준비하는 흰 연기가 피어오르고, 한 집 건너 커다란 위성 안테나가 이채롭다. 해발 2천 m가 넘는 산등성이로 고압선 철탑이 주마등처럼 지나친다. 뭔지 모르지만 중국은 지금 거대한 숨쉬기를 하고 있다는 것이 느껴진다.

란저우에서 칭하이성까지 240km 이르는 고속도로를 막대한 비용을 들여 건설한 이유는 무엇일까? 시닝은 전략적 요충지임에도 불구하고 그동안 도로사정이 좋지 않아 도시성장에 어려움이 많았다. 시닝을 중심으로 칭하이성 일대의 막대한 지하자원과 물류유통이 되지 않아 경제적 손실은 물론 지역개발이 더딘 것이 결정적 이유였다. 관광지로 발돋움하고 서부개발의 요충지로 거듭날 기회를 노리고 있는 시닝으로서는 새로운 전기를 맞은 것은 분명하다.

시닝의 대표적인 이슬람 모스크인 동관 청진사

웨이하이를 출발하여 3일 만에 도착한 칭하이성의 성도 시닝. 이름만 들어도 시원한 느낌이 나는 도시다. 분지에 형성된 도시로 티베트족(藏族), 회족(回族), 몽골족(蒙古族), 만주족(滿洲族) 등 35개의 소수민족이 한족(漢族)과 함께 사는 인종 전시장이다. 이 땅의 주인이 그만큼 많이 바뀌었다는 증거일 것이다.

요즘은 칭하이⇔티베트 길을 다니는 외국여행객들의 출발지로 변모했다. 버려진 골짜기에 자리한 역사만큼 우울했던 시닝이 한창 활기를 띠고 있는 것이다. 다운타운을 중심으로 고층건물과 대형 슈퍼마켓, 아파트들이 들어서며 제법 대도시의 형태를 갖추었고, 예외 없이 파고드는 현대화의 바람 때문인지 이 고원의 사람들도 세련되고 여유로워 보인다.

우리나라와는 전혀 상관이 없을 것 같은 이 시닝에 우리의 관심을 끌만한 이야기가 있다. 당나라가 변방을 경계할 목적으로 건설한 시닝은 군사요새이자 무역중심지였다. 이곳을 당나라 서부의 국경을 지키는 요새도시로 건설한 인물이

시닝전시탑에서 본 시닝 전경

황하의 상류지역. 사진 뒤에 보이는 바옌카라산맥에서 발원

다름 아닌 백제의 유장(遺將) 흑치상지(黑齒常之)라는 역사적 사실이다. 그는 본래 백제의 장군이었다. 백제가 망하자 백제 부흥운동을 일으켰으나 실패하고 당나라에 투항, 당나라의 장수로 살면서 수많은 전투에서 빛나는 전공(戰功)을 세운다.

토번국(지금의 티베트)과 국경을 맞댄 당나라는 서기 699년 장수 설인귀(薛仁貴)를 앞세워 토번(吐蕃)을 토벌하려 했으나 오히려 칭하이의 대비천(大非川)에서 10만 대군이 전멸을 당하는 등 고전을 면치 못하고 있었다. 이후 수차례 전투에서도 대패하자 측천무후가 발탁한 흑치상지 장군이 토번국과 전투에서 연전연승하는 전공을 세워 하원도경략부사(河源道經略副使)로 중용되었다. 하원도는 지금의 칭하이성이니 그는 즉 칭하이성 총사령관이었던 셈이다. 흑치상지 장군 재임 7년 동안 토번은 감히 당의 서쪽 변경을 침략하지 못했다고 전해진다.

칭짱고원의 동부지대에 위치한 도시 시닝의 어원은 시췌안닝(西陲安寧)* 이다. 티베트고원으로 들어가거나, 신장성으로 넘어가는 실크로드 남로(南路)의 관문이기도 했다. 지금은 란칭(蘭青: 란저우⇔칭하이)철도와 칭짱철도가 지나며 티베트 라싸에 이르는 칭짱꽁루의 기점이다. 불원천리 이곳을 찾은 이유다.

칭하이성의 성도 시닝을 찾은 것은 티베트로 가기 위함이다. 시닝은 티베트로 가는 스타트 포인트다. 첫 목적지는 마둬(瑪多)로 해발 4,200m의 고원지대다. 해발 2,300m 정도인 시닝보다 무려 1,900m가 높은 곳이어서 고산증이 걱정된다. 시닝에서 차이다무분지(柴達木盆地) 남단에 있는 거얼무(格爾木)를 통해 티베트로 가는 것이 보통이다. 거얼무는 20세기 후반에 개발된 신흥도시로 지금은 칭짱고원에서 교통과 공업의 중심지로서 시닝과 라싸에 이어지는 제3의 도시다.

* '서쪽 변방이 평온하다'는 뜻.

야생조랑말떼

새로이 개통된 칭짱철도, 칭짱꽁루도 이곳을 지난다. 우리는 티베트의 내밀한 곳을 더 보고 싶어서 칭하이호 남단 길을 따라 동부 내륙지역인 위수, 참도•로 가는 길을 잡았다.

시닝에서 국도를 따라 30분 정도 달려 시내를 벗어난다. 들판에는 이미 추수를 끝낸 볏단들이 곱게 서 있고 부슬부슬 비가 내린다. 비는 해발 3천 m 높이의 유목지역으로 넘어서자마자 눈으로 변한다. 이렇게 높은 고지대에서는 변화무상한 날씨 변화를 차라리 즐길 수밖에 없다. 가끔 야크나 양떼들이 도로를 점령하고 있어 시간을 지체하기도 하지만 광활한 초원지대의 아름다움에 탄성이 흘러나온다.

르웨(日月)톨게이트를 빠져 나와 시닝과 라싸를 잇는 칭짱꽁루를 타고 시닝에서 170km를 가면 황위엔현(湟源縣)에 닿는다. 황위엔현은 고원의 유목민과 칭하이 지방의 티베트족을 이어주던 연결지로서 사통팔달의 요충지였다. 칭하이성에서 티베트로 가는 길목이라 '해장인후(海藏咽喉)' 즉, 칭하이와 티베트의 목구멍과 같은 곳이란 뜻처럼, 토번과 당나라 시대 때 길인 당번고도가 시작되는 역사 깊은 길이 시작된다. 이곳에서 길이 갈린다.

라싸로 가는 길은 두 가지다. 차량이나 칭짱열차를 이용하여 칭짱꽁루(315번 국도)를 타고 가는 방법과, 칭하이호 남단을 지나는 214번 국도(위수⇨참도⇨청

• 티베트의 동쪽 끝 지역.

시닝에서 라싸 가는 길

뚜)를 통해 가는 방법이다. 우리 일행은 조금 더 내밀하고 원초적인 티베트의 모습을 기대하면서 바옌카라산맥(巴顏喀拉山脈)을 넘어 위수로 가는 길을 택했다. 바로 당번고도(唐蕃古道)• 다. 시안에서 라싸에 이르는 3천여 km, 멀고도 험한 길

• 당나라 수도였던 시안에서 티베트의 라싸까지, 그리고 라싸에서 네팔이나 인도로 향하는 길을 말함.

르웨산과 르웨정

르웨산(日月山)

르웨산은 문성공주로 유명해진 산이다. 16살 문성공주가 토번으로 시집가는 길에 두 달 간 머물며 휴식을 취했다는 곳이다. 시닝시 황위엔현에서 서남쪽으로 40km 떨어진 곳에 위치해 있는 르웨산은 해발 4,877m로 칭짱고원으로 가는 길목이며 '서해 병풍', '초원 입구'라고도 불린다. 산 정상에 서서 동쪽을 바라보면 아늑한 전원 풍광이 펼쳐져 있고, 서쪽을 보면 아름다운 칭하이호수가 보인다. 그래서 두 개의 하늘을 볼 수 있는 곳이다. 지리적으로는 유목지역과 농경지역의 경계선이고, 역사적으로는 당나라와 토번의 경계선이었다.

르웨정(日月亭)

당 태종의 수양딸 문성공주가 7세기 초 티베트를 최초로 통일한 송첸감포왕과 화친을 위해 정략결혼을 떠날 때 당과 토번의 국경이었던 곳에 문성공주의 동상과 동상 좌우에 일정(日亭)과 월정(月亭)을 만들었다.

르웨산 서쪽으로 따오탕하(倒淌河)라는 하천이 흐르는데 전설에 따르면 고향을 그리는 문성공주의 눈물이 모여 형성된 것이라고 한다. 중국의 대부분 강물처럼 이 강물도 원래는 지세가 높은 서쪽에서 동쪽으로 흘렀는데 그 강물을 보면 가족들이 슬퍼한다고 문성공주가 물길의 방향을 바꾸어 달라고 하늘에 빌었단다. 그래서 동쪽으로 흐르던 강을 서쪽으로 흐르게 했다고 해서 이름이 '거꾸로 흐르는 하천'이라는 따오탕하다. 강이라기보다는 조그마한 하천에 가깝다. 214번 국도에서 3.5km 떨어진 곳에 위치하고 있다. 갈림길에서 자동차로 7분 정도면 가 볼 수 있다.

르웨산 풍경구 전경

이며, 1300여 년 전 당의 문성공주가 티베트의 왕 송첸감포에게로 시집간 눈물의 혼례길이기도 하다.

도로공사 현장사무소와 숙소

티베트로 가는 초입의 르웨산 고개에서는 도로가 이미 눈으로 얼어붙었다. 본격적인 탐사가 시작되면서 들떴던 마음이 일순 긴장으로 바뀐다. 출발부터 시험당하는 기분이다. 주위는 온통 눈밭이다. 평소에도 만년설이던 봉우리마다 새 옷을 갈아입느라 바쁘고 서서히 물들어 가는 백양나무 노란 단풍이 유별나다.

가끔 도로를 점령하는 양떼와 야크떼를 피하며 광활한 초원방목지대를 달릴 때면 대자연에 압도되어 탄성만 지른다. 초원 여기저기에 노니는 야생조랑말과 황양(黃羊)들. 중국의 야생보호종이라는 수식어보다는 누구의 간섭도 받지 않고 사는 이 자연의 주인이라는 사실이 부러웠기 때문이리라.

환상도 잠시, 칭하이성 서북쪽 치롄산맥*과 남쪽의 바옌카라산맥** 사이에 위치한 칭하이호분지(青海湖盆地)에 올라선다. 밤낮의 온도차가 아주 큰 건조지역으로 증발량이 워낙 많아서 물은 짠물이 되고, 흙은 소금층이 되는 오지 중에 오지다.

* 쿤룬산맥의 동쪽에서 분리되어 나온 난산산맥의 일부로 칭하이성과 간쑤성의 경계에 있다.

** '풍요롭고 검다'는 뜻.

"…차를 세워 물어보니 비포장 상태가 200km 정도 된단다. 그러나 노면 상태가 비교적 괜찮아 시속 70km의 속도로 진행하기로 했다. 그런데 이상한 것은 200km나 되는 도로공사를 한다면서 중장비 등은 별로 보이지 않고 사람이 공사를 한다는 점이었다. 알고 보니 중국의 도로공사는 일단 길이 나면 약 2년 동안 길다짐이라는 것을 하는데, 얼었다 녹았다 하는 과정을 거쳐 지반이 다져지면 포장을 하기 때문에 애써 많은 장비와 인력을 투입할 필요가 없다는 것이다.

이는 또 막대한 비용절감 효과도 있다고 한다. 나름대로의 방법이긴 하지만 중국인들이 하는 일이란 종종 이해하기 어려운 것이 많다. 그 넓은 초원에는 양목축업자 이외에는 인적을 찾아 볼 수가 없지만 도로공사를 한다는 도로주변에는 허름한 천막들이 군데군데 숙영지처럼 설치되어 장기체류하고 있었는데 도로공사를 한다는 사람들이 삽 몇 자루만 가지고 흙을 퍼 올리고 있었다…"

출전: 인천일보 〈중국 서부 극지를 가다(2)〉 2005. 11. 01 글 백민섭

꽁허현 유채밭

초원제일진 허카진의 2005년 모습

지난 2005년 이곳에서 있었던 일이다. 현재는 꽁위(共玉, Gonghe-Xian)고속도로가 되었다. 하이난티베트족자치주에서 위수까지 개통되어 국도와 나란하게 길을 만들었다.

산중턱에 위치한 둥빠촌(東巴村)을 지나면 바로 산마루를 넘게 된다. 약 14km를 달려 하이난티베트족자치주 꽁허현(共和縣)에 닿는다. 1953년에 조성된 도시로 칭하이성 동부에 위치한다. '칭하이호의 남쪽'에 있는 마을이라 하여 하이난(海南)이다. 여러 가지 편의시설이 다 갖추어진 꽤나 큰 산골도시로 예로부터 티베트로 가려면 이곳을 통하지 않으면 안 되는 길이었다. 그래서 '칭짱고원의 관문'이라고 했나보다. 마을 주변으로 옹기종기한 산과 고원지대를 흐르는 하천들, 울창한 수림과 드넓은 초원들로 아름다운 경치를 자랑하고 있다. 중국에서 가장 크다는 칭하이호수의 신비스런 경관과 티베트인과 후이족, 몽골족 등 소수민족의 문화가 잘 어우러져 남다른 감흥을 느낄 수 있는 마을이기도 하다.

허카진 마을

꽁허현에서 분지의 대평원을 가로질러 약 80km를 달려 허카진으로 간다. 칭하이호에서 위수로 가는 당번고도는, 차마고도(茶馬古道)처럼 절벽의 낭떠러지 길은 아니지만 도로 옆의 산들이 거의 직각으로 서 있어 협곡이 깊고 길다. 가면 갈수록 도시의 세속적인 삶으로부터 벗어나 황량하면서도 아름다운 자연 풍경을 동시에 경험한다.

바옌카라산맥 초입에 있는 '초원의 첫째 마을(草原第一鎭)'은 허카진(河卡鎭, 3,246m)이다. 동부 티베트로 가는 방향으로는 사실상 마지막 마을이다. 바옌카라산맥을 넘기 위해서 숨고르기도 필요하고 도로 상태 등 미지의 세계에 대한 정보도 필요하기 때문에 잠시 머문다. 마을 한가운데 대로가 있어 대형차량들이 수시로 왕래한다.

마을은 여기저기 새집을 짓느라 시끌벅적하다. 젊은이들은 할 일이 없고 아이들은 마땅히 놀 곳이 없어 모두 마을 상가주변을 배회하면서 이방인들이 들고 나는 모습을 구경하고 있다. 다 헤진 양복에 상표 스티커까지 붙어 있는 선글라스를 쓴 할아버지, 오토바이를 탄 라마승, 구걸하는 사람들. 뭐하나 정비된 것 없이 마을은 좌충우돌하고 있다.

한편으로는 말이나 소를 팔아서 장만한 오토바이를 타고 폼을 잡는 사람도 종종 볼 수 있다. 길은 말없이 문명을 실어 나르고, 사람은 시나브로 변해 가는 것이다. 말을 타고 양을 몰던 이들이 초원이 아니라 문명이 밀려드는 길에서 새 삶을 시작하고 있는 것이다. 문명의 이기가 신기한 것은 비단 어른뿐만이 아니다. 콧물이 두레박처럼 오르내리는 아이들이 우리 일행을 구경하기 시작한다. 언제 씻었는지 짐작조차 안 되는 떠꺼머리총각, 그리고 라마승까지. 처음엔 쭈뼛쭈뼛하던 사람들이 이내 움찔하는 특유의 미소로 다가온다. 아이들에겐 사탕을 나눠주고 총각과 라마승에게는 함께 찍은 사진을 찍어 보여주고. 세상에! 아직까지도 사진을 찍으면 혼을 빼앗긴다는 미신을 믿는 이들에게 자신들의 혼이 담긴 사진을 보여주자 까르르 웃고 떠드는 지경에 이른다. 생전 자기의 모습을 본 적이 없던 그들에게 디지털 카메라는 신기하고 재미있는 물건이 됐다.

중국은 티베트 사람에게도 서부대개발의 과실을 골고루 나누겠다고 하지만 요원해 보인다. 이 조그마한 허카진 마을에도 한족들이 대부분 상권을 장악하고, 특별히 다른 직업을 가질 수 없는 티베트인들은 여전히 피지배자로서 처참한

칭하이호분지와 바옌카라산맥

현실에 봉착해 있는 듯하다. 어차피 자기들의 필요에 의해서 만들어야 하는 도로와 전기와 오토바이 정도다. 그것을 혜택이라고 하기에는 겸연쩍지 않은가? 마을의 어린이들은 유목생활을 접고 정착했지만 마땅히 뛰어놀 장소도 없고 놀이도 없다. 오히려 초원을 잃고 말을 잃고 자연을 잃은 것은 아닐는지.

칭하이호분지 남단을 지나 위수 방향으로 달리자 하얀 눈을 뒤집어 쓴 바옌카라산맥이 다가온다. 산맥을 넘어야 오늘 잠을 잘 수 있는 마둬에 도착한다. 칭하이호수의 남쪽엔 잘 알려지지 않은 실크로드가 하나 더 있다. 마둬와 위수를 거쳐 라싸에 이르는 길이다. 바로 당나라 문성공주가 티베트로 시집갔던 길이기도 하다. 문성공주의 묘가 있다는 위수로 길을 잡는다. 해발 3,900m가 넘는 허카산을 넘고 또 해발 4,000m대의 고개를 몇 개나 오르고 내려가기를 반복해서야 지긋지긋한 바옌카라산맥을 벗어날 수 있었다.

작은 현소재지인 마둬는 시닝에서 약 500km 떨어진 곳이다. 이곳은 황하발원지와 주요 지류 웨이슈웨이(渭水)를 찾아가는 사람들에게는 베이스캠프 같은 곳이다. 티베트 언어로 '황하의 발원지'라는 뜻의 마둬는 칭하이성 궈뤄(果洛)티베트자치주의 북서부 고지대에 있는 산골마을이다. 10개 부락에 2,000여 가구가 사는 읍 단위 도시로 보면 된다. 이곳에도 이주한 한족이 약 30% 정도 차지하고 있다. 야크(Yak), 면양, 동충하초, 칭커(쌀보리) 등이 풍부한 곳으로 알려져 있다. 인근에 황하발원지가 있어 관광객이 찾는 곳으로도 유명하다.

황하는 칭하이성, 바옌카라산맥의 야허라다쩌산(雅合拉達澤山, 5,442m)에서 발원하는 웨구쭝리에취(約古宗列渠)와 칼리취(卡日曲) 합수(合水)가 원류다. 이 물이 씽쇼해(星宿海)와 얼링호(鄂陵湖), 짤링호(札陵湖)를 거쳐 하류 지역으로 흐른다. 인근의 담수호 둥거춰나(冬格措納)호수 역시 유명한 곳으로 현지 티베트 사람들은 '신들의 호수(神湖)'라 일컫는다. 푸른 호수와 어우러진 초원은 이미 천국이다. 발원지 주변의 환경이 개선되면서 보호종인 산양, 검은목두루미

퉁티엔하대교

등 많은 야생동물들이 목격되고 있다. 최근에 마둬가 주목받고 있는 이유이기도 하다.

그야말로 산 넘고 물 건너서 도착한 마둬는 아직도 20세기다. 우리 시골마을 여인숙 같은 초대소를 찾아서 여장을 푼다. 그러나 더 문제는 고소증세(고산병)가 나타나기 시작했다는 것이다. 고지대를 너무 빠르게 오르고 경치 구경하느라 찬 바람을 많이 맞은 탓이다.

본격적인 오지탐사가 시작된 첫날 이 모양이라니. 기본수칙을 어긴 대가를 혹독하게 치르게 됐다. 무연탄 난로에 물을 데워 써야 하는 첩첩산중의 초대소는 갑자기 바빠졌다. 난로에 불을 지펴 물을 데우고 침낭과 고산병 예방약 등 할 수 있는 최선의 방법을 동원했으나 정작 차도가 없다. 두통은 심해지고 사고능력은 떨어지면서 일순 두려움까지 밀려온다. 여기서 적응하지 못하면 이 오지탐사는 일장춘몽이 된다. 고소증세는 빨리 고도가 낮은 지역으로 이동하는 것이 최선의 방법이나 불빛 하나 찾을 수 없는 초행의 오지 산길을 무턱대고 내려갈 수도 없는 일이다. 이런저런 걱정이 두통에 더해진다. 마둬의 초대소에서 하룻밤은 그저 죽고 싶을 정도로 고통스럽고 무기력한 시간이었다. 그 고통은 치통의 10배쯤으로 보면 된다.

다음 날 아침 제대로 몸을 가누지 못하는 몇몇 일행은 미음 같은 가벼운 쌀죽을 몇 수저 뜨고 약 320km 떨어진 위수티베트족자치주로 부리나케 내려갈 수밖에 없었다. 마둬를 떠나 웨이슈웨이 쪽으로 갈수록 유목민들의 천막이 점점 많아진다. 실개천이 흐르는 푸른 초원 위에 한가로이 풀을 뜯는 검은 야크떼가 점점이 박혀 있다. 해발 4,000m가 넘는 천상고원의 풍경이다. 214번 국도에 면해 있는 퉁티엔하(通天河)대교 근처에 싼장위엔자연보호구(三江源自然保護區)라는 조형물이 있다. 이 부근에서 세 개의 큰 강(창강, 란창강, 황하)이 발원한다고 적혀 있다.

중국 최대의 하천이자 세계 제3의 하천인 창강(長江 또는 揚子江)의 발원지는 탕굴라(唐古拉山)산맥의 봉우리인 꺼라단둥(各拉丹冬)이다. 티베트어로 '높이 솟은 뾰족한 산봉'을 말한다. 해발 6,621m로 산세가 험준하고 빙하지대를 아우르고 있다. 꺼라단둥산과 장컨디루(姜根迪如)빙하가 녹아서 타타하(沱沱河)를 거쳐 창강이 된다.

발원지 근처 상류는 경치가 수려하기로 유명하다. 산봉우리와 능선에는 옷을 입은 듯 눈이 쌓여 있고 대초원의 호수에 반영된 푸른 하늘과 하얀 구름은 그야말로 비경이다. 골짜기에는 거대한 빙하가 햇빛과 어울려 춤을 추고 있는데 결코 마르지 않을 것 같은 물줄기를 내려 보내고 있다.

또 하나의 강 황하는 바옌카라산 지맥인 꺼쯔꺼야산(各姿各雅山) 북쪽에서 발원한다. 대개의 강들이 작은 샘이 솟아 졸졸 흐르는 물이 개천이 되고 하천이 되듯이 황하도 마찬가지다. 1978년 중국 정부는 바옌카라산맥 꺼쯔꺼야산의

위수(玉樹, Yushu)

중국 칭하이성의 위수티베트자치주 동남부에 있는 현(縣). 자치주의 행정중심지이자 칭하이성 남부의 교역중심지로 칭하이, 티베트, 쓰촨을 연결하며 시닝, 캉딩, 라싸에 이르는 길도 모두 이곳에서 교차한다. 1931년 위수현이 됐으며, 1952년 위수티베트족자치주가 세워졌다.

위수티베트자치주는 한반도와 같은 크기에 겨우 9만 명 정도(2007년 기준)가 산다. 자치주와 현의 정부는 모두 제구(結古)에 있다. 제구는 바옌카라산맥 남쪽 기슭에 있으며, 창강의 상류 수원인 퉁티엔하의 지류 빠룽강(巴龍曲)과 짜시강(扎西曲)이 합류하는 곳에 있다. 예로부터 무역로가 지나던 곳으로 칭하이성에서 쓰촨성과 시짱자치구로 가는 교통요지이자 칭하이 남부, 쓰촨 서부, 시짱 동부에서 나는 물자의 집산지이다. 진샤강(金沙江) 골짜기에 위치하므로 기후가 따뜻하여 목축업이 성하며 양모 생산이 많은데 특히 품질이 우수한 것으로 유명하다.

산악지대에는 삼림이 무성하며 중국에서 가장 질이 좋은 동충하초, 패모, 사향, 녹용, 대황 등 진귀한 약재의 보고다. 시닝(西寧), 지둬(治多), 짜둬(雜多), 지앙난(江南) 등지로 가는 간선도로가 나 있다. 현청소재지 제구는 칭하이 남부에서 제일 가는 종교 중심지이기도 하다. 유적지로는 유명한 제구사(結古寺)와 문성공주(文成公主) 사당이 있다. 2010년 4월 14일에 짜둬현에서 일어난 대지진으로 수천 명이 목숨을 잃고 도시 자체가 완전히 바뀔 정도의 대참사가 일어났다.

참고: 다음백과사전

위수 전경

5개의 샘에서 황하가 발원한다고 공식 확정지었다. 이처럼 칭하이성과 티베트 자치구의 고원지대에 걸쳐 있는 '싼장위엔'은 중국 최대, 최고의 자연습지로 유명하다. 다종다양한 생물이 풍부하게 밀집된 지역 중 세계에서 가장 높은 곳으로 호수가 별자리처럼 많고 초원이 광활하며, 티베트 영양과 동충하초 등 희귀 동식물의 보고로 알려져 있다.

그러나 거대한 15억 인구와 대지를 적시는 '중국의 물탑'이라는 별명과는 달리, 우리 눈에는 물은커녕 사람도 동물도 풀도 보이지 않고, 황량한 산맥과 들판에 뜨거운 햇살만 가득할 뿐이다. 최근 싼장위엔이 메마름을 호소하는 것은 지구 온난화와 줄어드는 강우량 때문이다. 싼장위엔의 풍부한 수자원을 제공하던 빙하가 20세기에만 3분의 1로 줄었고, 21세기 들어서는 가속화하는 추세다. 반면 강우량은 10년마다 약 14mm씩 줄고 있다고 한다.

2018년 1월 중국 언론보도에 따르면, 최근 들어 생태환경이 지속적으로 악화, 연못과 호수가 소실되고 초지가 사막화되면서 야생동식물들이 멸종 위기에 처해 있고 경제 발전에도 심각한 타격을 주고 있다고 전한다. 2005년부터 싼장위엔 생태시스템의 효과적인 보호를 위한 자연보호구 생태보호 프로젝트 및 건설 공사가 한창 진행되었으나 심각성은 여전하다.

천장(天葬), 그 현장을 보다

"죽음은 반드시 오지만 그 시간은 정해져 있지 않으니 모인 것은 흩어지기 마련이고 일어난 것은 가라앉으리니 태어남의 마지막은 죽음이 되리라."

(달라이 라마)

티베트 위수의 천장대

죽음은 곧 새로운 삶이 시작된다는 의미다. 이것이 바로 전생, 금생, 내생의 삼세윤회(三世輪廻)와 환생이다. 티베트에서는 사람이 죽으면 돌로 쌓은 탑에 시신을 안치하는 탑장(塔葬)을 하거나 불에 태우는 화장(火葬), 물속에 묻는 수장(水葬), 새의 먹이로 주는 천장(天葬)을 한다.

티베트인은 시신이 남김없이 잘 썩어야 제대로 환생할 수 있다고 믿는다. 시신의 살과 뼈를 발라 독수리의 먹이가 되게 하는 천장은 시신을 깨끗하게 처리할 수 있고 육신을 온전히 자연으로 돌려보낸다는 의미가 있다. 더구나 티베트 불교는 현세에서 선행을 베풀면 부유한 집안에서 환생할 수 있다고 믿는 까닭에 기꺼이 자신의 육신을 독수리에게 보시한다. 그것이 천장이다. 천여 년 동안 질곡의

장례를 주도하는 천장사

삶을 살아 온 티베트인들이 그런 내세를 기대하는 것은 전혀 과한 것이 아니다. 우리 일행은 간절한 그들의 믿음을 목도하고 싶어서 무척이나 안달하고 있던 참이었다.

고소증이 끈질지게 괴롭히던 이른 아침에 칭하이성 체육국 직원들이 호들갑이다. 여러 차례 티베트의 전통장례식인 천장을 볼 수 있게 해달라고 부탁을 했었는데 가능할 수도 있다는 희소식이다. 그러나 확답은 할 수 없으니 천장이 예정돼 있는 곳이 있으니 무조건 가보자는 것이다. 더 재고 말 것도 없이 일행은 급히 천장대를 찾아 나섰다.

사원 입구에 들어서니 인적은 없고 산등성이에 있는 타르초와 룽다가 세찬 바람에 파르라니 떨면서 내는 소리가 싸하게 긴장으로 다가온다. 그러나 사원 정문 모퉁이를 돌아서자 어디서 나타났는지 순례자들이 쉴 새 없이 왔다갔다하고, 어울리지 않게 몽골식 간이천막이 쭉 늘어선 장터에는 록 음악을 크게 틀어 놓고 장사판을 벌이고 있었다. 동네의 작은 축제가 벌어지고 있었다.

그렇게 보기 힘들다는 천장을 이런 곳에서 거행할 리 만무하다. 틀렸구나 싶었는데 그 넓은 사원 여기저기를 뒤지던 칭하이성 체육국 직원이 고꾸라질 듯 달려와서 천장이 진행되고 있다는 것을 알린다. 급히 차를 돌려 야트막한 언덕길에 올라서자 멀리 산중턱에서 얼핏 봐도 심상치 않은 일이 벌어지고 있다.

체육국 직원의 안내대로 살금살금 다가가 조심스레 카메라부터 들었다. 어느 것을 어떻게 찍을까 망설이고 있는데 어떤 사람이 뭐라 큰소리를 치더니 대뜸 카메라 앞을 가로막는다. 찍지 말라는 것이다. 알고 보니 오늘 천장을 하는 이의 동생이었다. 외국인들에게는 끔찍하지만 가장 독특한 장례의식인 천장이 관심을 끄는 것은 당연한 일이다. 그러나 티베트 사람들은 자신들의 신성한 장례식에 낯선 외국인들이 참관하는 것을 그리 탐탁하게 여기지 않는다. 참관 기회가 되더라도 망자의 가족에게 허락을 받는 것이 기본 예의였다. 어렵게 수소문해서 얻은 기회를 놓치지 않으려는 욕심에 제동을 건 것이다. 망자에 대한 예의를 벗어난 일 같아 어찌나 민망하던지.

다행히 체육국 직원이 사정을 얘기하니, 망자가 좋은 곳으로 갈 수 있게 부조(扶助)를 하는 것으로 중재를 했다. 부조의 내용인즉, 소의 간과 콩팥을 사서 독수리에게 보시를 해달란다. 그래야 좋은 곳으로 갈 수 있다고. 순간 어안이 벙벙하다. 갑자기 어디 가서 소의 간과 콩팥을 구한단 말인가. 다행히 장기를 사는 대신 부의금을 내는 것으로 대신했다. 그러는 사이 천장은 계속되고 있었다.

천장(天葬, sky burial)은 흔히 '조장(鳥葬, bird burial)'이라고도 하는데, 죽은 시신을 토막내거나 살을 찢어 새가 먹기 쉽게 만들어 육신은 독수리에게 공양하고 남은 뼈는 추스려 화장을 하는 것을 말한다. 이 장례식을 주도하는 라마승을 '돔덴(domden)'이라고 하는데 죽은 자의 육신을 해체하기도 하지만 죽은 자의 명복을 빌고 다른 세상에서 더 나은 생을 살기를 축원한다.

이 끔찍한 조장은 왜 하는 것일까? 서역고원에서 사람이 죽으면 딱딱한 땅을 파서 묻기도 어렵고 그렇다고 화장을 할 땔감도 부족한 유목민에게 장례는 쉽지 않은 일이었다. 더구나 고정된 무덤이 의미가 없는 유목생활 등 척박한 환경 때문일 것이다. 그래서 티베트 사람들은 육신은 새들에게 공양하고 나머지 뼈 중 일부만 화장하는 그들만의 장례식을 하게 된 것으로 알려져 있다. 이런 행위는 윤회에 뿌리를 두고 있는데 티베트 사람들은 죽음 뒤에 있는 또 다른 세상에 육신이 함께 가는 것이 아니라 오직 영혼만 갈 수 있다고 믿고 있다. 라마승 2명이 집도하는 장례 현장에는 피 냄새를 맡은 수백 마리의 독수리 떼가 하객처럼 지켜보고 있었다.

우선 커다란 통나무 도마 같은 원목대 2개가 놓여 있고 그 옆에 흰 천으로 감싼 시신이 놓여 있다. 집도하는 라마승과 유가족이 애도하는 장례식은 엄숙하면서도 덤덤한 분위기다. 라마승의 집전은, 육신을 떠난 영혼이 사후세계로 가는 길을 안내하는 내용의 '티베트 사자(死者)의 서(書)-Bardo Todrol Chenmo'를 읽어주며 영혼을 달래는 것이다.

장례의식이 모두 끝나자 마른침을 삼키기도 전에 천장을 주도하는 돔덴(천장사)이 익숙한 솜씨로 시신의 일부를 떼어내 도마 위에 올려놓고 토막 내서 독수리에게 나눠준다. 침을 삼키며 기다리던 독수리들이 마침내 그들의 영혼을 하늘에 전하기 위해 바쁘게 시신을 향해 날아간다. 장기들은 뚝뚝 끊어서 던져 주고, 마지막으로 남은 두개골은 도끼로 쪼개 뇌수를 준 뒤 뼈는 잘게 부셔서 한 점 남김없이 독수리에게 나눠주는 것으로 천장이 끝이 났다. 환생을 꿈꾸는 죽은 자의 영혼을 독수리가 물고 하늘로 훠얼 날아오른다.

천장사(Domden, 돔덴)

천장사는 티베트의 하층민(우리나라로 말하면 백정)에 속하는 천대 받는 계층에 속한다. 천장사는 이 일에 전문가이지만 정작 본인이 죽으면 천장을 못하고 수장을 한다. 하층민이라는 이유 때문이다. 천장은 죽은 다음 곧바로 이뤄지는 것이 아니라 3일은 시신을 집안에 머물게 한다. 라마승이 죽은 사람을 위해 예식을 치르고 4일째 새벽에 예약해둔 천장사가 와서 시신을 가져간다. 천장사는 천장대에 시신을 올려놓고 독수리를 부르기 위해 마른 송백(松伯)나무나 야크똥에 불을 지펴 연기를 나게 한다. 동이 트기 시작하면 천장사는 준비한 장비들을 포대에서 꺼내 시신을 독수리가 잘 먹을 수 있도록 작업을 한다.

한참은 멍했다. 참관했던 대부분의 외지인들은 끔찍하고 혐오스럽다고 하고, 장기 덩어리를 독수리 떼에게 던져 주는 모습도, 마지막으로 두개골이 커다란 도끼에 산산이 부서지는 모습도 생전 처음 보는 이에게 분명 충격적이고 표현할 수 없는 그 무엇이 뒤통수를 친 것이다. 그러나 그것은 잠깐이었다. 생각해 보니 문화상대주의라는 거창한 표현이 아니더라도 티베트인들이 가장 존귀하게 여기는 장례문화인 천장을 외지인은 그대로 인정하면 될 일이었다. 아주 간단한 문제였던 셈이다.

그들에게 죽음이란 헌옷을 벗고 새옷을 갈아입는 일인지 모른다. 그래서 죽음을 두려워하지 않는다. 헌것을 남기지 않아야 망자가 원하는 새로운 신분으로 다시 태어난다고 믿는 그들의 얼굴에서 엷은 미소를 보았다.

티베트 사람들 모두가 천장을 하지는 않는다. 티베트 사람들의 장례식은 다양하다. 땅속에 묻는 매장부터 화장, 강물에 떠내려 보내는 수장, 그리고 천장(조장)이다. 전염병으로 죽거나 어린나이에 질병을 얻어 죽으면 수장을 하는데, 그래서 티베트 사람은 민물고기를 먹지 않는다고 한다. 가장 안 좋은 것은 매장(埋葬)이라고 한다. 환생을 믿는 티베트 사람은 매장이야말로 환생을 못하게 하는 저주받은 장례라 믿기 때문이다. 그리고 별다른 질병이나 큰 허물없이 살다가 죽은 사람들이 하는 가장 일반적인 장례가 천장(조장)이다.

티베트의 전통장례식이라 할 수 있는 천장은 중국에서 문화혁명(1966~1976) 시기에 전면 금지되었다가 1980년대 초 다시 허용되었다. 소수민족에 대한 중국 정부의 정책이 유화적으로 바뀌면서 전통을 되찾은 것이다. 그러나 아직도 천장에 대해서 여러 가지를 금기시하며 통제하고 있다. 장소제한은 물론이며 외부인의 관람, 사진촬영 등도 극도로 예민하게 받아들이고 있고 동영상 촬영은 절대 금지하고 있는 실정이다. 얼떨결에 우리의 천장 촬영을 제지하기는커녕 친절하게 안내를 했던 칭하이성 체육국 직원은 좌불안석이었다. 촬영내용에 대해 내내 궁금해 하더니 나중에는 공개를 안 했으면 좋겠다고 요청했다.

'신(神)들의 땅' 위수

천장대를 나와 문성공주묘를 찾아 나섰다. 당나라 태종의 양녀였던 문성공주가 정략결혼의 희생양이 되어, 토번의 왕 송첸감포(松贊干布, Songtsen Gampo)에게 시집가게 되면서 이야기는 시작된다. 송첸감포는 티베트에 최초의 강력한 통일 왕조를 세우고 세력을 확장했던 인물이다.

641년 문성공주는 많은 혼수품과 수백 명의 시녀와 악사, 기술자들 그리고 불상을 들고 토번으로 향한다. 당시 당나라의 도읍이었던 장안(지금의 西安)을 출발 시닝, 마둬, 위수를 거쳐 라싸로 가던 길에 이 위수에서 2개월을 머물렀다. 그때 이곳 사람들을 긍휼이 여겨 농사기술과 방직, 자수기술 등을 가르쳐 가난을 면하게 해주었다. 유목민이었던 티베트 사람들에게 정착해서 살 수 있는 법을 알려준 것이다. 문성공주묘는 그가 죽은 후 은혜를 잊지 않은 이곳 사람들이 공덕을 기려 세운 사원이다. 2004년 중국 정부의 보조금으로 대대적인 보수공사를 한 문성공주묘는 2010년 4월 칭하이성에서 일어났던 진도 7.1의 강진에도 불구하고 훼손되지 않았다.

도로포장이 말끔한 대로변에 위치한 사원을 찾아가는 길은 그리 어렵지 않다. 타르초가 길과 주변을 꽉 매우기 시작하면 바로 그곳이다. 도대체 문성공주가 어떻게 생겼는지 궁금해서 들어가려니 젊은 라마승이 가로막는다. 관람을 허락할 수 있는 노스님이 출타 중이라 볼 수 없다고 한다. 그러잖아도 문성공주상이 있는 법당 문을 자물통으로 채웠으니 달리 방도도 없었다. 저녁 무렵 선참급 승려들이 삼삼오오 사원을 빠져나가고 있었다. 기회다 싶어 그 젊은 라마승과 몇 마디를 나누었다.

근조아랑이라는 이 젊은 라마승은, 집안에 한 명씩은 라마승이 되어야 하는 관습 때문에 1년 전에 불교에 귀의했다고 한다. 올해 나이는 16세라고 한다. "사람이 죽으면 어떤 세상에 가게 되고 어떤 느낌인지 알고 싶어서 귀의했다."고 또렷이 말하는 소년의 얼굴에서 그동안 보아왔던 길거리의 어린 라마승이나 티베트인과는 조금 다른 인상을 받았다. 적어도 오늘까지 그처럼 조리 있고 자신 있게 말하는 티베트 사람을 보지 못했으니까. 그런 소년 라마승도 문성공주와 관련해서는 우리가 자료를 통해서 알고 있는 내용과 별반 차이가 없는 도식적인 답변만 한다. 더구나 인터뷰 내내 밖을 힐끔힐끔 쳐다보며 눈치를 보고 있었다. 우리와 동행했던 칭하이성 관리들이 신경이 쓰였나보다. 짐짓 장난기가 발동했다.

르바궈 벽화

"티베트인들이 왜 (한족인) 문성공주를 사랑하느냐?" 했더니 조금은 당황한 듯 "환경도 맞지 않는 이국땅에서 다른 민족인 티베트 사람에게 헌신했기 때문"이라고 얼버무린다.

중국이 해방이라고 말하는 70년 세월 동안 보이지 않게 통제하고 그 통제에 압박당하며 살아 온 티베트 사람들의 일그러진 삶의 비애를 느끼는 순간이다. 실제로 우리 일행이 문성공주묘의 부감을 찍기 위해 맞은편 언덕에 올라갔을 때 사원 구석에서 두 손을 뒤로하고 고개를 숙인 채 중국 관리 앞에 서 있는 소년 라마승의 모습을 목격했다. 아주 심각하고 험악한 취조를 받고 있구나 하는 느낌에 미안함과 안타까움이 그곳을 떠나서도 한동안 머릿속에서 떠나지 않았다.

가을이 깊어 노랗게 물든 황금빛 초원을 지나 이름도 알 수 없는 산굽이를 어지러울 정도로 뱅뱅 돌아가고 있었다. 워낙 외진 곳이라 인적이라고는 없는 곳이다. 딱히 가는 사람도 없는 그런 곳을 가고 있다. 위수에서 동쪽으로 214번 국도를 타고 퉁티엔하 방향으로 간다. 싼장위엔자연보호구로 갈라지는 길에서 남쪽으로 강을 건너 칸궈(坎果) 방향의 임도로 길을 잡는다. 약 5km쯤 퉁티엔하를 왼쪽으로 두고 가다가 우와(五洼)쯤에서 오른쪽 계곡 산길로 접어들면, 이내 '르바궈(勒巴溝)' 마을에 도착하게 된다.

산 넘고 물 건너서 어렵게 찾은 계곡에는 현지인들만 겨우 아는 성지가 있다. 다양한 형태의 마니석(嘛呢石)으로 유명한 마니석계곡이다. 이 계곡의 전망은 놀랍다. 거친 봉우리와 가파른 계곡 사이로 티베트인 정착지가 경사지를 따라 비스듬히 마을을 이루고 있다. 건너편에는 다채롭게 꾸며진 텐트 몇 개가 있는 캠프장도 있다. 여름철에만 운영된다.

르바궈계곡 입구 매표소에서 입장권을 사고 계곡으로 들어서자 이내 형형색색으로 채색된 수천 개의 바위들이 마중을 한다. 깎아지른 절벽의 바위 벽면과 하천을 시작으로 약 3km에 이르는 협곡에 수많은 경전과 티베트의 육자진언 '옴마니반메훔(六字大明王眞言)'을 새긴 석각(石刻)의 향연이 펼쳐진다. 그 규모나 수량에도 놀라지만 크고 작은 돌 하나하나에 글씨를 양각한 정성과 신앙심을 생각하면 혀를 내두를 수밖에 없다. 도대체 누가 이러한 불심을 새겨넣었는지 그저 경이롭기만 하다. 한적하고 척박한 골짜기에서 정말로 신성한 기운을 얻었다.

chapter **04**

산(山), 장엄한 매력에 빠지다

위수

더꺼

아직 사위는 캄캄하고 적막한 밤이지만, 비가 온다는 일기예보 때문에 서둘러 길을 떠난다. 징그럽던 위수(玉樹)도 멀어진다. 비가 오면 고원지대는 눈으로 변할 것이고 도로 또한 빙판이 될 가능성이 높다. 걱정이 커져 간다.

며칠 동안 지끈거리던 고산병 증세가 많이 호전된 것이 다행이다. 이틀간 여덟 병의 혈관확장제와 이뇨제 수혈로 오히려 컨디션이 좋아진 듯하다. 그러나 아직 단정하긴 이르다. 수시로 4~5,000m에 이르는 고갯길을 넘는 일정에 언제 어디서 다시 발병할지 모르기 때문이다. 새로운 세상이 신비롭고 아름다워 수시로 야외촬영을 하거나 달리는 차의 선루프에 오르내리는 탓으로 고산병을 예방하기는커녕 체온을 쉽게 잃어버리는 경우가 많아 내심 걱정이 된다.

더구나 라싸 이후부터는 해발 5,000m급 고개와 평원이 수두룩하다. 신장과 티베트의 경계에 걸쳐진 지샨따빤(界山達坂, 6,700m)을 넘어야 하기 때문에 오기만으로 덤빌 수 없다. 그렇다고 차 안에만 앉아 있을 수도 없는 노릇 아닌가. 이래저래 걱정만 쌓여 간다.

위수에서 참도를 거쳐 라싸로 갈 수 있지만 쓰촨성으로 우회하기로 한다. 비경이 숨겨진 촨짱꽁루(川藏公路)*를 그냥 지나칠 수는 없다. 무수한 대설산(大雪山)을 넘고 강을 가로지르고, 수시로 흘러내리는 토사와 빙하, 그리고 늪지대를 통과해서 만든 도로라 험하기가 이루 말할 수 없는 곳이다. 그만큼 기이한 풍경은 티베트로 가는 길 중 으뜸이다. 동시에 험준한 산세만큼 깎아지른 절벽과 예측할 수 없는 산사태는 탐사길이 결코 희희낙락할 수 없는 이유이기도 하다. 이처럼 티베트로의 탐사는 까마득한 협곡과 그사이로 형성된 좁은 길을 따라 무수히 많은 고개들을 돌고 넘는 생사를 건 여정의 반복이다.

차와 소금을 말에 싣고 윈난성과 쓰촨성을 거쳐 티베트로 교역을 위해 다니던 길, 차마고도. 그 길의 일부를 따라가다 보면 가끔은 식은땀이 흐르는 낭떠러지 길을 피할 수 없는 것도 사실이다. 세계에서 5번째로 위험한 도로라는 말이 허언은 아니다.

한 번 들어가면 살아서 나오기 어렵다는 타클라마칸사막을 넘나드는 실크로드보다 더 오래된 교역로이며 총길이가 무려 6,400km 이상이다. 해발고도는 평균 3~4,000m 이상이고 진샤강과 란창강과 어우러져 고산 협곡을 이루는 좁고도 험난한 길이다. 위험한 만큼 세상에서 가장 아름다운 길로 감동을 선사하는

* 쓰촨성 청뚜에서 티베트 라싸까지 연결되는 국도.

것도 사실이다.

'촉도지난(蜀道之亂) 난어상청천(亂於上靑天)!'

그랬다. 이곳은 곧 당나라 대시인 이백(李白)이 노래한 촉도(蜀道)가 아니겠는가? '촉으로 가는 길이, 푸른 하늘 오르기보다 더 어렵다'고 노래한 길이 바로 촨짱꽁루다. 촉도야말로 촉나라 쓰촨으로 가는 길이다. 학이 날아도 지날 수 없고, 원숭이조차 매달릴 것을 걱정한다고 노래했던 곳이다. 한 사람이 관문을 지키면 만 사람도 열지 못하는 모질고도 험난한 길, 촉도를 노래하면서 이백은 세상살이의 어려움과 박한 인심을 풍자했다.

청뚜 방향에서 올라오는 여행자라면, 촉도였던 리탕지역 동쪽 끝에서 촨짱남로와 촨짱북로의 갈림길을 만나게 된다. 리탕, 망캉을 지나는 남로보다는 따오푸(道孚), 깐쯔, 더꺼(德格)를 거쳐 참도로 가는 북도(317번 국도: 청뚜⇨깐쯔⇨참도⇨나취⇨라싸)로 가는 것이 여행자의 눈 호강에 좋다.

쓰촨성 가는 217번 국도

8.1 국제 새마절(八.一國際 賽馬節)

리탕 지역의 티베트인들에게는 세계에서 가장 큰 규모의 티베트인들의 축제 중 하나인 '새마절'이 매년 8월 1일에 시작한다. 10일 간 말달리기, 활쏘기(또는 달리는 말에서 총쏘기), 티베트 전통예술공연 등이 펼쳐진다. 이 기간 동안 이 지역에서는 각종 물자교류가 이루어지는 대규모 시장이 서기도 한다. 축제 기간은 티베트력으로 정하기 때문에 때때로 달라지기도 한다.

리탕(理塘)* 지역의 특징은, 해발 4,000m 이상의 대초원 위에 자리한 고지대로 일조량이 풍부한 편이나, 연중 일교차가 심해 여름철에는 낮으로는 햇살이 뜨겁고 밤이 되면 기온이 뚝 떨어지는 전형적인 산악지대다. 이 지역을 여행할 경우는 하절기라도 보온용 의류를 준비하는 것이 좋다.

고지대에서의 활동은 저산소로 인해 쉽게 피곤해지고 특히 졸음증이 유별나다. 연일 계속되는 강행군으로 몸은 피곤해지고 졸음은 바이러스처럼 밀려온다. 주로 해바라기 씨를 까먹는 것이 일반적이지만 갖가지 방법을 동원하여 졸음을 쫓으며 대장정을 이어간다.

위수에서 217번 지방도로를 타고 쓰촨성의 북부 지역인 더꺼로 쏜살처럼 내려간다.(청뚜에서 라싸까지 이어진 촨짱북로로 연결된다) 해발 4,000m 이상인 구릉지대가 마니깐꺼(馬尼干戈)까지 약 200km 이어진다. 위수에서 마둬로 되짚어가다 퉁티엔하대교를 건너 오르막을 오른다.

트럭 한 대가 부리나케 달려 우리 일행을 추월해서 간다. 학교길이 늦은 등교 차량인 모양이다. 트럭 짐칸을 가득 채운 초등학생들이 우리 차량을 보더니 느닷

* 티베트어로 '평편한 초원'을 뜻함.

없이 거수경례를 한다. 전조등과 비상등, 그리고 스티커로 화려하게 장식한 채 달리는 외지인들의 모습이 호기심을 넘어 부러웠을까? 파란색 트레이닝복 유니폼에 빨간색 머플러를 두른 꼬마들이 한참 동안 우리 일행을 주시하고 있는 모습이 사이드 미러에 박혀 있다.

안바라산고개

하긴 우리는 달리고 달려야 목적지에 갈 수 있으니 정신없이 달려가지만 우리를 보는 티베트인들에게 외지인들의 차량대열을 보는 느낌은 제각각일 것이다. 기분 나쁠 수도 있고 위압적일 수도 있으며, 한편으로는 낯설음으로부터 오는 신기함일 수도 있다. 표현 방법은 다르지만 대부분 수줍게 손을 흔들어 주거나 미소를 보내 주었다.

해발 4,700m인 안바라산(安巴拉山)의 허리를 한참이나 돌아 고갯마루에 서니 '사천계(四川界)'와 '청해계(青海界)'라는 글씨가 한 표지판에 쓰여 있다. 이곳이 쓰촨성과 칭하이성의 경계다. 올라온 만큼 내려갈 생각을 하니 머리가 어찔하다. 티베트 속담에 "험준한 산을 넘지 않으면 광활한 평원에 이를 수 없다."고 했다. 광활한 평원에서 만나게 될 티베트의 속살을 보기 위해서는 어쩔 수 없는 일이다.

안바라산을 내려오면 바로 이 같은 초원지대가 펼쳐지고 점점이 유목민들의 자취와 숨결을 느끼게 된다. 중국 정부는 여러 가지 이유로 정착을 유도하지만 수천 년을 이어 온 전통을 버리고 낯선 세상으로 가는 것을 거부하는 티베트 사람들이 곳곳에 남아 있다. 누가 이 샹그릴라 같은 초원을 버리고 낯선 도시로 가겠는가? 여전히 오지의 티베트 사람들은 야크와 양떼와 자연을 벗삼는 일상을 동경하는지 모른다.

중국 감독관들의 눈치를 보며 방문한 어느 유목민의 삶에는 구멍 숭숭 뚫린 야크털 텐트와 어지러운 일상의 흔적들로 여전히 사람답게 살지 못하는 애환이 서려 있다. 방목을 나간 아빠, 이것저것 가사에 바쁜 엄마가 비운 집을 젖먹이와 7, 8세 되어 보이는 소녀가 지키고 있었다. 불씨만 겨우 남은 난로의 온기만큼이나 텐트 안은 추웠다.

이방인의 출현에 놀라서 나타난 소녀의 엄마는 생전 외지사람을 만나지 못한

안바라산에서 본 풍경

듯 잔뜩 경계를 한다. 그 무섭다는 '장아오'(藏獒, Tibetan Mastiff)도 짖기를 멈춘다. 기념사진을 찍으려 하자 엄마가 슬슬 뒷걸음친다. 사진을 찍으면 영혼을 빼앗긴다고 알고 있는 그녀는 우리가 떠날 때까지 가까이오지 않았다. 초롱이 빛나는 눈을 가진 소녀에게 티베트의 미래를 기원하며 다시 길을 떠난다.

쓰촨성에서 만난 유목민

칭하이성계에서 쓰촨성계로 넘어오자 티베트의 냄새가 물씬하다. 중국의 침략으로 식민지가 된 지도 어느덧 70년. 원래 티베트 땅이었던 이 동부지역이 쓰촨성으로 편입이 된 지도 꽤나 오래됐지만 여전히 티베트의 냄새가 자욱하다. 한참을 달린 끝에 닿은 곳은 써쉬(色須)* 라는 마을이다.

도로주변 공사가 한창인 마을 어귀를 들어서자 말끔하게 정리된 시내 한복판이 반긴다. 가장 많이 보이는 것이 식당이지만 미장원, 잡화점, 화장품가게, 은행, 전화국을 골고루 갖춘 동네다. 물론 송아지만한 개들이 거리를 활보하고, 헤진 장삼을 걸친 라마승, 옆구리에 칼을 차고 오토바이를 탄 티베트인이 눈길을 끌고, 쉴 새 없이 오가는 트럭과 경운기는 사뭇 활기를 띤다.

이곳 역시 티베트인들이 대부분으로 다른 마을과 별반 다르지 않다. 처음 보는 우리에게도 눈이 마주치면 눈인사를 하고 손을 흔들어 준다. 남루하지만 순박

* 쓰촨성 깐쯔 티베트족자치주 시취현에 속한 마을.

한 티베트 사람들의 심성이 해맑다.

고원지대에 덩그러니 이런 마을이 있다는 것에 갸우뚱하자 동행했던 칭하이성 안내인이 "소수민족은 아주 구차하게 살기 때문에 스스로 발전하기는 어려워 중앙정부에서 투자를 했다. 볼품없던 시골마을에 지금은 아스팔트도로가 나고 아파트도 지어주는 등 지원을 계속하고 있다."고 일러준다. 그 길을 통해 이 지역 농축산물이 900km나 떨어진 쓰촨성 성도 청뚜까지 간다.

예전보다 좋아진 도로는 이 지역에도 새로운 변화를 가져다주고 있는 셈이다. 중국 정부의 정책도 있지만 환경 변화와 도시화는 티베트인들의 실제 삶에도 적잖은 변화를 촉진하는 것으로 보인다. 써쉬만 해도 쓰촨성에서 이주해 온 한족들이 상권을 장악했지만 티베트인 역시 전통적인 유목생활을 포기하고 장사를 하는 사람이 늘어나고 있다고 한다. 그러나 유목민에게 억지로 도시의 삶을 강요하는

마을 순찰을 도는 티베트 주민

쓰촨성 변경도시에 걸린 가수 '비' 포스터와 마실 나온 승려들

시취(石渠)현－바거마니장(巴格瑪尼墻)

쓰촨성 서북쪽, 바옌카라산 자락에 위치한 시취는 칭짱고원 동남쪽에 위치해 있다. 4,200m의 해발고도를 자랑하는 시취는 태양과 가장 가까운 '세계에서 가장 높은 도시'라 할 수 있다.

바옌카라산과 사루리(沙魯里)산이 지켜주는 캉빠(康巴)에서 가장 넓은 자시카(扎溪卡)초원에 들어서면 마치 꿈속의 마을로 들어선 듯한데, 거주민은 티베트족이 대부분이다. 이 마을이 유명한 것은 경전이 적힌 마니석으로 쌓은 담장인 바거마니창으로 4km 길이에 달하는 시취의 마니장을 바라보면 푸른 초원에 드러누운 돌의 성벽이 마치 초원에서 달리는 용을 방불케 한다. 가까이 다가가서 보면 돌을 쌓아 축조한 성의 끝이 보이지 않아 장관이다.

시취에서는 자시카초원과 바거마니장, 숭거 마니퇴 돌성, 써쉬사(色須寺)를 빼놓을 수 없다. 시취에서 멀지 않은 곳에 통티엔하가 있는데 그 강가에 삼장법사가 불경을 구해서 가지고 돌아오다가 물에 젖은 경서를 햇볕에 말렸다는 '쇄경대(晒經臺)'가 유명하다.

것은 마치 발톱을 뽑은 야생 호랑이를 집에서 키우는 것과 다르지 않을 터이다.

거칠고 아름다운 땅에서 자유롭게 살던 이들이 울타리 속 같은 도시에서 또 다른 평화를 찾을지는 의문이다. 어찌됐든 아스팔트도로라는 문명의 이기는 예기치 않게 티베트인들의 변화를 견인하고 있다. 동티베트의 산골짜기 마을 써쉬의 한 문구점에 붙은 가수 '비'의 빛바랜 사진이 그것을 웅변하고 있었다.

마니간꺼(馬尼干戈)에 가까워질수록 풍경은 아름다워지고 문득 나 자신이 이미 티베트에 깊숙이 들어와 있음을 느낀다. 마니간꺼는 '신비롭고 아름다운 서쪽의 작은 마을'이라는 뜻이 있다. 칭하이성으로 가는 길과 쓰촨성 청뚜로 가는 길, 그리고 참도를 통해 티베트로 가는 길이 갈리는 삼거리에 형성된 마을이다. 예전에는 일종의 역참과 같은 기능을 가진 소읍인 셈이지만 티베트 땅으로 다시 가기 위해서 반드시 거쳐야 할 마을이다.

원래는 캉빠라 불렸던 동티베트 지역이었으나 중국의 침략 이후 행정구역 개편으로 쓰촨성에 편입됐다. 마을 사람들은 붉은 실타래로 머리를 묶어 여전히 캉빠*인임을 자랑하고 있었다. 티베트 남자들은 예로부터 캉빠한쯔(康巴漢子)** 라는 말처럼 호탕하고 의리 있는 남자의 대명사로 불릴 정도였다. 지금도 캉빠의 남자들은 한번 친구가 되면 그를 위해서 목숨도 버릴 수 있는 의리를 가졌다고 한다.

1950년대 중국의 무력침공으로 수천 년 역사를 마감한 티베트는 문화대혁명(1966~1976) 때 문화유산이 철저하게 파괴되었다. 반면에 '티베트 문화의 냉동

* 깐쯔(甘孜)자치주는 티베트고원의 동남쪽에 위치한다. 티베트인들은 캄(Kham: 쓰촨, 윈난지역)이라 불렀고 중국은 티베트어(캄, Kham)를 음역해서 캉(康) 혹은 캉빠(康巴)라고 칭한다. 즉, 지금의 쓰촨과 윈난지역인 동티베트를 말한다.

** '캉빠의 사나이'라는 뜻.

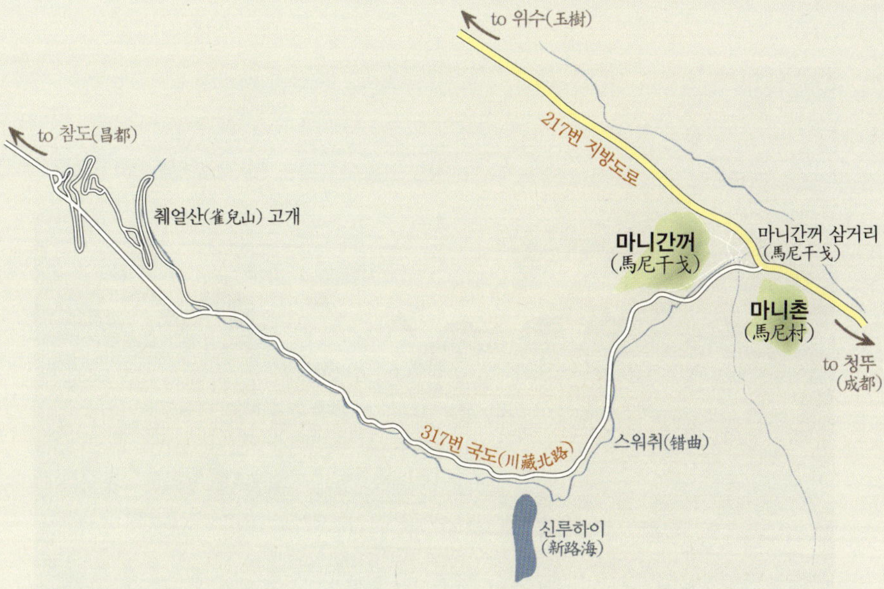

마니간꺼삼거리

창고'로 불리는 캄(Kham)은 '티베트보다 더 티베트다운' 문화인류학의 보고로 남아 있다. 캄의 깊은 협곡에는 아직까지 외부의 바람이 닿지 않은 마을들이 있다. 마치 요새처럼 전통 마을을 지키며 살아가는 동부 티베트 사람들은 아직까지 캄 문화의 뿌리를 그대로 간직하고 있었다.

성냥갑 모양처럼 납작한 집들이 늘어선 황톳빛 마니간꺼마을 너머 하얀 설산이 다가올 겨울을 예고하며 늠름하게 서 있다. 췌얼산(雀兒山, 6,168m)•이다. 마니간꺼삼거리에서 만난 317번 국도(촨짱북로)를 따라 우회전한다. 췌얼산고개(5,050m) 방향으로 약 16km쯤 가면 신루하이(新路海)를 만난다.

• 티베트인들은 '독수리도 넘지 못하는 산'이라고 한다.

쿼얼산

해발 4,040m로 주변 경관과 어울린 에메랄드빛 호수는 환상의 색감으로 오감 만족이 충분하다. 신루하이의 티베트 이름은 위롱라취(玉隆拉措)•인데, 중국이 점령한 후 신루하이로 바꿨다. 317번 국도변에 위치해 있지만 신루하이는 조금도 번잡하지 않고 고요하다. 호숫가에는 산뜻한 육자진언이 새겨진 커다란 마니석과 오색의 타르초와 룽다가 신성한 곳임을 알려준다.

신루하이에는 티베트족들이 1,000여 년을 사랑하고 의지한 이야기가 얽혀 있다. 티베트에서 전래되어 몽골 민족까지 전해오는 영웅서사시 게사르왕전은, 하늘

• '온 마음을 다해 모시는 성스런 호수'라는 뜻.

로부터 현신해 태어난 티베트의 전설적인 건국영웅 게사르왕(格薩爾王, King Gesar)의 무용담을 담은 이야기다.

게사르는 엄청난 신통력의 소유자로서 천상과 천하를 오가며 온갖 모험을 벌이면서 혼란한 세상을 평정하고 인간세상을 구한다는 이야기가 중심축이다. 1천여 년 동안 캉빠인들의 입을 통해 구전되어 신화가 됐다. 호메로스(Homeros)의 '일리어드, 오딧세이'보다 수십 배가 넘고, 40만 행의 인도 서사시 '마하바라타(Mahabharata)'보다 긴 세계 최장의 서사시로 알려져 있다.

신루하이와 마니석

신루하이

신루하이호수와 연관된 내용은, 아름다운 물빛과 주위의 풍경에 반해 집으로 돌아가는 것을 잊었다는 게사르왕과 그의 애첩 주무(珠牡)와의 사랑이야기로 유명하다. 차마고도를 따라 이어지는 캄의 계곡과 초원마다 게사르의 전설이 담겨 있고, 캄의 유목민들은 오늘도 게사르의 모습으로 말을 달린다. 캉빠들은 언젠가는 게사르가 다시 살아나 캄을 중흥시킬 것으로 믿고 있는 것은 아닐까.

티베트의 유구한 전설을 담고 있는 신루하이는 췌얼산 빙하와 적설이 녹아 만들어진 호수다. 수심은 10~15m이고 주변에 푸른 소나무와 삼나무가 광활한 초원과 에메랄드 빛깔 호수와 어울린 절경에 살짝 감흥에 취할 수 있다. 바다(海)가 붙은 이름에 비해 작은 호수지만 단풍의 반영(反映)이 곱게 물들어 가을이 더 깊어지고 있다. 게사르왕과 주무가 반할 만하다.

아름다운 풍광에 빠져 정신없이 기념사진을 찍고 있을 때 중국 감독관이 짜증을 내며 이 지역을 빨리 통과하자고 재촉한다. 뜬금없는 일이라 이유를 물어보니, "티베트인들은 외지인에게 적대적이고 술을 먹으면 칼을 휘두르고 강도짓을 한다."는 것이다.

하긴 그사이에 동네꼬마들이 열댓 명이 모여들어 우리 차량을 둘러싸고 신기한 듯 만져보고 쓸어보고, 약간은 취해 보이는 아저씨 한 명은 우리 일행을 향해 뭐라고 고래고래 소리를 지르고 있었다. 정확히 무슨 상황인지는 알 수 없었지만

더꺼현 전경

차마고도(茶馬古道, Ancient Tea Route)

중국 서남부 윈난과 쓰촨에서 시작되어 티베트를 거쳐 히말라야를 넘어 네팔, 인도까지 이어지는 5,000여 km에 이르는 길로, 평균 해발고도 4,000m 이상으로 세상에서 가장 높고 가장 험준하면서도 가장 아름다운 길로 알려져 있다. 차마고도는 실크로드보다 200여 년 앞선 역사상 가장 오래된 무역 통로다. '마방(馬幇)'이라 불리는 상인들이 말과 야크를 이용해 중국의 차와 티베트의 말을 서로 사고팔기 위해 지나다녔다.

야생차는 원래 티베트의 캄 지역이 원산지다. 육식을 주로 하는 티베트고원의 유목민들은 오래전부터 중국에서 들여온 차를 마셔 왔다. 특히 당나라 때부터 불기 시작한 티베트인의 차 마시기 열풍은 중국의 차와 티베트의 말을 교환하는 차마무역을 대대적으로 촉진시켰다. 중국은 국방과 운송에 반드시 필요한 말의 수요를 차마무역을 통해 보충했다. 그 차마무역이 이뤄지던 실낱같은 교역로가 바로 차마고도이다. 문명교역로 차마고도는 중국과 티베트의 서로 다른 문명과 문화가 전파되는 데 있어 매우 중요한 통로 역할을 해왔다. 쓰촨성과 윈난성의 여러 지역에서 생산된 차는 마방이라 불리는 보부상을 통해 티베트의 라싸까지 운반되었다. 마방은 '말무리를 이끄는 사람들'이란 뜻으로, 사막의 캐러밴과 같은 운송조직이자 상업집단이다. 해마다 봄이 되면, 마방들은 엄격한 조직의 통제 아래 길을 떠난 후 반 년 정도의 풍찬노숙 끝에 고향에 돌아왔다. 오늘날 이 같은 마방은 사라지고 봄철과 가을철에 짧은 거리를 움직이는 마방만이 남아 있다.

참조: http://www.visitchina.or.kr 중국국가여유국 서울지국

중국 감독관이 우려할 만한 상황이다. 혹시나 해서 재빨리 자리를 뜬다. 그러나 기회 있을 때마다 티베트인들이 난폭하고 도둑이 많으니 소지품 조심하라는 중국 감독관의 경고는 어디에서도 확인할 수 없었다. 여전히 티베트인들을 폄하해 바라보는 중국인들의 인식이 씁쓰름하다.

고산지대의 해는 삽시간에 넘어가고 도로변에 드리운 산 그림자는 길어진다. 탐사의 발걸음도 바빠진다. 해발 5,050m인 췌얼산고개를 넘어야 쓰촨성의 가장

변방에 위치한 더꺼에 도착할 수 있기 때문이다.

더꺼(德格)는 촨짱북로 상에 있는 쓰촨성 깐쯔자치구의 마지막 도시이다. 티베트의 수도 라싸로 가는, 역사 깊은 푸얼차(普洱茶)의 교역로였던 차마고도의 길목에 위치해 있다. 1956년 쓰촨성에 편입되기 전까지 티베트 땅이었다. 서쪽으로 진샤강만 넘어서면 바로 티베트자치주에 진입할 수 있다. 중국 정부의 한족 이주정책으로 인한 폐해에도 불구하고 아직도 티베트의 전통이 많이 남아 있는 곳이다. 동티베트 지역의 정치, 경제, 문화의 중심일 뿐만 아니라, 티베트의 문화 유적들이 고스란히 남아 있어 더꺼를 '티베트 문화의 고성(古城)'이라 부른다. 인근 시취현에 라마교의 수많은 경판과 경문을 찍어내는 유명한 인경원(印經院)과 작은 포탈라궁이라고 불리는 빠방사(八邦寺)가 있다. 더꺼는 교통이 불편해도 티베트 문화의 중심지라는 역사적 무게를 가지고 있어 항상 이런저런 목적을 가진 이들의 발걸음이 이어진다.

췌얼산고갯길

예전 티베트와 현재 티베트 영토

쓰촨과 티베트를 연결하는 췌얼산고개는 촨짱꽁루에서도 가장 높고 험하다. 지겹도록 꼬부라진 오르막길에서 차량들은 거친 숨을 몰아쉰다. 고지대로 올라갈수록 희박해진 공기는 차들에게도 무거운 시련을 선사한다. 이 고개를 넘어야 더꺼를 갈 수 있고, 더꺼를 가야 티베트에 본격 진입할 수 있다. 빼곡하던 식물들이 해발고도가 높아질수록 듬성듬성해지고 주변은 황량해진다. 자욱한 운무를 뚫고 깎아지른 췌얼산 산봉이 하늘을 찌른다. 거의 직각으로 만들어진 도로는 한쪽으로는 아찔한 낭떠러지와 함께 세차게 흐르는 강물이고 다른 한쪽은 까마득하게 솟은 벼랑 협곡이다.

산이 높으면 계곡도 깊은 법이다. 췌얼산에서 더꺼에 이르는 계곡은 신천지로 가는 것처럼 가도 가도 끝이 없다. 심연(深淵)으로 깊이 빨려 드는 황홀경이다. 이처럼 산맥과 산맥 사이를 가로지르는 촨짱꽁루를 야커우(埡口)*라고 한다. 요즘은 야커우를 하나의 관광자원으로 활용하는 움직임도 있다고 한다. 확 트인 시야와 웅장한 경관을 한눈에 제공하니 무리한 아이디어는 아닌 듯하다. 도로 옆으로 도도히 흐르는 진사강은 야커우 경치를 완성하는 화룡점정(畫龍點睛)이다.

창강(長江)의 상류쯤에 온 셈으로 란창강의 물줄기가 합쳐지는 두물머리이자 티베트자치구가 시작되는 곳이다. 물론 과거 티베트의 영토는 지금의 쓰촨성 일부를 아우르는 훨씬 광활한 지역이었지만, 중화인민공화국이 획정한 행정구역상 티베트는 여기에서부터 시작된다.

중국이 티베트를 점령한 1950년 이전까지 티베트는 모두 50개 주로 이루어진 광활한 땅이었다. 중국 점령 후 이 지역은 쓰촨성, 윈난성, 칭하이성으로 각각 강제 편입돼 중국 땅이 되어 버렸다. 본래 있던 50개 주 가운데 티베트자치구로 남은 곳은 25개 주에 불과하다.

티베트가 독립하는 만약의 경우를 대비해서 행정구역을 분할하여 야금야금 중국화시키고 있다고 의심한다. 중국의 젖줄인 주요 강의 시원지(始原地)가 모두 티베트에 있기 때문이다. 창강을 확보하기 위해서 쓰촨성을 티베트에서 분리하고, 황하 때문에 칭하이성과 티베트를 분리한 것은 주지의 사실이다.

그뿐만이 아니다. 편입한 캄지역에서 대대적인 벌목사업을 벌인 탓에 삼림이 파괴되었다. 티베트로 가는 길목의 윈난과 쓰촨 일대 상당 지역이 민둥산으로 변해버린 것도 그 때문이다. 동부 티베트에서 라싸로 가는 유일한 통로에는 그렇게 복잡한 사연이 있다.

* 산과 산 사이의 길이 난 낮은 지역.

촨짱꽁루(川藏公路, Sichuan-tibet highway)

촨짱꽁루는 1954년에 개통된 쓰촨과 티베트를 잇는 도로다. 무수한 대설산(大雪山)을 넘고, 수많은 급류와 강을 건너고, 빙하, 늪지대를 통과해서 만든 도로이기 때문에 험하기로 유명하다. 청뚜에서부터 캉딩(康定)을 거쳐 신뚜치아오(新都橋)에서 북로를 타고, 깐쯔를 거쳐 참도 리오체, 나취, 라싸로 간다. 이 길은 일반적으로 촨짱 북로라고 일컫는다.

촨짱꽁루는 북로든 남로든 험하기로 유명하지만 2,000km가 넘는 여정은 천변만화하는 자연경관, 끝없는 초원, 하늘을 가릴 듯 빽빽한 원시산림, 예측할 수 없는 토사와 빙하의 위험 등이 예사롭지 않은 곳으로 그 풍경과 경치는 티베트로 가는 길 중 가히 으뜸이다. 남로로 가는 것이 북로로 가는 것보다 조금 더 빠르며, 게다가 직통하는 차들도 더 많다.

여행자 입장에선 남로보다는 북로를 이용하는 것이 볼거리가 더욱 풍부하다. 남북으로 이어진 산맥을 횡단해서 가다 보면, 위대하고 웅장하지만 속되지 아니한 풍경을 볼 수 있다. 촨짱꽁루의 또 다른 특색은, 오체투지(五體投地)를 하며 라싸로 향하는 순례자들을 종종 볼 수 있는 것이다.

췌얼산터널(雀儿山隧道, 4,378m)

쓰촨성 깐쯔장족자치주 더꺼현 내 췌얼산을 관통하는 췌얼산터널은 2012년에 착공해서 2017년 9월 26일에 정식 개통됐다. 췌얼산 주봉우리의 해발은 6,168m, 산을 넘는 고개의 입구 해발은 5,050m로 터널의 입구가 세계에서 가장 높은 곳이다. 터널이 완공됨에 따라 쓰촨성 청뚜시와 티베트의 나취를 잇는 촨짱꽁루 317번 국도 구간의 운행거리가 22km가량 줄고 운행시간은 2시간이나 단축됐다. 촨짱꽁루 췌얼산 구간은 한랭하고 산소가 부족하여 중국에서 가장 위험한 국도로 불린다.

chapter **05**

자연이 설계한 꼬부랑길, 누장산 72고개

더꺼

메드로공카

동쪽은 췌얼산, 서쪽은 티베트 국경에 접한 골짜기에 자리한 더꺼(德格)는 쓰촨성의 마지막 마을이다. 마을 앞으로 흐르는 진샤강(창강의 상류) 건너편은 바로 티베트의 장다현(江達縣)이다. 아주 드물게 들르는 여행자나 장거리를 운행하는 트럭 운전수를 제외하면 세상과 교류가 거의 없을 정도로 한적하다. 새로 지은 집들이 몇 채 있지만 여전히 티베트식이다. 티베트 경계와 가까운 곳이라 일말의 긴장감도 기대했으나 지나온 여느 마을과 다름없다. 잔잔한 호수 같은 마을에 파문을 일으킬까 두려워 서둘러 라싸를 향해 길을 재촉한다.

광활한 지평선이 눈앞에 펼쳐진다. 금방 닿을 듯한 지평선은 언제나 그만큼 떨어져 쉽게 품을 내주지 않는다. 길 주변에는 티베트인들의 집이 무너진 성곽처럼 여기저기 흩어져 있다. 야크들이 어슬렁거리며 서리 내린 풀을 뜯고 있고 차 소리에 놀란 양떼는 깡충 뛰어 달아난다. 그 넓은 초원에 드문드문 하얀 연기를 뿜어내는 검은 텐트가 점처럼 보인다. 유목민들이다. 중국 정부가 아무리 정착을 장려해도 이들은 유목이 자연스럽다. 이렇게 외진 곳에 사람들이 산다는 것이 신기하면서도 점점 추워지는 겨울이 걱정된다.

초원지대를 벗어나 '창강천연보호구'에 들어서자 골짜기가 깊어지면서 물살도 빨라지기 시작한다. 계곡과 산비탈에 쓰러지듯 매달린 마을 경치는 영하의 날씨에 오히려 선명하다. 굽이굽이 산길을 돌아 해발 4,300여 m의 고갯마루에 올라서자 입이 쫙 벌어질 만큼 아름다운 설경이 펼쳐진다.

장다현에 접어들자 아스팔트도로를 만난다. 십여 년 전만해도 모래폭풍을 일으키며 지나던 오지였다. 쓰촨성과 티베트를 연결하는 국도 317호선 북쪽 라인인 장다~퉈바(妥壩), 강퉈(崗托)~장다 노선이 중국 정부의 제10차 5개년 계획(2001~2005)에 따라 시원하게 아스팔트로 변해 있다.

…"공사구간 초입에선 벌써 화물차들이 엉켜 신경전을 벌이고 있었는데 우리 일행을 본 공사장 인부들이 손사래를 치며 갈 수 없다는 시늉을 한다. 하긴 노면을 보니 시쳇말로 장난이 아니다. 여러 차례 공사장 인부와 지나가는 화물차 운전수에게 길 상태를 물어보니 일반 차량으로는 불가능하단다.

이런! 길은 외길이고 물러설 곳도 없는 일이다. 무조건 전진하기로 결정했다.

보통 도로공사를 하면 통행할 수 있는 여유를 남겨 놓거나 우회도로를 만드는 것이 우리네 상식. 그러나 중국식은 다르다. 기존 130km에 이르는 구간을 모두 뒤집어 놓고 공사를 하는 것. 그렇다고 동시다발적으로 전 구간에 걸쳐 공사를 하는 것도 아니다. 중장비라야 굴삭기 몇 대에 조그만 원동기로 돌리는 모래, 시

2005년의 장다꽁루

멘트 혼합기가 군데군데 있을 뿐이다. 대부분은 사람들이 삽과 손으로 골재를 운반하고 있었는데 놀라운 것은 130여 km에 이르는 공사구간에 총 작업 인력은 수백 명밖에 볼 수 없었다는 것이다.

가면 갈수록 이건 길이 아니라 거대한 함정 속으로 들어가고 있는 셈이었다. "통행하는 모든 차들을 부셔 진흙탕과 바위투성이인 이곳에 영원히 폐기처분시키려는 음모가 아니고서는 도저히 있을 수 없는 일"이라 넋두리하는 여행객들의 불평불만만큼 빠지고 막히고 긁히고…. 길에서 당할 수 있는 일을 다 겪고 나서야 진흙과 바윗돌과의 전쟁이 끝났다. 130km 구간을 통과하는 데 무려 11시간이 걸렸다"…

출전: 인천일보 〈중국 서부 극지를 가다 ⑥〉 2005. 11. 29. 글 백민섭

이후 오늘날의 촨짱꽁루의 대부분 길은 아스팔트로 포장되어 있어 아주 편하게 라싸까지 갈 수 있다. 험한 길에 더는 신경을 쓰지 않아도 되는 비단길은 차창으로 스치는 경치에 집중하게 해준다.

참도•는 쓰촨과 윈난, 티베트가 만나는 교통의 요지이자 물의 도시다. 지류인 란추하(染楚河)와 어무추하(鄂穆楚河)가 마치 사랑하는 사람의 얼굴을 어루만지

• 티베트어로 '물이 모이는 곳'이란 뜻.

듯 참도에 들어와 도시 남단에서 합수되어 란창강이 된 것이다. 참도에서 힘을 받은 강이 거침없이 메콩강을 향해 달려가는 것이 인상적이다. 이 강은 옌징, 쿤밍 등 중국 서남부를 지나 캄보디아와 베트남까지 흐르고 흘러 인도차이나의 젖줄이 된다.

촨짱북로를 달려왔던 우리는 참도에서 촨짱남로로 갈아타기로 한다. 리오체(類烏齊)⇨나취(那曲)⇨라싸로 이어지는 촨짱북로와 빵다(邦達)⇨팍쇼(八

찬짱꽁루(북로, 남로)

宿)⇨란냐오(然烏)⇨린즈(林芝)를 통해 라싸로 가는 찬짱남로 중 남로 방향으로 길을 잡는다.

참도 시내를 가로지르는 란창강을 건너 고갯마루로 향한다. 계곡이 깊어질수록 노도 같던 물은 유장해진다. 첫 번째 고개 랑라산(浪拉山, 4,572m)을 지나자 지난날 차(茶)를 말에 싣고 라싸로 향하던 마방들이 걷던 빵다대초원(邦達大草原)이 펼쳐진다. 란창강과 누강(怒江) 사이에 우뚝 솟은 초원으로 풍부한 물과 풀이 아름다운 녹음지대를 만드는 곳이다.

파란 하늘과 산능선마다 여인의 어깨에 걸친 숄처럼 구름과 햇살이 신비롭다. 빵다대초원은 칭커(青稞, 쌀보리)밭과 운무 그리고 초원이 주인인 평화로운 지대다. 차창을 스치는 초록빛 칭커의 살랑거림이 싱그럽다. 그 아름다움이란…

…그 시절 다시 돌이킬 수 없다 해도,

서러워하기보다 차라리 처음 설렘 그대로 간직해 이토록 굳세어지리니…

윌리엄 워즈워스(William Wordsworth)는 '초원의 빛(Splendor in the grass)'에서 이렇게 노래했다. 그렇다. 이 길을 지나면 다시는 이 초원을 볼 수 없을지도 모른다.

참도 시내를 흐르는 란창강

초원의 빛도 꽃의 영광도 일장춘몽인 걸. 아무리 찬란한 연애도 마찬가지다. 세월이 흐르면 풀잎도, 꽃도 스러진다. 하지만 이곳 빵다 초원에서 만난 칭커밭은 첫사랑의 싱그러움이다. 그 잔상만큼은 잊지 않고 가슴에 새기리라 마음먹는다.

빵다진삼거리 광장

달리는 차는 님의 속도 모르고 비단 같은 내리막을 쏜살같이 미끄러진다.

빵다대초원을 130여 km를 달려 도착한 빵다진. 띠앤짱꽁루와 촨짱남로(滇藏公路+川藏南路: 214번, 318번 국도)가 만나는 곳으로, 318번 국도를 타고 서쪽으로 가면 '라싸'에 이른다. 지세(地勢)는 평탄해서 주변에 비행장(昌都邦達机場, 4,334m)* 도 있다. 하지만 워낙 추워서 상시 통행하

* 라싸와 쓰촨성 청두를 잇는 국내노선.

는 이들은 이곳에서 숙박을 꺼린다고 한다.

오히려 망캉(芒康), 참도, 라싸 세 방향의 길이 만나는 빵다삼거리가 북적인다. 교통의 요지답게 적지 않은 식당과 차량수리점, 그리고 가수점(加水店)이라고 씌어 있는 간이 물장수가 보인다. 가파른 고갯길을 다니는 대형화물차들이 고개를 오르기 전 탱크에 물을 채우는데, 내리막길에서 과열된 브레이크에 물을 뿌려 식히기 위함이다.

삼거리를 지나 오르기 시작한 이에라산(業拉山, '감마라산'이라고도 함)도 해발 4,658m로 만만치 않지만 이 산을 넘어야 커브길이 많기로 유명한 누장산(怒江山) 72고개 꼬부랑길을 만날 수 있다.

빵다대초원

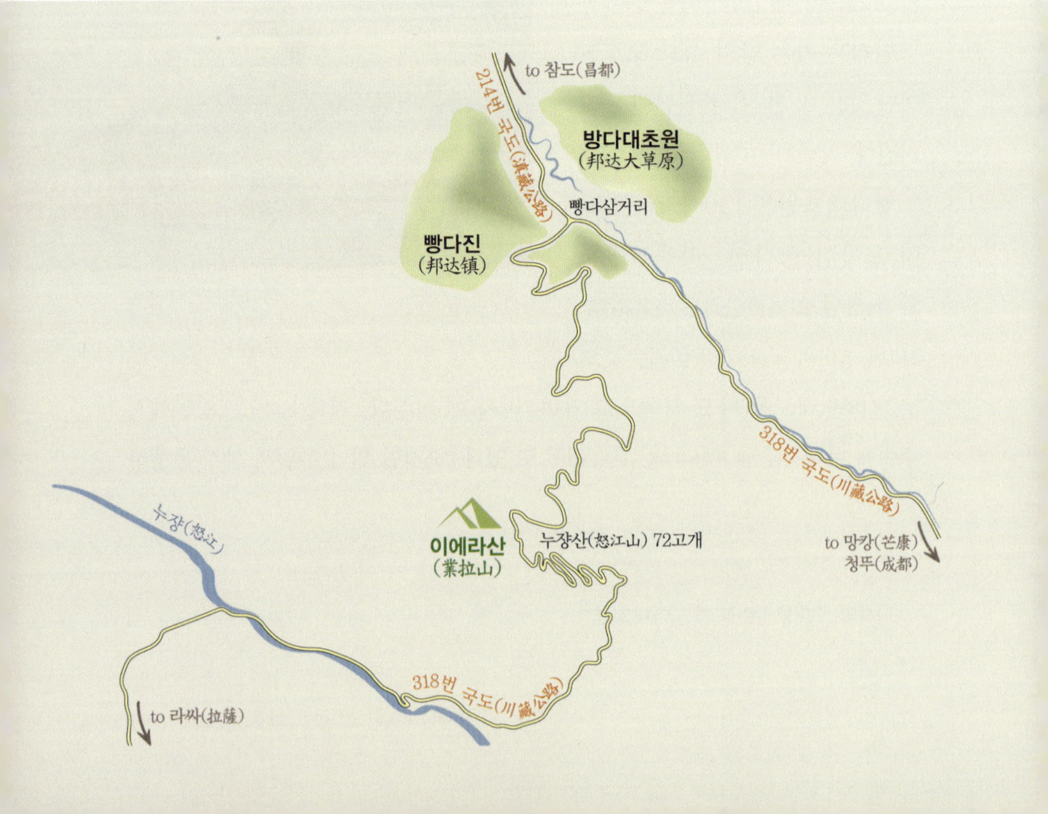

가파른 고개를 오르는 차량은 희박한 산소 때문에 완전연소를 시키지 못하고 '가르릉 가르릉' 천식환자처럼 쿨럭거린다. 옛날 차마고도를 다니던 마방(馬幇)들은 이 길을 어떻게 올랐을까 싶다. '새와 쥐만 다닐 수 있는 길'이라고 조로서도(鳥路鼠道)라고 했듯이 천애 낭떠러지에 홈을 낸 좁은 길이었을 것이다. 등짝에 찻잎을 잔뜩 실은 말의 거친 숨소리, 채찍소리, 마방들의 고함이 들리는 듯하다.

마침내 고갯마루에 서면 몰아두었던 한숨이 탄성과 함께 탁 터진다. 실타래를 사려 놓은 것처럼 배배꼬인 꼬부랑길이 표고차 800m 넘는 곳까지 길을 냈으니 오죽하랴. 중국인들은 이 길을 '天路 72拐'라고 표시한다. 괴이(拐, bend)는 구부러졌다는 뜻이니 하늘 길을 적어도 72번은 돌고 돌아야 한다는 뜻이다. 아름답고 기묘하지만, 내려가자니 한숨이 절로 난다. 옛날 차(茶)를 싣고 라싸를 향하던 마방들의 걱정과 감동도 다르지 않았을 것이다. 이제는 낭떠러지에 목숨걸고 교역하던 마방은 사라지고, 조로서도는 신작로가 되어 대형화물차와 관광버스가 차마고도의 주고객이 되었다.

다시 내리막이다. 해발 4,600m쯤 되는 고갯마루에서 서서히 미끄러져 내려간다. 짙어 가는 가을 단풍과 다랑이 논밭이 어우러진 토담집들이 비탈에 서 있는 모습이 위태롭다. 지난 2010년도에 아스팔트 포장이 된 굽잇길은 노면 상태가 아주 좋으나 좌우로 연이은 회전으로 어지러울 지경이다. 약 12km의 '天路 72拐' 구절양장의 길을 내려오는데 걸린 시간은 20분 정도다. 차를 돌려 다시 한 번 올랐다가 내려오고 싶을 정도로 흥미롭고 아찔한 길이지만 아쉬움을 뒤로하고 길을 이어간다.

고개 하단부에 이르자 협곡이 보이고 그사이로 강이 흐른다. 칭짱고원에서 발원한 누강협곡 위에 반듯하게 놓인 누강대교를 따라 터널이 연결된다.

그 왼쪽으로는 협곡을 잇는 또 다른 출렁다리가 보인다. 사람만이 건너는 자

누장산 72고개

그마한 규모로 봐서 오랫동안 이 협곡에 사는 원주민들이 만들었을 것으로 보인다. 삶은 참으로 끈질기고 치열하다. 출렁거리는 다리를 건너는 아이들의 표정이 해맑다. 그들에게 다리는 삶의 질곡이 아니라 그네와 같이 재미있는 놀이기구일지도 모르겠다.

누쟝산을 내려오면 이내 협곡이 시작된다. 협곡 사이가 좁아 하늘이 잘리고, 산의 정상을 보기란 더더욱 어려울 정도로 좁고 깊은 협곡이다. 민둥산 계곡에서 흘러내린 물은 황톳빛이 되어 유유히 흐르고 길 아래 협곡의 까마득한 벼랑은 오금이 저리다. 동굴을 반으로 쪼갠 듯이 벼랑 허리에 낸 길을 아슬아슬하게 지난다. 그 옛날 산맥 너머 외부 세계와 소통과 교역을 위해 만들었을 것이다. 협곡 낭떠러지에는 변변한 안전장치 하나 없지만 수백 년 동안 길에 내려앉은 푸얼차(普洱茶) 향기와 수많은 사람의 이야기가 집어삼킬 듯 거친 강물과 뒤섞이고 있다.

누강대교

누강(怒江)은 이름처럼, 흐르는 물살이 마치 성난 것처럼 급하다고 하여 지어졌다는데 상류지역이라 그런지 마치 호수처럼 잔잔하여 72고개를 돌아 내려온 우리에게 평온함을 준다. 하지만 이 강은 티베트 동부의 탕굴라산맥(唐古拉山脈)에서 발원하여 남쪽의 윈난성과 미얀마 동부를 지나 약 2,400km를 흐른 후 미얀마의 안다만해(Andaman Sea)로 빠지는 동남아시아의 대하천이다. 어느 강과 마찬가지로 누강(미얀마에서는 살윈강 Salween River)의 시작도 미미한 것은 똑같다.

누강과 누강대협곡

누강을 음미하고 막 떠나려고 할 때였다. 멀리 점 같은 움직임이 포착됐다. 직감적으로 카메라를 들이댄다. 일어섰다가는 엎드리고 엎드렸다가 일어서고…. 오체투지를 하는 순례자였다. 라싸로 가는 길에서 이따금 볼 수 있다는 순례자를 처음 만난 것이다. 한없이 반가운 조우였다. 해가 기울기 시작해 끝이 어딘지 모를 협곡을 빠져나가는 것이 급하기도 했지만 겨울이 오는 길목에서 오체투지 순례자를 또 만나리란 보장도 없던 터였다.

세 걸음을 걷고 합장한 후 온몸을 땅에 던져 신심을 표하는 순례자들. 머리와 두 손과 두 발을 땅에 짚어 가장 겸손한 자세로 몸을 낮춰 신을 만난다는 오체투지(五體投地). 차가 지날 때마다 밀가루를 뒤집어쓰듯 먼지를 흠씬 맞으면서도 멈춤이 없다. 한참을 기다려 오체투지를 해오던 순례자들을 마침내 대면한다.

누강협곡에서 만난 오체투지 순례자들(왼쪽 첫 번째 현광민 한중자동차문화교류협회/오른쪽 끝 필자)

마치 전투에 나서는 병사처럼 얇은 고무로 만든 앞치마와 손과 발, 팔꿈치에는 나무와 가죽으로 된 보호대를 착용하고 있었다. 고지대의 따가운 자외선과 햇볕에 그을린 새까만 얼굴은 땀과 먼지가 뒤범벅되어 오히려 우스꽝스럽다. 낯선 사람들의 접근에 다소 경계심을 보이던 순례자들이었지만 중국인이 아니라 한국 여행자라고 신분을 밝히자 이내 밝게 웃는다. 동티베트 더꺼에서 왔다는 3명의 남자는 야팔(52), 웬지자(37), 자파(33)라고 했다. 이들은 한마을에 사는 이웃사촌들로 벌써 8개월째 오체투지를 하고 있다고 한다. 라마교의 성지인 조캉사원을 간다는 이들은 하루에 겨우 5~8km 정도 걷지만 라싸에 가겠다는 의지가 대단해 보였다.

왜 라싸에 가느냐는 우문을 던졌더니 조금 망설이던 자파가 "라싸에 가서 빌 것이 너무 많다."는 간단한 대답뿐이다. 중국어를 거의 못하는 이들과 속 깊은 얘기를 할 수는 없지만 그 빌 것이 무척 궁금하여 몇 번을 되물었으나 가족의 건강과 안녕을 기원한다는 소망까지만 더 들었을 뿐이다. 하긴 그 정도면 소원으로

서 충분하지 않은가. 속세에서 사는 우리들이 민망해졌다. 앞으로 3개월쯤이면 라싸에 도착할 예정이라는 이들은 선물한 생수병과 몇 푼의 노잣돈을 연신 흔들어 보이며 감사의 뜻을 전하고 다시 순례길을 떠난다.

누강협곡에서 라싸까지는 약 870km다. 고향인 더꺼에서 출발하여 8개월 만에 도착한 누강협곡까지의 거리보다 훨씬 멀다. 더구나 늦가을을 넘어 겨울이 코앞인 것을 고려하면 빨라야 내년 봄은 되어야 그들의 여정이 끝날 것이다. 그것도 모르는 채 순례자들의 오체투지는 계속 이어진다. 하긴 그들이 라싸로 가려는 이유와 내가 라싸에 가는 이유는 분명히 다르다. 그들이 가는 길 한걸음은 수행이요 또 한걸음은 독경이 되어 신에게 다가가는 숭고한 순례의 길이다. 나는 꿈에서도 그들처럼 라싸를 만나지 못할 것이다. 오직 그들이 이 겨울을 이겨내고 무사하게 라싸에 당도할 수 있기를 기원할 뿐이다.

옴마니반메훔!

티베트의 스위스, 강샹자연보호구

이번 탐사 최대의 적은 비다. 티베트의 우기는 대략 5월~9월까지로 본다. 늦가을 단풍을 만끽하고 있는 이번 탐사기간은 분명 건기(10월~4월) 중이고, 고지대는 강수량이 연평균 수십 밀리미터에 그치는 것이 보통인데도 비는 탐사 내내 쫓아다닌다. 고산지대의 변덕스러움은 예측할 수가 없다. 추적추적 내리는 비는 비포장도로를 진창으로 만들고, 그만큼 일정도 차질이 생겨 강행군을 피할 수 없다. 비로 인해 느려진 일정을 맞추기 위해 하루 평균 10시간 이상 운행하는 탐사길에 피로는 쌓여만 간다.

빵다와 팍쇼 사이의 티베트 마을 풍경

팍쇼(八宿, 빠수)[•]에서 다음 여정지인 란냐오(然鳥)마을까지는 약 70km다. 계속 고도를 높이는 오르막이다. 달리는 내내 느끼는 황량함은 새로운 볼거리를 제공한다. 빨주노초파남보 그리고 검은색까지 형형색색의 흙산들이 향연을 펼친다. 고원의 황량한 아름다움이 크고 묵직한 여운을 준다.

안지우라산(安久拉山, 4,475m)을 넘어서면 서서히 초원이 커지고 구릉을 넘어서면 숨었던 나무들이 나타나기 시작한다. 하천을 따라 발달한 계곡으로 들어서자 소용돌이에 빠지듯 풍경이 급하게 차창을 스쳐간다. 란냐오마을에 가까워졌을 때쯤 계곡에서 벗어날 수 있었다. 318번 도로와 201번 지방도로가 만나는 삼거리에서 좌측으로 들어선다.

• 티베트어로 '용사산(勇士山) 아래의 촌락'이라는 뜻.

그 유명하다는 란냐오호수를 지나칠 수야 없지 않은가? 되짚어 올 요량으로 호수를 찾아간다. 318번 촨짱꽁루를 벗어나 201번 지방도로를 타고 채 몇 분도 지나지 않았다. 순간 믿기지 않을 정도로 아름다운 풍경이 파노라마처럼 펼쳐진다. 흰 구름과 파란 하늘을 이고 있는 설산과 초원을 배경으로 마을과 호수, 수많은 철새들이 평화롭게 어울린 란냐오마을이다.

란냐오호수는 지진으로 산사태가 발생하면서 자연스럽게 만들어졌다. 티베트 동남부 일대는 지질 운동이 활발하기 때문에 이런 종류의 호수가 많다. 란냐오호수는 촨짱꽁루 근처에 형성된 호수이기 때문에 이 지역을 여행하는 사람들에겐 매우 익숙하다. 해발 3,850m에 위치한 호수는, 남쪽의 빙하와 사방을 둘러싼 설산이 녹은 계곡물이 주요 수원(水源)이다. 넓은 초원과 푸른 호수는 주위의 설산과 어우러져 생기발랄하다.

란냐오호수

호수에서 받은 감동을 뒤로하고 린즈 방향으로 길을 되짚어 나온다. 란냐오현을 관통하여 얼마 지나지 않아 아름다운 호수가 또 나타난다. 이 호수를 란냐오호수로 오해하기 쉬운데 아무쵸(阿木錯)라는 호수다. 란냐오호수와 수로로 연결되어 있어 헷갈리는 경우가 있으나 엄연히 다른 호수다. 촨짱꽁루인 318번 국도에 면한 호수는 아무쵸, 201번 지방도로와 면한 것이 란냐오라고 보면 틀림없다.

318번 국도를 따라서 10분 정도 거리에 와빠촌(瓦巴村)마을이 있다. 티베트어로 '사이'를 의미하는 와빠는 '두 물 사이에 있다'는 뜻이다. 아무쵸와 란냐오 사이에 있어서 그런 이름이 붙여진 것 같다. 아무쵸를 끼고 형성된 아담한 마을로 60여 호쯤 된다. 티베트 동남부 삼림지대의 건축 양식에 따라 지붕에 흙을 깔고 그 위에 너와를 얹은 형태가 대부분이지만 현대화의 바람 속에 와빠촌도 일부 개량되어서 이젠 티베트식 전통가옥을 보는 것도 쉽지 않다.

라싸로 가는 길목에 자리잡은 작은 마을 뽀미는 티베트자치구의 서남쪽에 위치한 인구 3만 명 정도로 그리 작지도 크지도 않은 조용한 도시다. 뽀미(波密)는 경관이 아름다워 린즈(林芝), 차위(察隅), 모퉈(墨脫)와 함께 '티베트의 강남'이라고 불린다.

318번 국도를 중심으로 각 지방의 특색을 간직한 음식점과 각종 생필품을 파는 가게들이 늘어서 있고, 도시의 중심 사거리에는 마을 어디에서나 볼 수 있는 인민광장이 있다. 티베트 사람이 대부분이지만 이곳 역시 중국 정부의 한족 이주 정책의 현실이 잘 드러나는 곳으로 가게를 운영하는 사람들은 대부분 한족이라고 보면 된다. 지역치안과 함께 상권까지 장악한 셈이다.

돈이 되는 사업은 한족이 하고 그 밑에서 값싼 노동력을 제공하는 부류는 바로 식민지 티베트인이 될 수밖에 없는 현실이다. 팍쇼가 그렇듯 뽀미도 중국화가 되었다. 중국화가 되었다는 것은, 화이트워싱(Whitewashing)과도 비슷하다. 원

318번 국도에서 본 아무쵸

파룽장뿌강 하류

작과 다르게 백인 배우가 동양인인 것처럼 연기하거나 동양인 역할을 백인으로, 혹은 흑인 캐릭터를 억지로 백인으로 바꿔서 영화를 만드는 할리우드의 행태를 비판하는 용어지만 티베트의 모든 것을 중국식으로 치환하려는 중국의 태도와 정책이 그와 다를 게 있을까?

우리는 또 다른 티베트를 만나기 위해 길을 나선다. 시내를 빠져나오자 이내 파룽장뿌강(帕隆藏布江)을 따라 시원하게 내달린다. 고도는 점점 낮아져 해발 2,000m를 밑돈다. 길은 평탄해서 이제까지 보아온 험한 모습과는 사뭇 다른 풍경이 펼쳐진다. 강폭이 넓어진 곳에는 밀린 토사가 만든 모래섬에 뿌리내린 나무들이 어울려 숲을 이루고 있다.

뽀미에서 남쪽으로 30여 km 떨어진 모퉈로 가려면 해발 4,000m급 설산 가룽라(嘎龍拉)와 둬숑라(多雄拉)를 넘어야 한다. 티베트고원에서 해발이 가장 낮은 곳으로, 히말라야산맥에 둘러싸인 인구 약 1만 2천 명의 모퉈는 '고원의 외딴섬'으로 불릴 만큼 첩첩산중에 은인자중하던 마을이었다. 인도와 접경지대로 지형이 매우 험해 중국의 현(縣) 가운데 유일하게 현을 잇는 자동차도로가 없는 곳이었다. 중국 정부는 지난 1962년에 처음 도로개설을 시도했다. 잦은 사고와 기술수준의 한계로 실패를 거듭한 끝에 1994년 마침내 비포장도로가 개설되어 처음으로 모퉈까지 자동차가 갈 수 있었다.

2010년 12월 15일 티베트자치구 모퉈현과 뽀미현을 잇는 3km 길이의 가룽라

터널(해발 3,750m)이 개통되었다. 이로써 중국 2,100여 개 현이 모두 고속도로로 연결됐다. 칭짱철도 건설에 비견될 만큼 고난이도 공사였지만 마침내 터널을 뚫음으로써 도로 개설의 최대 장애물을 해결한 것이다. 은인자중하던 모퉈도 마침내 세상과 통하게 되었다. 덕분에 동티베트를 여행하기가 한결 쉬워졌다.

뽀미에서 가까운 곳에 있는 '강샹자연보호구'는 '티베트의 스위스'라 불리는데, 고지대라는 사실이 믿기지 않을 만큼 삼림이 우거지고 특이한 자연 풍경이 많아 여행자들이 많이 찾는 곳이다. 녠칭탕굴라산맥과 히말라야산맥이 교차하는 곳이지만 인도양에서 불어오는 계절풍의 영향으로 아열대성 기후가 만들어낸 장관이다.

이곳에서부터 동티베트의 깊고 웅장한 침엽수림지대인 '린즈자연풍경구'가 시작된다. 란냐오에서부터 조금씩 그 모습을 드러낸 침엽수림지대는 라싸에 가까워질수록 숲의 규모와 밀도가 높아진다. 티베트는 춥고 메말라 죽어 있는 것이 아니라 수많은 생명들이 함께 살아 숨쉬는 도도한 자연의 보고다.

가룽라고개 구도로

계곡 아래는 얄룽장뿌 대협곡으로 흐르는 린즈니아하(林芝尼亞河)가 있어 울창한 숲은 구름, 강과 함께 변화무쌍한 새 경관을 만들어낸다. 뽀미에서 시작하는 이 길고 긴 협곡의 향연은 린즈를 지나 빠이까지 이어진다.

아름다운 풍경의 뽀미지역을 지나자 도로는 한층 위험해진다. 잦은 비와 안개로 전방의 상황을 예측할 수 없는 경우가 많아 절벽 위의 도로에서는 늘 긴장감이 돈다. 교행차량이 있을 때는 암벽등반이라도 하듯 절벽 쪽에 최대한 차를 붙이느라 여간 애를 먹는 것이 아니다.

특히 318번 국도 구간 중 통마이(通麥) 일대는 빙하지대가 많아서 크고 작은 산사태가 흔히 발생한다. 우기인 여름철에는 갑작스런 폭우로 인해 도로가 토사에 묻히거나 유실되는 것이 다반사다. 가끔은 다리가 훼손되어 발이 묶이기도 한다. 정말 전쟁터 같은 지역이 아닐 수 없다. 그럴수록 도로 옆으로 펼쳐진 풍경은 더욱 신비스럽다.

생사를 다투는 길에서 신비스런 풍경과 함께 노닐다 보면, 어느덧 서북쪽 쟈리(嘉黎)현에서 흘러오는 이꽁장뿌(易貢藏布)와 남동쪽 란냐오에서 내려오는 파

뽀미지역 318번 도로

舊통마이대교

2015년 11월에 개통된 新통마이대교

룽장뿌강이 만나는 지점 통마이대교(通麥大橋)에 도착한다.

우리가 도착했을 때는 부슬부슬 비가 내리고, 그 와중에 다리를 건너기 위해 기다리는 차량행렬이 길게 늘어서 있었다. 감독관이 군사보호지역이니 일절 촬영을 금지하라는 주의를 잊지 않는다. 라싸로 가는 유일한 통로로 군사적으로 매우 중요한 곳이다. 그래서 다리 양쪽으로 무장경찰들이 통행자와 차량을 일일이 검색한다. 이 길은 라싸로 가는 유일한 길이면서, 칭하이성과 쓰촨성, 윈난성을 잇는 유일한 통로이기 때문에 검문하기에 맞춤한 곳이다. 한쪽은 중국 군인이 또 다른 쪽은 티베트 출신 무장경찰이 각각 경비를 서는 것이 이채롭다.

다리 건너편 파이룽 방향 도로에 낙석이 쏟아져 군인들이 치우고 있다. 작업 중인 군인과 장비가 건너와야 통행이 가능하다. 해발 3,000m가 넘는 고지대로 히말라야산맥을 넘어 오는 바람이 푄현상을 일으켜 내리는 비 때문에 도로유실이 잦다고 한다. 오도 가도 못하는 외길에서 쫄쫄 굶으면서 기다리기를 한 시간여. 군인들의 수신호를 따라 차 한 대 정도가 겨우 지날 수 있는 나무다리를 살금살금 건넌다. 다리 상판 틈새로 노도와 같은 흙탕물이 거세게 흐르고 있어 긴장감을 느낀다.

대교를 건너서 우측으로 가면 이꽁(易貢)• 호수로 가는 길이고, 좌측으로 가면 먼빠족(門巴族)이 사는 파이롱(排龍)마을로 가는 길이다. 건너자마자 좌측으로 길을 잡는다. 오른쪽은 깎아지른 절벽이요 왼편은 낭떠러지다. 비탈진 좁은 도로는 자칫하면 황천행이다. 물과 길은 자연스레 산을 감고 돌아간다. 우리도 그들처럼 자연이 만든 리듬을 타고 달려간다.

뽀미에서 린즈, 빠이까지 이어지는 318번 국도는 계곡에 매달린 도로를 달리는 위험천만한 모험의 연속이다. 티베트고원에 이런 위험하고 매력적인 풍경이

• 티베트어로 '아름답다'는 뜻.

있으리라고 누가 상상이나 했을까. 촨짱꽁루상의 이 위험한 구간을 약 16km쯤 지나 파이롱마을을 빠져나오면 루랑(魯郞)이다. 해발 3,700m에 위치한 루랑은 동티베트에서도 가장 아름다운 마을 중 하나다.

가문비나무와 소나무가 무성한 원시림지역이다. 운무와 설산, 빙하를 배경으로 자리한 루랑린하이(魯郞林海)는 이름처럼 침엽수들이 모여 만든 '숲의 바다'로 천여 명의 티베트 사람들이 살고 있다. 티베트어 의미는 용왕곡(龍王谷) 즉 '용왕이 사는 골짜기', '집 생각을 잃게 만드는 곳'이라는 뜻인데, 용왕곡은 아무리 생각해도 그 연유를 유추하기 힘들다. 그만큼 아름답고 신비롭다는 뜻이 아닐까?

마을 앞으로 흐르는 시냇물, 들꽃이 만발한 초원과 통나무집들이 어울려 유유자적하다. 봄과 가을에는 형형색색의 꽃들이 피어나고 한겨울에는 거대한 빙하와 가문비나무, 소나무 군락이 빽빽한 수림에는 수많은 전설이 숨겨 있는지도 모를 일이다.

통마이에서 파이롱까지의 아슬아슬한 구간을 통과한 대부분의 운전기사들이 루랑마을에서 식사를 한다. 사람들의 삶은 얄룽장뿌강과 지류가 만든 기름진 토지를 가진 마을답게 여유롭다. 비가 잦고 바람이 많아 대부분 지붕이 A자 모양인 것이 그럴싸하다. 초원과 삼림이 잘 어우러져서 사람들에게 편안함을 준다. 휴게소 역할을 하는 마을답게 도로변에 음식점이 많다. 주로 쓰촨요리를 하는 식당들이다.

루랑에는 한번쯤 먹어 볼 만한 요리가 있다. 이름처럼 돌솥에 푹 곤 닭고기 요리인 쉬궈지(石鍋鷄, 석과계)다. 이곳 주민들이 영계에 인삼과 천마, 동충하초 등 약재를 넣고 푹 고아 먹던 음식으로 우리로 치면 삼계탕이다. 루랑에서 27년을 살았던 충칭(重慶) 출신의 허다이윈(何代云)이 1999년 상품화했다. 루랑 사람들이 즐겨 먹던 요리를 충칭에서 개업했는데 반응이 폭발적이었단다. 당연히 원조격인 루랑마을도 덩달아 유명해졌다.

루랑풍경대에서 본 루랑마을

닭고기를 먼저 먹고 국물에 채소와 버섯 등을 넣어 샤브샤브처럼 먹은 후에 면을 넣어서 먹기도 한다. 그러나 누구에게나 입맛이 맞는 것은 아닐 수도 있다. 어떤 이는 비싸다 하고 어떤 이는 냄새가 심하다 하고. 입 짧은 여행객들은 한번쯤 생각하고 시도할 일이다.

루랑마을을 빠져나오면 곧 오르막길이 시작된다. 린즈 동쪽에 위치하며 니양하지역과 파룽장뿌강지역으로 나누어지는 분수령이 써지라산(色季拉山, 4,730m)이다. 써지라산 정상 부위를 관통하는 세킴라고개(Sekhym la)로 오르기 시작한다. 2004년 9월에 완공되었다는 아스팔트도로는 '이 구간을 밤중에 넘는 것은 미친 짓이다'라는 안내서의 문구가 무색하게 한결 편안하다.

정상 부위에 룽다와 타르초가 있는 제단을 지날 때였다. 반대편 차선을 지나는 자동차에서 종잇조각을 연신 차창 밖으로 날리는 모습을 볼 수 있었다. 룽다(風馬)라는 오색종이를 뿌리는 것으로 신을 경배하고 액운을 없애려는 종교행위의 하나라고 한다. 티베트 사람들의 신심은 때와 장소를 가리지 않는다.

우여곡절을 겪으며 달려온 촨짱꽁루에는 평탄한 길도 있고, 고개도 있고, 끝없는 협곡도 만나게 된다. 그러다가 천애(天涯) 같은 황량한 곳을 지나다가도 어느새 울창한 산림지대를 지나기도 한다. 길이 험하지만 이런 천변만화를 어디서 볼 수 있겠는가? 마음을 비우고 세상을 채우려 길을 나선 여행자에게는 더없이 행복한 시련 아니겠는가!

어느덧 318번 국도*인 촨짱꽁루 서쪽의 마지막 고개 세킴라를 넘어선다. 운해(雲海)는 새신랑을 맞는 신부의 드레스처럼 다소곳이 산중턱을 감싸고, 끝없이 이어지는 삼림바다(林海)는 카펫처럼 폭신하다. 산들은 첩첩이 그리메를 만들며 신비한 자태를 뽐내고 있다.

써지라산에서 특히 유명한 것은 봄이면 온 산을 물들이는 철쭉과 진달래 군락이다. 써지라산 일대에 광활하게 분포되어 있고, 종류도 매우 다양하다. 6월이 절정인데 흰색, 노란색, 붉은색, 분홍색 등 갖가지 색으로 물들어 마치 불이 타오르듯 하는 맹렬한 기세가 장관이라 한다. 제때 지나지 못하는 여행객들에게는 한이 된다. 티베트는 유혹하는 것들이 너무도 많다.

운무 사이 산 밑으로 린즈가 보인다. 멀리 산능선이 아스라이 춤을 추며 여행자를 반기고 있다. 우리는 그 모습을 한눈에 담고 긴 내리막을 쏜살같이 달려서 동부 티베트의 관문 린즈시로 향한다.

린즈는 라싸에서 동쪽으로 400여 km 떨어져 있는 도시다. 촨짱꽁루 중 남로가 마을을 통과하고, 얄룽장뿌강과 니양하가 합쳐지는 곳에 자리를 잡아 물위의

* 중국의 도로 체계상 동에서 서로 연결되는 도로의 하나. 상하이에서 시작하여 네팔 국경도시인 장무(樟木)까지 5,385km에 이르는 중국에서 가장 긴 도로다. 2015년 4월 지진으로 파괴되어 국경 패쇄 상태다. 현재는 400여 km 우회한 지룽현(吉隆縣)의 지룽거우(吉龍溝) 국경출입구를 이용한다.

써지라산의 홍철쭉과 백철쭉

궁전 같은 도시다. 태양의 복사열이 강하고 인도양 계절풍의 영향으로 같은 위도에 있는 다른 지역에 비해 따뜻하고 습기가 많다. 원래 원시 산림지대였는데 개발 이후 인근의 빠이와 함께 신흥공업도시로 탈바꿈하였다. 니양하의 삼각주 변에 위치한 마을로 눈부신 만년설산과 나무바다가 어울려 장관을 이룬다.

린즈는 티베트어로 '태양의 어좌(御座)', 즉 '태양이 떠오르는 곳'이라는 뜻

니양하(尼洋河)

니양하는 얄룽장뿌강의 5대 지류 중 하나이다. 발원지는 라싸~빠이 구간 천장공로상의 미라쉐산(米拉雪山)고개 부근이다. 총길이는 307.5km, 서에서 동으로 흐르다가 린즈(林芝, 티베트 표기-닝트리)에서 얄룽장뿌강과 합류한다. 완만하게 굽이굽이 흐르며, 모래 함유량이 적어 깨끗하고 푸르다. 콩포기얍다(工布江達) 지역의 젖줄이기도 하다. 여행 중 라싸에서 린즈로 올 경우, 니양하의 발원지부터 하류까지 모두 볼 수 있다. 반대로 빠이에서 라싸로 갈 경우에도 니양하를 따라 촨짱꽁루는 이어진다. 맑고 푸른 니양하와 주변의 아름다운 풍경은 티베트 여행의 피곤함을 잊게 한다.

이라고 한다. 평균해발이 약 3,000m, 가장 낮은 곳은 900m 밖에 되지 않아 세계에서 수직 지형 차이가 가장 큰 지대로 대협곡 등의 아름다운 풍경을 만든 것이다.

린즈 외곽 풍경

린즈는 지명대로 울창한 숲과 긴 강이 있고, 사람의 손이 미치기 힘들어 태초의 자연미를 그대로 보존하고 있는 그야말로 '정토(淨土)'다. 등뒤로는 하얀 설산이 산맥을 이루고 있어 수자원이 풍부한 지역이기도 하다. 그래서 협곡도 길고 깊다. 그 협곡 사이로 니양하, 파룽장뿌강, 얄룽장뿌강 등 세 개의 강이 흐른다. 강을 사이에 두고 형성된 오래된 촌락과 파도를 이루는 숲의 매력은 '티베트의 스위스'라는 별칭이 어색하지 않다.

고산지대의 추운 곳에서 자라는 설련화(雪蓮花)• 부터 아열대 지방의 대표적 과일인 바나나와 종려나무 열매 등 수많은 희귀식물과 원시림이 풍부한 린즈는 '고원의 생태박물관'이라는 찬사를 받고 있다. 한가롭게 풀을 뜯고 있는 소떼와 양떼가 있는 지상낙원이 바로 린즈의 대표적 이미지다.

이곳의 나무는 성장이 빠르고, 크기 또한 길고 굵어서 목재로서는 아주 이상적이다. 가끔 벌목하는 모습을 볼 수 있다. 과거 린즈와 빠이의 공장은 대부분 목재와 관련되어 있는데, 종이공장, 인쇄공장, 성냥공장 등이 많은 것도 그 이유다.

• 눈 속에 피는 연꽃이라는 뜻으로 해발 3~4,000m의 만년설산에서 자라는 국화과의 꽃으로 약초로도 유명하다.

20세기 초 중국과 아시아를 둘러싼 열강들의 팽창정책에도 불구하고 동부 티베트는 비교적 영향을 받지 않는 은둔의 땅이었다. 지정학적 위치가 정치, 경제, 군사적으로 중요하지 않은 중국 서남쪽 변방의 고원지대라는 이유도 있었지만, 캄족(Kham People)의 남자들은 승마에 능한 호전적인 사람들로, 외세에 끝까지 저항한 캄족의 저항운동 또한 이 지역을 오랫동안 열강의 공백지대로 남게 만들었다. 그러나 1950년 10월 중국인민해방군이 침략하면서 일대 변화가 시작된다.

조용하고 아름답던 원시고원지대에 총과 탱크를 앞세운 인민해방군이 진주하면서 새로운 도시가 만들어지고 전략적 요충지가 되어 군사도시로 바뀐 것이다. 중국 본토에서 라싸를 비롯한 동부 티베트를 장악하기에는 린즈가 맞춤한 지역이었다. 그렇게 보니 아름답게 느꼈던 린즈의 일신우일신(日新又日新)이 슬프게 다가온다.

린즈를 지나 10여 분쯤 더 가면 빠이에 이른다. 빠이는 린즈 지역의 정치, 경제, 문화의 중심도시다. 도시 초입에 진입하자 가장 먼저 눈에 든 것은 거대한 화강암으로 조각한 야크석상이다. 이 조형물은 예전에는 없던 것으로 압도적인 인상을 준다. 빠이시가 변하고 있음을 직감한다. 빠이시 중앙에 위치한 샤먼(厦門) 광장부터 깔끔하고 시원하게 정비된 도시는, 과연 이곳이 티베트 지역인지 의심스러울 정도로 현대적이다. 빠이는 원래 '라르가(拉日伽)'라고 하는 조그마한 촌락이었다. 1951년 중국인민해방군이 주둔하면서 발전을 거듭해 지금의 린즈시(林芝市)*의 중심 도시가 됐다. 그래서 도시 이름도 인민해방군 창군기념일 8월 1일을 상징해 빠이(八一)로 정했다. 린즈와 함께 신흥공업도시라고는 하나 질서정연한 도시풍경에서 공업도시라는 느낌은 찾아 볼 수가 없다. 오히려 티베트 남

* 2015년 3월 린즈지구에서 린즈시로 행정구역을 개편했다.

린즈에서 빠이 가는 길

니양하

부의 물류와 유통 중심지로 보는 것이 여행자에게는 설득력이 있다.

주변 지역에서 공수된 온갖 특산품과 고원지대에서 생산되는 동충하초(冬虫夏草), 체내 노폐물 제거에 탁월하다는 티베트의 샤프란 장홍화(藏紅花) 등 신기한 약재와 차가 집산되는 곳으로 좋은 상품을 저렴하게 살 수 있는 곳으로 알려져 있다. 인구 48,700여 명(2017년 기준) 정도가 사는 도시답게 중심가는 번듯한 공안국 건물, 지역 군부대 사령부 그리고 한족이 장악한 시내 식당가가 철옹성처럼 구축되어 있다. 티베트인의 고장 빠이에서 티베트인을 찾아보기 어려울 정도다. 한족, 그들만의 도시라는 인상이 훨씬 강하게 변모한 것이다.

라싸로 가는 길에 언제부터인가 니양하가 에메랄드빛을 반짝이며 따라오고 있다. 라싸로 가는 길의 마지막 고개 미라쉐산에서 발원한 니양하는 얄룽장뿌강의 5대 지류 중 하나로 쵠짱꽁루와 함께 라싸까지 동행한다.

니양하는 광막한 고원의 생김새를 거스르지 않는다. 산과 산 사이는 살같이 흐르다가 넓은 벌판에서는 수줍은 처녀처럼 고요하게 흐르며 정겨운 산수를 만

아페이 아왕진메이

들어낸다. 강을 따라 병풍처럼 늘어선 백양나무의 단풍은 여행객의 피곤함을 잊게 할 정도로 아름답다. 이 니양하를 거슬러 올라가다 만나게 되는 마을이 있다. 바로 니양하를 젖줄 삼아 자리한 콩포기얌다현의 아페이마을(阿沛村)이다.

이 마을이 주목 받는 것은 1954년 인민정치협상회의 1기 정책자문기구위원으로 선출된 이후 2008년 11기 중국인민정치협상회의(약칭 政協)의 부주석을 지낸 티베트 출신 아페이 아왕진메이(阿沛 阿旺晋美)*의 고향인 까닭도 있다. 아페이는 중국이 침략하기 전 이 지역의 총독이었다.

아왕진메이는 1951년 4월 중국과 조약을 체결할 당시 달라이라마의 위임을 받은 티베트협상단 대표 5인 중 수석대표였으나 오히려 중국에 협력하면서 배신의 길을 걷는다. 이후 영웅칭호와 함께 중국중앙위원회의 위원으로 입신하는 등 티베트인 출신 중에서 가장 성공한 인사가 되었다. 2009년 12월, 99세로 사망할 때까지 전국인민정치협상회의 부주석으로 영향력 있는 정치인으로 활동했다.

아페이를 어떻게 생각하느냐고 동네사람에게 물었더니, "이 지역에 수력발전소와 다리를 놓아 주어 고맙게 생각한다."고 했다. 예전 아페이의 영주시절과 비교해 가장 많이 바뀐 것이 무엇인가라고 좀 짓궂게 물었더니 한참을 망설이던 젊은 처녀는 "1949년 해방(중국의 티베트 점령) 전까지만 해도 이 일대의 대부분의

* 티베트 귀족가문 출신이자 티베트지역 사령관 출신으로 중국인민해방군에 체포된 후에는 자발적으로 공산정부에 협력했다. 소수민족 출신으로 비록 보조적이며 명목상의 위치를 가지는데 불과했으나, 토착지역에서는 권력자였고, 중국정권의 후견으로 때때로 가공할 정치권력을 행사했다.

사람들이 코걸이에 족쇄까지 한 노예 신분이었는데 해방 후 그런 것이 사라졌다."고 했다.

그 말 속에 숨은 뜻을 곱씹어 본다. 어쩜 이들은 중국이니 티베트니 하는 국가 개념보다도 누가 인민들에게 잘해주느냐가 더 소중한 것이라고 생각하는지 모를 일이다. 티베트의 젊은 처녀는, 중국이 티베트 침공을 정당화하기 위해 사용하는 '해방'이라는 단어를 전혀 거리낌 없이 쓰고 있었다.

중국인민해방군의 침략 후 피지배자가 된 티베트인에게 공산당체제는 잔혹했을 것이다. 그러나 1959년 이전 티베트 사람들은 95%가 인신매매가 가능한 노예 신분이었다. 대부분의 농민들은 사원에 속한 노예였다. 사원이 그들의 생사여탈권을 갖고 있어서 죄를 지으면 산 채로 가죽을 벗기거나 눈과 혀를 뽑는 야만적인 처벌을 했다. 누가 그렇게 했던가? 바로 중생을 긍휼히 여겨야 할 승려들이었다.

콩포기얌다현 전경

아페이마을

승려와 일부 귀족계급들만의 천하였던 티베트는 결과적으로 근대를 경험하지 못하고 절대적 신정봉건국가에서 식민지가 되었다. 사정이 이러하니 티베트 인민들은 오히려 나라를 빼앗은 침략자 중국이 아니라 배고픔과 노예해방을 시켜준 구세주라고 느낄지도 모를 일이다.

어쨌든 아페이마을은 우리가 지나온 수백 km에 이르는 동부 티베트 지역의 느낌과는 확연히 다른 마을이었다. 두메산골의 이 조그마한 마을에는 낯선 빌라식 건물과 마을회관, 포장도로에서 아페이의 그림자가 보인다. 아페이는 어쩌면 티베트 동포와 고향에 진 마음의 빚을 갚으려고 했던 것은 아닐까?

니양하 강변에 자리잡고 있는 아페이촌에는 그가 어린 시절 살던 집이 보존되어 있고, 그가 기부해서 만든 다리가 니양하 위에 놓여 있다. 이 마을 사람들은 그것을 아페이교라 부른다. 작지만 튼튼한 아페이교를 지나 미라산을 오른다. 촨짱꽁루 중 마지막 고개다.

5,000m가 넘는 고개라 정상 부위에는 벌써 잔설이 내려 있다. 한참을 오르다 보니 고갯마루에 '메드로미라산(墨竹米拉山)휴게소'가 눈에 들어온다. 티베트 여느 고개와 다를 바 없는 산정이지만 티베트 동부와 서부가 갈리는 지정학적으로 중요한 고개다.

도로변엔 '米拉山口(해발 5,013m)'라는 입간판과 함께 티베트를 통일한 '송첸감포의 고향, 아름다운 메드로공카(松贊干布故里 美麗墨竹工卡)'라고 쓴 붉은색 현판이 서 있다. 송첸감포(617~650)왕의 출생지가 메드로공카현에 속한 자마향

(甲瑪鄕)의 장파미지우린(强巴米久林)이기 때문이다.

송첸감포의 고향이기도 하고 티베트의 발상지라고 해도 과언이 아닌 산난지방(山南市)을 그냥 지난다. 일정 때문에 티베트 건국설화를 품은 최초의 왕궁 윰프라캉(Yumbu-Lha Khang, 雍布拉康)도 아쉽게도 지나칠 수밖에 없다.

미라산 표지석

미라산 정상에 부는 바람에 맞춰

송첸감포(松贊干布)

송첸감포의 출생년도는 정확하지 않으나 티베트에서는 당 고조가 제위에 올라 당나라가 건국되기 1년 전인 617년에 태어났다는 것이 일반적이다. 그가 13세가 되던 629년 전통에 따라 왕위에 오른 것으로 추측된다.

일시적으로 티베트 일대를 통합한 남리송첸(南日松贊)이 중앙집권화를 시도하다가 얄룽왕조 내부 귀족들의 반발로 629년 경 독살당한 후 33대 왕좌에 올랐을 때는 힘없는 군주였다. 그러나 왕위에 오른 후 타고난 지혜와 통솔력으로 곧바로 군사력을 결집해 인근 왕국을 평정하고 티베트 일대를 통일한다. 찬보(干布: '용감무쌍한 사내'라는 말로 정교합일의 법왕을 뜻함)에 즉위한 이후 우선 단행한 일은 수도를 옮기는 것이었다. 본래 얄룽왕조의 본거지는 윰프라캉이 있는 얄룽계곡 일대였는데, 이 지역은 귀족 세력의 근거지이기도 했다. 송첸감포는 귀족들의 영향력에서 벗어나고자 수도를 633년 라싸로 옮긴다. 라싸를 중심으로 영역을 확대하고, 티베트 문자를 제정하였다. 가르통첸(Gar Tongtsen, 祿東贊)과 톤미 삼보타(Thonmi Sambhota, 吐彌桑布札) 같은 인재를 등용하여 외교에 힘쓰는 등 토번제국의 기틀을 마련하고 티베트 역사의 본격적인 시작점을 만들게 된다.

춤을 추는 오색 타르초가 현란하다. 표지석에 새겨진 높이를 확인하자 왜 심장박동이 거칠어지고 머리가 지끈거리는지 알게 된다. 고갯마루에 있던 행상과 움막들은 사라지고 그 자리에 기념품을 파는 가게 몇 개가 생겼다. 예전에는 없던 블랙야크 세 마리 동상이 기세 좋게 서 있다.

야크 목과 뿔에 누군가의 행운을 기원하는 카타(哈达, khata 또는 Hada)가 덕지덕지 감겨 한껏 기세를 올리고 있는 야크의 목을 조르고 있다. 티베트의 순수한 신심도 이젠 관광객들의 염원 뒤편으로 밀려난 것처럼 보여 씁쓸하다. 산바람에 날려 부딪치는 카타의 파열음이 왠지 슬프게 느껴진다.(2019년 4월. 티베트 라싸~린즈 구간 내 미라산터널이 개통되었다. 4,740m에 위치한 터널이 준공되면서 라싸에서 린즈까지 소요시간이 8시간에서 4시간으로 줄고, 겨울철 안전문제도 해결되었다)

미라산을 경계로 풍경은 완전히 달라진다. 산고개를 넘어서면 더 이상 삼림은 구경할 수 없다. 해발 5,200m 고개를 향하던 중 아쉽게도 가을이 끝나버렸다. 산마루에 올라서자 진눈깨비가 쏟아지더니 하얀 설산의 봉우리들이 성큼 다가선다. 이제 고개를 넘어 90km 정도 더 가면 라싸가 있다. 라싸가 바로 코앞에 다가선 것이다.

미라산 정상

미라산 야크 석상

드리쿵사원

미라산고개를 넘은 차량은 오른 만큼 내려가야 한다. 초원지대를 한참을 지나면 메드로공카(墨竹工卡, Medro gongkar)에 도착하게 된다. 라싸지구•의 8개 현 중의 하나인 메드로공카는 인근에 드리쿵사원(直貢寺)이 있다. 티베트에서 천장(天葬)을 하는 대표적인 곳으로 유명하다. 사원을 연결하는 거점도시로 숙박시설과 식당 등이 잘 갖춰져 있다. 도로변에 신축한 주택과 새로 짓는 집들이 많다. 주로 시멘트와 벽돌이 많은 것으로 봐서 흙이 주재료인 티베트의 전통적인 방식은 아닌 듯하다.

드리쿵사원은 318번 국도에서 북동쪽 약 60km쯤 떨어진 곳에 있다. 라싸강이

• 지구란 우리나라의 道에 해당한다.

318번 도로와 라싸 근교의 탁체

내려다보이는 절벽에 깎아지른 듯 세운 사원은 규모가 만만치 않다. 장대한 아름다움과 함께 천장대로서 명성이 높다. 죽음을 보는 일이 큰 흥밋거리가 된 것이다. 문화혁명 당시 피해를 입었지만 비교적 원형이 많이 남은 사원으로 800여 년의 역사가 있다. 드리쿵사원 본당 뒤 언덕으로 30분 정도 걸어야 해발 4,800m 고지에 위치한 천장터에 닿을 수 있다.

티베트인들은 윤회사상을 믿는다. 죽은 후 자기 육신을 독수리들이 먹고 승천해야 다음 생에 좀 더 나은 세상을 맞이할 수 있다고 믿는 것이다. 죽음은 곧 새로운 삶이 시작된다는 의미다. 이것이 바로 전생, 금생, 내생의 삼세윤회(三世輪廻)와 환생이다. 장례문화는 그 나라의 종교와 밀접하게 관련되어 있다.

땅도 척박하고 화장할 여건이 되지 않는 티베트의 자연환경도 천장을 하게 된 주요한 이유이지만 티베트인들이 자연과 교감하는 방식이기도 하다. 하지만 언제부터인지 시신을 오랫동안 방치하지 않고 짧은 시간에 처리하기 위해 시신을 잘게 나누어 새들이 먹도록 하는 방식을 취하고 있다. 아마도 중국 정부의 영향이 아닌가 싶다.

1950년 인민해방군의 침공 이후 '하나의 중국(只有一個中國)'을 모토로 하는 중국 정부의 '한화(漢化)'정책에서는, 일면 해괴해 보이는 천장이 천여 년 동안 이어지고 있는 것이 마뜩치 않은 일이었다. 티베트의 관습보다는 중국의 국가 이미지에 도움이 되지 않는다고 판단하기 때문이다.

1980년대부터 티베트 현대화 정책이 시작되면서 전통적인 가치관에 균열이 생긴 것은 중국 정부의 간섭과 통제가 작용했다는 것이 정설이다. 그러나 한편으로는 관광 상품으로 개발되어 여행사를 통해 천장을 볼 수 있다. 티베트인들의 신앙과 문화를 이해하지 못한 이방인이 보기엔 잔인하기 그지없는 이 풍습을, 나는 실제로 촬영하면서 1시간 이상 천장의 과정을 지켜보았지만 어떤 역겨움이나 잔인함을 느끼지 못했다. 그 문화를 이해하고 그들만의 방식을 이해했기 때문일까?

메드로공카 올드 타운에서 출발하여 왕꾸얼산(旺古兒山) 정상 부근에 위치한 간덴사원(甘丹寺, Ganden monastery) 입구를 지나 약 20여 분 후면 탁체(達孜)에 도착하게 된다. 라싸강변에 위치한 조그만 마을로 중심부에 있는 쌍아사(桑阿寺)와 그 주변의 옹기종기 한 티베트식 마을이 어우러져 정겹다.

미라산을 넘어서도 동반자가 된 라싸강은 여전히 여유롭다. 날씨에 따라 풍경은 시시각각으로 변하지만 그 변화무쌍이 동반하는 원시적 낭만을 느끼기에 충분한 길이다. 라싸의 동쪽 관문인 탁체에서 터널 3개를 지나면 라싸대교와 멀리 마르포리(Marpori, 紅山)에 웅좌를 튼 포탈라궁이 석양에 빛나고 있다. 드디어 라싸에 도착한 것이다.

chapter 06

하늘에 가장 가까운 성(城), 그리고 라싸

라싸

포탈라궁

'세계의 지붕'이란 별명이 붙은 티베트는 중국에선 '시짱(西藏)'으로 불리는 곳이다. 우리 인식 속의 티베트는 '중국 공산당의 지배를 받는 갈등의 땅'이다. 간혹 터지는 민족 분규가 국내 언론에 비치는 것 외에는 별다른 주목을 받지 못했다. 지리적으로나 심리적으로 먼 '부처의 땅' 티베트, 그곳에선 그동안 어떤 일들이 벌어졌던가.

라싸 주변에서 가장 먼저 눈에 띄는 것은 중국 지도자들의 사진이다. 마오쩌둥, 덩샤오핑, 장쩌민, 후진타오, 그리고 시진핑의 얼굴이 함께 나와 있는 대형 간판이다. 도로변 입간판에는 '大衆創業 萬衆創新(대중창업 만중창신)'이라는 슬로건이 눈에 띈다. 가정의 거실에는 이미 시진핑(習近平) 주석의 초상화가 걸린 지 오래다. 가히 신의 땅 티베트의 주인은 중국이라는 것을 상징하는 것은 아닌가.

1950년 한국전쟁으로 세계가 한반도에 집중하고 있을 때였다. 그해 10월 중국은 슬그머니 '제국주의로부터의 해방'이란 명분을 내걸고 4만 명의 인민해방군과 4만 마리의 낙타를 동원, 티베트를 무력 침공했다. 중국의 명분처럼 티베트가 서구 제국주의로부터 해방됐는지는 모르겠으나 그들에게는 또 다른 외세인 중국으로부터 강점은 여전하고, 그리고 오늘에 이른 것이다. 36년 동안이나 우리의 뜻과 무관하게 일제에 강제합병 당하고 강점기를 경험했던 민족으로서 연민을 품지 않을 수 없다. 답답한 속내를 안고 라싸의 상징인 포탈라궁으로 간다.

포탈라궁(布達拉宮)은 하늘에서 가장 가까운 성이자 세상에서 가장 높은 곳에 위치한 성이다. 라싸 어디에서도 그 장대함을 느낄 수 있다. 역대 달라이 라마가

라싸 전도

오성홍기와 포탈라궁

거주했고, 14대 달라이 라마가 1959년 인도로 정치적 망명을 떠나기 전까지 머물렀던 곳으로 사원으로 알기 쉽지만 분명히 왕궁이라 할 수 있다. 홍산(紅山) 언덕에 웅장하고 신비롭게 세워진 포탈라궁에는 진한 슬픔이 묻어 있다. 포탈라궁의 해자(垓字)였던 연못은 매립되어 인민광장이 되었고 펄럭이는 오성홍기는 오늘날 티베트의 현실을 웅변하고 있다.

'신의 땅' 라싸에는 티베트 사람보다 훨씬 많은 한족과 인민해방군이 주둔하고 있다. 과거와 같은 대규모 소요사태는 감히 엄두를 못 낼 지경이 된 것이다. 더구나 70년 간 식민시대를 겪고 있는 티베트 사람들은 지친 것인지 아니면 잊어버린 것인지 자주독립의 의지를 상실한 듯 보인다. 달라이 라마가 있는 인도 북부의 다람살라는 몰라도 적어도 티베트에서 그런 상서로운 기운을 느끼기 어려웠다.

티베트 본토에서 내부의 동력을 모으고 저항할 수 있는 힘을 키워줄 리더가 부재한 것이 가장 큰 원인일 것이다. 그사이 중국 정부는 사방팔방으로 도로공사는 물론 SOC(사회간접자본)사업을 광폭적으로 진행하여 티베트를 중국으로 만들어 가고 있다.

2006년 7월에는 칭하이성과 라싸를 잇는 칭짱열차가 개통되어 운행되고 있다. 그로부터 '신의 땅'에 관광객의 발길이 잦아졌다. 지금은 베이징, 상하이, 광저우 등 주요 도시에서 라싸로 연결되는 철도가 운행 중이다. 2018년에는 7~8월 여름휴가 때만 약 280만 여 명의 관광객이 칭짱열차를 타고 라싸를 방문했다. 티베트를 찾은 관광객이 2000년에 약 100만 명이었던 것이 2018년에는 3천만 명에 이를 정도로 기하급수적으로 팽창했다. 이를 예견한 달라이 라마는 칭짱열차의 개통을 '티베트 문화의 말살'이라고 강력히 항의했었다. 미국의 저널리스트인 아브라함 루스트가르텐(Abrahm Lustgarten)은 그의 저서 『중국의 거대한 기차(China's Great Train)』에서 달라이 라마의 우려를 확인시켜 주었다. 그는 "인간 문명의 발달사는 길을 따라 문화가 전파되고 확산됐다."고 주장하면서 바로 칭짱열차가 중국의 욕망을 채우기 위한 수단이자 정복 역사의 한 단면이라고 일갈하고 있다. "길이 열리면, 정말 친한 벗 아니면 최악의 적들이 방문자가 된다."라는 티베트의 격언은 불행히도 적중했다. 라싸는 상상보다 빠르게 시련에 직면한 셈이다. 본연의 모습을 잃을까 안타깝기만 하다.

티베트를 통치하기 위해 중국 정부의 기간사업들은 한 치의 오차도 없이 차곡차곡 진행되고 있다. 그 목적은 자명하다. 티베트에 있는 어마어마한 부존자원이 서부대개발이라는 미명하에 동부로 보내지고 있고, 유사시에는 언제든지 인민해방군이 입성해서 진압할 수 있는 토대를 구축해 놓은 것이다. 특히 우려스러운 것은 중국의 통치술이 날로 정교해지고 지능적이 된다는 것이다.

중국인이 직접 티베트를 통치하지 않고 티베트 사람들을 교육하고 양성해서 이들을 이용한다는 점이다. 학교에서 제2 국어로 티베트어를 가르치는 것을 빼면, 모든 것이 중국식 관점의 식민지교육이라고 해야 할 것이다. 이를테면 포탈라궁을 지은 것도 청나라 황제가 허락을 해서 지었다고 가르치고, 달라이 라마의 여름궁전이었던 노블링카(羅布林卡)궁은 일부에 동물원을 만들어 구경거리로 만들어 버렸다. 또한 문화재와 유물을 포함한 티베트인의 유산은 모두 '중국문화유물'로 지정했다. 1984년부터 언어와 종교를 인정하는 것을 빼고는 모두 중국화시키고 있다. 시나브로 티베트는 중국이 되어가고 있는 셈이다.

개방이 안 될 것 같았던 군대도 1990년대 초부터 문호를 개방하여, 인민해방군에 친중국계 티베트인 장교 양성을 대폭 늘렸다고 한다. 그 결과 티베트군 소속 인민해방군 장교의 3분의 2가 소위 붉은 티베탄(친중국계 티베트인)들로 채워져 있다고 한다. 티베트 사람을 효율적으로 지배하기 위해서 같은 동포 출신들을 이용하는 것이다. 티베트 어느 곳에서도 독립저항의 움직임이 미미한 것은 어쩌면 당연한 일인지 모른다. 티베트 내부에는 리더가 부재하고, 중국은 정치 경제 사회적으로 강력한 통치기반을 구축했다. 이미 많은 티베트 사람들은 붉은 티베탄이라는 친중국계 세력이 되어 중국의 주구가 되었다. 그들에게 독립이라는 것은 이미 쟁취한 기득권을 포기해야함을 뜻한다. 점점 독립이 어려워지는 이유다.

반면 중국 정부의 치밀함과 집요함은 쉴 틈이 없다. 당의 이념은 돈과 함께 내려온다는 말이 있듯이 중국 정부는 막대한 자금으로 당의 이념과 소수민족 동화정책을 주도면밀하게 추진하고 있다. 티베트에서 거둬들인 세금은 물론 베이징시의 조세수입에서도 일정 부분 라싸를 지원하고 있다. 그래서 라싸의 주요 도로명이 '베이징(北京)'으로 표기된다.

돈의 흐름을 알려면 부동산 시장을 보면 된다고 했던가. 라싸는 지금 건설 중이다. 특히 시 외곽은 대규모 아파트 건설로 분주하다. 그만큼 라싸는 팽창하고 외지인들의 유입도 가속화될 것이다. 집값이 들썩거리는 것은 자명한 일이다.

포탈라궁 앞 상업지구

결국 티베트에서 돈이 몰리는 곳은 라싸밖에 없고 그 수혜자는 외지인인 한족밖에 없다는 전망이 당연하다.

조심스레 티베트대학을 찾았다. 라싸의 대학생들은 아무 생각이 없고, 오로지 돈을 벌기 위해 대학에 다닌다는 비판이 있었기 때문에 확인하고 싶었다. 또 청년은 그 민족의 미래이기도 하지 않은가?

라싸시 동남단 외곽에 위치한 티베트대학(西藏大學)은 정문을 몇 년 전 개축했지만 허름하기 짝이 없다. 건물이 공부하는 것은 아니지만 낙후된 시설만큼 티베트인들에게도 교육의 기회가 적어지는 것은 아닌지 걱정하게 된다. 경비실 눈을 피해 옆문으로 캠퍼스에 들어갈 수 있었다. 가능하면 빠른 시간 내에 원하는 바를 확인하고 나가려고 몇 번 인터뷰를 시도했으나 모두가 손사래를 친다. 마침내 한적한 캠퍼스 뒤쪽에서 점심 식사하러 가는 남녀 학생 4명과 인터뷰할 수 있었다. 아무리 요리조리 돌려서 얘기를 이끌어내려 해도 약속이나 한 듯이 주로 졸업 후 취업문제가 가장 관심사라는 얘기밖에 안 한다.

건축을 전공한다는 남학생은 라싸에서 태어나 한 번도 라싸를 떠나 본 적이

라싸(拉薩市, Lhasa)

라싸는 티베트자치구의 중앙부에 위치하는 도시이다. 티베트자치구의 정치와 경제, 교육, 문화의 중심지이다. 해발 3,650m에 위치한 라싸는 7세기 티베트 전역을 통일한 송첸감포가 수도를 산난(山南)에서 옮겨오면서 티베트의 중심이 되었다. 송첸감포는 라싸가 한눈에 내려다보이는 자리에 포탈라 궁전을 짓고 통치를 시작했다. 티베트인들이 지금도 가장 성스럽게 여기는 조캉사원과 라모체사원도 이 시기에 지어졌다.

한동안 시가체에 중앙 정부의 지위를 내주고 쇠락의 길을 걸었던 적도 있으나 17세기 제5대 달라이 라마가 시가체지방의 왕들을 평정하고, 통일 티베트의 수도를 라싸로 정하고 달라이 라마의 거처를 포탈라궁으로 옮겨오면서 다시 티베트의 중심이 되었다. 1950년 중국이 티베트를 침략하여 합병한 후 1960년에 정식 도시로 등록된 라싸는 현대화라는 명목으로 예전과 많이 달라졌다.

라싸는 조캉사원을 중심으로 한 바코르(八角街) 주변에 형성된 구시가와 서쪽으로 조성한 신시가지로 구성된다. 중국의 한족 이주 및 개발 정책으로 인해 인구비율은 중국인들이 60% 이상을 차지하게 되었지만, 풍부한 문화유산과 티베트인들의 깊은 신앙심은 라싸를 여전히 티베트의 상징으로 지키고 있다. 1986년 개방 이후 관광도시로서 거듭나고 있다. 2006년에는 칭하이성의 거얼무에서 티베트 라싸까지 철도가 연결되면서 접근성이 더 좋아졌다. 1년 평균 기온은 0℃ 이하로 한여름에도 대부분 지역이 20℃를 넘지 않는 곳이 많으며, 일교차가 크고 바람이 많은 것이 특징이다. 여행 적기는 3~10월로 전 세계 많은 여행객이 라싸를 찾는다.

없는 우물 안 개구리였다. 외지에 나가 봐야 경쟁력이 떨어질 것 같아 라싸에서 건축 관련 일을 하고 싶어했고 나머지는 대부분 관광 가이드를 하고 싶어했다. 대기업이나 외국계 회사를 가야 중산층의 삶이 가능하지만 쉽지 않다는 것이다. 관광 가이드가 비교적 고소득에 취업이 용이하다고 한다. 더구나 여러 곳을 구경하고 다른 문화를 경험할 수 있기 때문에 선호한다고 했다. 여학생들은 "요즘 가장 관심 있는 것은 패션"이라며 최근에는 화장을 하는 여학생들도 많이 늘었다고 한다.

한참 한국의 가수와 드라마를 얘기하던 중 갑자기 우리 앞을 지나던 승합차에서 몸을 반쯤 내놓은 중년의 남자가 고래고래 소리를 지르더니 우리 앞에 와서는 손을 내민다. 허가증을 내놓으라는 것이다. 순간 아연실색한 것은 학생들이었다. 마치 고양이 앞에 쥐 모양 한껏 움츠린 그들은 불안한 기색이 역력했다. 우리도 문제였지만 잘못하면 티베트 출신 학생들의 인생을 망칠 수도 있다는 걱정이 들었다. 학교 교직원인 듯한 중년의 남자가 공안을 부르겠다고 전화를 찾는 사이 우리는 부리나케 줄행랑을 놓았다. 덩달아 티베트 대학생들도 같이 달아나기 시작했다.

정작 그들이 티베트의 미래를 어떻게 생각하는지는 하나도 물어보지 못했다. 그렇게 그들과 헤어진 후 우리 일행은 티베트대학이 보이는 2층 식당에 자리잡고 동정을 살피면서 한숨을 쉬었다. 아무렇지 않을 수도 있지만 불행히도 공안에 끌려가면 우리 일정 전체에 나쁜 영향을 받을 수 있다는 불안감에 한동안 긴장할 수밖에 없었다. 이것이 요즘 티베트의 정치 사회 분위기라는 것인가? 뭐라 표현할 수 없지만 가슴이 벌렁대고 잘못하면 큰일 날 뻔했구나 하는 불안감이 한동안 가슴을 짓눌렀다.

인상적인 구호로 티베트 사람의 자유를 보장한다는 선전이 공허한 말장난은 아닌가 하는 의심을 해본다. 종교의 자유는 주었지만 정작 승려들을 사원을 관리하는 청지기 역할이나 하는 관리인으로 만들었듯이 중국의 경제자유화정책도 종교집회의 자유도 티베트 사람들이 자유와는 아무 상관이 없는 것처럼 보였다. 그동안 정치 활동을 하거나 중국에 저항하는 사람들이 수없이 체포되거나 구금되었다. 중국의 철권통치에도 굴하지 않고 자유를 향한 불길은 사그라지지 않았다. 티베트 사람들은 결속하였고, 중국 정부의 탄압에 강하게 맞서 왔던 것이 역사였다.

칭짱열차(青藏火車)

칭짱철도는 중화인민공화국 서부의 칭하이성 시닝시와 티베트자치구 라싸시를 연결하는 철도이다. 총길이는 1,956km이다. 서부대개발의 대표적인 프로젝트로서 2006년 7월 1일에 전 노선이 개통되었다.

칭짱철도(青藏铁路) 노선도

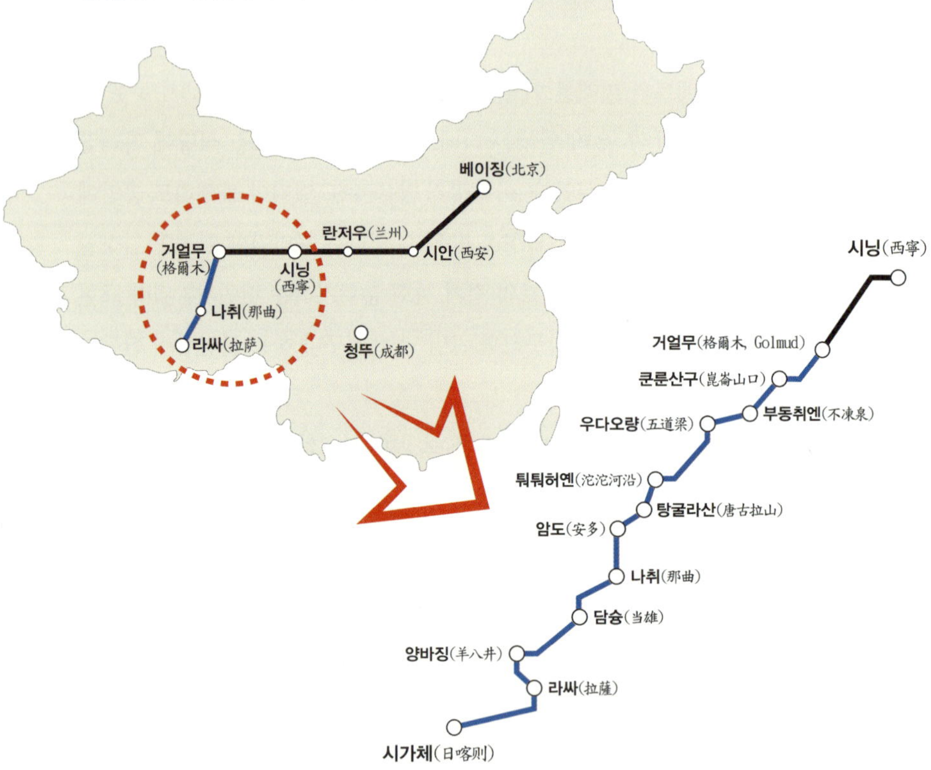

칭짱철도 티베트 구간은 '세계에서 가장 높은 지역에 위치한 철도'라는 명성을 보유하고 있다. 최고 지점인 탕굴라고개(Tanggula Pass)는 해발 5,072m이며, 그 가까이에 있는 탕굴라역이 해발 5,068m이다. 전 구간의 평균 해발은 약 4,500m이며 해발 4,000m 이상 구간도 960km나 있어, 이러한 고지대에 철도가 건설된 것은 다른 나라에도 유례가 없다. 열차 속도는 해발 5,000m까지의 구간에서는 최고 시속 160km, 그 이상의 구간에서는 80km를 낸다. 비용은 항공운임보다 비싸지만, 칭짱열차를 타고만 있어도 티베트의 천혜의 자연환경과 풍경을 감상할 수 있는 매력이 있다.

철도 개통으로 티베트 지역의 관광산업 등 산업전반에 걸친 발전은 물론 낙후된 교통설비가 개선됨에 따라 물류와 유통업이 발달해 티베트자치구 주민들의 생활 수준이 향상될 것으로 기대하고 있다. 그러나 티베트 망명정부는 산업화에 따른 한족 유입이 가속화되어 티베트의 독자적인 문화가 파괴될 수도 있는 '문화적 대학살' 우려의 소리와 함께 유사시 중국인민해방군의 진압 병력 수송용으로 이용되는 것을 경계하고 있다.

2014년 7월에는 칭짱철도의 지선인 라리철로(시가체로 가는 칭짱철로의 지선으로 170km 구간)가 개통되어 시가체시까지 연결되었다. 신(新)경제구상인 일대일로(一帶一路·육상 및 해상 실크로드)의 연장선에서 최종적으로 네팔의 수도 카트만두(540km)까지 연결시키는 국제노선 계획이 구상되고 있다.

칭짱열차의 출발지는 베이징, 상하이, 청뚜, 충칭, 시닝 등 5곳이다. 베이징에서 라싸까지는 40시간 정도 걸리며, 상하이에서 라싸까지는 46시간, 청뚜와 충칭북역에서는 41시간, 시닝에서는 21시간이 걸린다.

그러나 달라이 라마의 부재가 길어지면서 점점 상황이 나빠지고 있는 것도 사실이다. 중국 정부는 티베트 독립이라는 예민한 문제를 강력한 군사력으로 통제하고 관리는 보다 지능적으로 대처하는 반면, 정작 독립을 외쳐야 할 티베트 사람들의 저항은 갈수록 약화되었다. 2008년 3월 라싸에서 티베트인들의 대규모 독립 시위 이후 이렇다 할 움직임이 없는 터였다. 언감생심 티베트에서 정치적 자유는 아직 요원하고, 독립은 공허한 메아리가 아닐는지. 오늘도 주인 잃은 신비의 성, 포탈라궁은 아무런 말도 없이 석양의 검붉은 노을에 젖어 있다.

안개에 휩싸인 역사 1300년 – 라싸

라싸는 중국 침략 이후 많은 것들이 훼손되고 바뀌었지만 여전히 티베트의 정신적인 고향이다. 라싸를 뺀 티베트는 생각하기 어렵다. 티베트 제국의 수도였던 태양의 도시 라싸는 포탈라궁이 솟아 있는 마르포리 언덕을 중심으로 키츄강(Kyi–Chu)*을 따라 동서로 길게 뻗은 그리 크지 않은 도시다. 어스름 저녁 기운이 감돌기 시작했을 때의 라싸는 포탈라궁만 있는 것처럼 보인다.

처음 보는 이들에게는 규모와 위엄이 압도적이다. 그러나 가로수만한 가로등이 포탈라궁 앞 어둠을 밝혀 주고 있지만 크기나 생김새가 흉물스러워 여간 눈에 거슬리는 것이 아니다. 세계 7대 불가사의라는 문화재와는 격이 맞지 않는 장식이다. 하긴 포탈라궁 앞에 있던 연못을 메워 인민광장이라는 공룡을 만들어 놓은 터에 고작 가로등이 문제랴?

* 얄룽장뿌강 지류의 하나, 라싸강이라고도 함.

대부분의 외국인 방문객들은 가장 티베트다운 풍경을 만나기 위해 라싸를 찾는다. 그러나 조캉사원, 세라사원, 대뽕사원(드레풍사원) 등을 제외한 대부분의 지역은 물론 티베트인들이 천 년 넘게 삶을 이어 온 구시가의 티베트 전통구역도 4% 정도밖에 옛 모습이 남지 않았다고 걱정한다. 점령국 중국에 의해 너무 빨리 현대화가 진행된 까닭에 전통과 멋이라는 예스러움을 빼앗겨 버렸다.

1987년만 해도 라싸 인구의 75%는 티베트 원주민이 차지했다. 지금은 한족이 더 많다. 자신들의 영토에서 소수민족이 되어버린 것이다. 어둠이 깊어지면서 하나 둘 켜지는 네온사인 불빛 속에 라싸에는 중국이라는 그림자가 짙게 드리워져 있음을 느낀다. '시짱자치구'라는 이름하에 자치도 보장되고 출가도 되고, 무너진 사원은 중국 정부의 지원하에 계속 복원 중이라고는 하지만 천 년 불교왕국의 정점 라싸는 그 본모습이 어디에 있다는 말인가?

포탈라궁 부속건물 앞으로 인민광장과 티베트해방기념비가 보인다.

이른 아침 포탈라궁 입구는 벌써 수많은 순례자와 관광객들로 만원이다. 포탈라궁의 외국인들의 입장은 시간대별로 출입인원이 엄격하게 제한됐기 때문이다.

"예약은 하셨나요?"

"녜"

"그러면 티켓주세요"

"가방은 X-ray 검색대에 올리시고, 라이터는 바구니에 넣고 나갈 때 찾아 가세요."

매표소 직원은 태도는 간단명료 그리고 단호하다. 포탈라궁을 보려면 외국인들은 성수기(4~10월)에는 최소한 일주일 전에 예매를 해야 표를 구할 수 있다고 한다. 포탈라궁과 문화재를 보호하기 위해서 하루 입장객(현지인은 누구나 출입 가능하다)수를 제한하고 있기 때문이다. 2006년도에 칭짱열차 개통 후 하루 입장객 정원이 조금씩 늘어나더니 최근에는 2,000명까지 늘어 표를 구하는 것이 하늘의 별따기가 되고 있다. 입장료도 슬금슬금 오르더니 2012년 6월 1일부터 200위안(5~10월 성수기, 비수기인 11~4월은 100위안)으로 두 배를 인상했다. 중국 공산당 기관지 인민일보(人民日報)의 자매지인 환구시보(環球時報)조차 바가지요금이라고 신랄하게 비판할 정도다. 비싼 것은 둘째로 치고 일정이 빠듯한 외래객이 입장권을 구하기란 쉽지 않은 일이다. 현지인에게 부탁이라도 할라치면 수수료도 고려해야 한다.

포탈라궁은 언제 만들어졌을까? 티베트 건축의 정수로 손꼽히는 포탈라궁은 세계에서 가장 높은 곳에 지어진 궁전이다. 7세기경 티베트를 통일한 송첸감포가 라싸가 한눈에 내려다보이는 홍산(紅山) 위에 축조했다. 641년에 토번왕국의

포탈라궁 전경

송첸감포왕이 당나라에서 시집온 아내 문성공주와 살기 위해 처음 지었다고 알려졌으나 이전에 이미 완성된 건물이 있었고 그 이름도 홍산궁전이라 불렸다는 주장도 있다. 당시 문성공주와 네팔의 브리쿠티 데비(Bhrikuti Devi)공주가 사용한 별채 2개는 현재 포탈라궁에 포함되어 유일하게 현존하고 있다.

홍산궁전은 토번왕조가 멸망하면서 파괴되었으나 17세기에 들어서 제5대 달라이 라마가 개축했다. 당시 티베트를 지배하고 있던 몽골제국의 구스리 칸

포탈라궁 전경

(Gushri Khan, 1582~1655)에게 티베트에 종교, 정치적인 통치를 할 수 있는 권한을 인정받은 후, 수세기 동안 지방으로 분산되어 있던 티베트의 권력을 중앙으로 집중시킬 수 있었다. 1642년, 제5대 달라이 라마인 아왕 롭상 갸초(阿旺洛桑嘉措, 1617~1682)를 왕으로 하는 티베트왕조 간덴왕국이 마침내 성립된다. 티베트 최초로 정교합일(政敎合一)의 권력이 시작된 것이다.

달라이 라마는 원래는 대뿡사원(Dre-pung Monastery)에 거처했으나 다시 통일되면서 정치, 종교적으로 상징성 있는 포탈라궁의 필요성이 대두된다. 현재의 포탈라궁이 1645년에 개축을 시작하여 1653년에 백궁이 완성되면서 정부를 이전하게 된 것이다. 이로써 포탈라궁이 티베트 권력의 중심이 되었다. 역사적으로 송첸감포를 시작으로 14대 달라이 라마가 인도로 망명하기까지 약 1,300년에 걸쳐 9명의 티베트왕과 10명의 달라이 라마가 머물렀던 곳으로 명실공히 티베트의 상징이다.

문화혁명 때 홍위병에 의해서 파괴될 뻔했으나, 당시 홍위병의 무차별한 문화유산 파괴를 저지하는데 큰 역할을 한 저우언라이(周恩來)의 사병들이 지켜서 간신히 파괴를 피할 수 있었다. 이후에도 티베트를 대표하는 건축물로 수많은 방문객이 찾아드는 곳이지만, 티베트 독립운동으로 인해 정치적 풍파에 민감한 곳이다. 관람 시 지정된 코스로만 다녀야 하는 것은 물론이고, 근래에는 아예 방문이 금지되거나 제한개방이 다반사다.

오로지 흙과 돌과 나무로만 지었다는 포탈라궁은, 동서의 길이가 360m에 이르고 가장 높은 건물은 13층으로 높이가 117m에 이른다. 이 외에 1천여 개의 방이 있다. 크게 두 개의 궁으로 구성되어 있는데, 좌측의 백궁(Potrang Karpo)과 우측의 홍궁(Potrang Marpo)이다. 송첸감포왕이 세웠던 홍산궁전 터에 조성된 백궁은 달라이 라마가 거처하는 곳으로 정치의 중심지이다. 홍궁은 역대 달라이 라마 여덟 분의 유체를 모신 영탑과 달라이 라마의 전용사원, 대학, 대법당, 밀실, 식랑저장실 등이 다양하게 꾸며져 있다.

멀리서 보는 포탈라궁은 마치 수많은 벽돌이 층층이 쌓여 있어 견고하고 의연함을 느끼게 한다. 하얀 화강암으로 구축된 건물 하단과 짙은 자색의 상단 외벽은 철옹성 그 자체로 백색과 자색만으로 어우러진 포탈라궁은 그 단순함만으로 신비로운 자태를 뿜어내고 있다.

무자비

이제 그 전모를 확인해 볼 시간이다. 포탈라궁 입장은 티켓을 사는 것도 어렵지만 입장도 어렵다. 입구부터 X-ray검색이 철저하다. 앞일이 녹록치 않음을 직감하게 된다. 입장객을 제한해도 통제된 공간과 감시, 빡빡한 일정 때문에 마음 놓고 감상할 수 없다. 가는 곳마다 줄서기는 다반사다. 혹시 제대로 보지 못하면 어쩌지 하는 초조함과 불안감은 관람 내내 마음을 짓누른다.

두 번째 검표지점인 무자비검표점(無字碑檢票点)을 지나자 비석이 하나 서 있다. 글자가 하나도 없는 그야말로 '무자비(無字碑)'다. 1693년 홍궁 준공을 기념으로 세운 비석이라고 한다. 종파 간의 갈등을 없애라는 의미에서 아무런 글자를 새기지 않았다고 한다.

무자비를 기준으로 오른쪽 궁으로 올라가 살았던 사람들은 지금으로 치면 4급 이상의 고관대작들이고, 왼쪽 내리막 끝에 조성된 건물은 서민들이 살았던 곳이다. 옛날에는 정부의 부속건물과 조폐창, 감옥, 홍등가도 있었다. '중국인들이

동대문 출입구

티베트의 정신을 말살하려고 포탈라 앞에 홍등가를 세웠다'라는 일부의 주장은, 중국이 점령한 이후 새롭게 생겼음을 의미한다. 물어볼 일이다.

70m쯤 오르막길을 더 올라 4대 금강이 그려진 동대문(東大門)이 바로 홍궁(종교 의식을 치르는 곳)의 시작이다. 4m 두께의 대문을 지나면 드디어 대궐에 들어선다. 이곳에 역대 달라이 라마의 영탑과 탑전(塔殿)들이 모셔져 있다. 이 입구부터 관람시간이 카운트된다. 제한된 시간 50분 동안에 1,300여 년의 티베트 역사와 달라이 라마의 생애를 경험해야 한다.

포탈라궁에는 1천 개 이상의 방이 있지만 관광객에게 공개하는 곳은 홍궁(紅宮)의 1, 3, 4층 중에 30여 개 정도로 아주 제한적이다. 대부분의 방은 관광객들이 들어갈 수 없게 자물쇠로 채워져 있고 가이드의 안내에 따라 정해진 길을 가는 수밖에 없다. 개인 관람객은 표시된 화살표를 따라가면 큰 무리가 없다. 관광객을 위해 단 하나의 코스만 설계되어 있다. 길 잃을 염려는 없지만 마음대로 돌아다닐 수 있는 자유도 없다.

여행객에게 개방되는 전당(殿堂)과 문화재도 때에 따라 바뀌는데 가장 중요한 몇 개의 궁전은 변함없이 참관 가능하다. 촬영은 전면 금지되어 있다. 예전에는 사진 촬영을 하고 싶으면 각 방마다 따로 촬영료를 내면 됐는데 요즘은 그마저도 금지하고 있다. 빠릿빠릿한 젊은 요원들이 감시하는 바람에 도둑촬영은 엄두를 낼 수가 없다. 관람하는 시간이 최근에는 50분으로 줄었다. 물론 홍궁을 입장하는 순간부터이니 생각보다는 여유가 있다. 그러나 볼 것이 많은 포탈라궁을 하나라도 더 보려면 여간 바쁘게 움직이지 않으면 안 된다.

홍궁 1층에서 가장 눈길을 끄는 것은 달라이 라마 5세 황금 영탑과 총카파가 모셔진 방, 그리고 큰 만다라가 전시된 방이다. 규모가 크면서도 섬세한 만다라의 세계는 혀를 내두르게 한다. 특히, 안치된 8개의 역대 달라이 라마 영탑(靈塔) 중 가장 크고 화려한 것으로 알려진 5세 황금 영탑은 인상적이다 못해 황홀하다. 약 15m 높이에 황금과 진주와 비취 등 수만 개의 보석으로 장식됐다. 정교일치의 통치이념을 수립하고 티베트라는 국가의 틀을 다졌을 뿐 아니라 지금의 포탈라궁을 재건축한 달라이 라마 5세 '아왕 롭상 갸초'의 뛰어난 공적을 기리기 위해서라고 한다. 달라이 라마나 판첸 라마 같은 영적지도자가 죽었을 때 미라 형태 또는 화장한 뼈 등을 모시는 이러한 영탑장(靈塔葬)은 칭짱고원에만 있는 티베트의 보물이자 유일무이한 세계문화유산이라는 의미도 있다.

티베트의 유산은 지하수장고에도 수십만 점의 불상과 유물이 아직 남아 있는 것으로 알려졌지만, 중국과 정치적인 이해관계로 인해 대부분은 일반에게 공개하지 않고 있다. 사실 300여 년 동안 티베트의 정치, 종교를 관장했던 유서 깊은 곳이지만, 달라이 라마 14세가 인도로 망명한 1959년 이후 오랫동안 폐쇄해 왔다. 박물관이나 관광지처럼 개방(1980년)한 이후에도 달라이 라마가 거처하던 백궁은 철저히 문단속을 하고 있다. 티베트인들에게 달라이 라마가 어떤 의미인지 잘 아는 중국으로서는 그의 존재가 부담스러울 것이다.

궁의 내부는 미로처럼 얽혀 있어서 어디로 가야할지 고민하게 된다. 실내의 조명이 어둡고 야크 기름으로 태우는 초들이 연출하는 은은한 분위기가 그럴싸하지만, 무수한 초들이 내뿜는 냄새와 수많은 관광객들과 어쩔 수 없는 몸싸움에 한숨을 짓기도 한다.

관광객들이 가장 선호하는 공간은 옥상이었다. 전망도 좋고 비교적 자유롭게 기념촬영도 할 수 있었다. 지금은 그것도 바뀌었다. 감시원들이 상주하면서 일체의 촬영을 금지하고 있다. 홍궁의 옥상은 달라이 라마 14세가 뛰어놀던 곳이다. 건물 안은 안내문을 걸어놓지는 않았지만 달라이 라마가 수행을 쌓던 곳, 어머니를 만나던 곳, 중국의 고위층 인사 등 외빈을 맞이했던 자리 등이 고스란히 남아 있었다. 설명이 없어 그저 그런 곳인가 보다 하고 지나치는 유서 깊은 곳이다. 임자를 잃은 방은 어두침침하고 때묻은 가구와 빛바랜 비단 침구가 티베트의 현재를 말하고 있었다.

옥상에서 본 포탈라궁은 또 다른 모습이다. 옥상에서는 라싸 시내의 모습이 한눈에 보인다. 성(城)의 해자(垓字)*를 매립하고, 베이징의 천안문을 본떠 만든 커다란 인민광장이 볼썽사납지만 멀리 5,000m가 넘는 산들이 호위병처럼 라싸를 감싸고 있어 천혜의 요새임을 새삼 느끼게 된다. 눈 아래 라싸 시내는 이제는 너무 말쑥하게 정비되어 천년고도 라싸의 예전 모습을 짐작하기는 어렵게 되었다. 새롭게 지은 고층빌딩, 울긋불긋한 간판과 광고물들이 범람한 시내는 우리가 짐작하던 라싸와는 사뭇 다르다.

홍궁에서 컴컴한 좁은 길을 따라 한참을 지나면 넓은 마당 앞에 백궁(白宮)이 자리하고 있다. 정치와 종교를 주관했던 달라이 라마의 거처다. 인도 라다크(Ladakh)로 망명한 제14대 달라이 라마의 거처이자 접견실이었다. 그러나 아무도 달라이 라마의 거처였다는 얘기를 해주지 않는다.

백궁에는 이 밖에도 달라이 라마의 생활구역으로 다양한 용도의 방과 회랑이 있는데 불교와 연관된 벽화들이 유명하다. 특히 동대전(東大殿), 일광전(日光殿)** 등이 있다. 역대 달라이 라마들이 정치와 종교를 주관했던 동대전에는 티

* 적의 침입을 막기 위해 성 주위를 둘러서 판 연못.

** 달라이 라마의 개인 공간으로 공무를 보거나 손님을 접견하던 곳.

포탈라궁 옥상

베트의 건국 신화인 원숭이의 인간 변신 등 수많은 전설이 벽에 그려져 있다. 역사상의 인물, 역사, 종교, 신화, 불교이야기, 건축, 민속 등 다양한 내용을 벽화 몇 장으로 간단명료하게 정리한 것이 인상적이다.

그림 기법이 섬세하고 색채가 산뜻한 벽화는 다른 실내장식과 어울려 거대한 갤러리가 된다. 그러나 포탈라궁 곳곳에는 워낙 감시하는 중국의 보안요원들이 많아서 사진촬영은 물론 달라이 라마와 관련한 얘기는 조심스러워야 한다고 주의를 주는 통에 건성으로 보게 된다.

백궁(White palace) 앞의 비교적 큰 마당이 바로 데양 샤(Deyang Shar, 德陽夏) 광장이다. 동평대(東平臺)라고도 한다. 예전에는 여기서 법회나 티베트 전통공연

데양 샤 광장

같은 대규모 행사를 했고, 가장 높은 곳에서 달라이 라마가 참관을 했다. 그 시절에는 달라이 라마가 거닐었을 법한 마당이다. 이제는 주인 없는 광장이다. 티베트 전통 바닥다지기인 '아가치기'로 다져진 아가투(阿嘎土)• 가 쓸쓸하지만 찬란히 빛나고 있다.

약 50분 동안 이곳저곳을 둘러본 포탈라궁에는 승려들이 거의 보이지 않는다. 몇몇 방에서 앉아 있는 승려들을 발견했지만, 관람객들을 등진 채 경전을 외고 있거나 시주를 받고 있는 소수일 뿐이었다. 그 많은 승려들은 다 어디 간 것인가? 그 자리에는 수많은 관광객들이 관광 가이드의 설명에 귀기울이거나 이 방 저 방 기웃거리는 모습만 남았다.

데양 샤에서 큰 북이 달린 대문을 나서면 지그재그의 내리막길이다. 출구인

• 지붕이나 바닥 공사에 사용되는 풍화석회암과 황토 등 전통적인 건축 재료를 말함.

궁 뒤편으로 가는 길이다. 사진으로만 보던 포탈라궁 정면과 라싸가 아닌 북쪽의 라싸와 포탈라궁을 보게 된다. 북동쪽에 신축 공사하는 아파트와 빌딩이 거슬리기는 하지만 비교적 티베트 전통양식의 주택들이 빼곡하고 고즈넉하다. 포탈라궁 앞처럼 중국의 입김도 덜하고 도시변화도 더디지만 오래전부터 품고 왔을 티베트의 향기와 추억을 느낄 수 있는 여유가 있다. 궁 바로 밑에는 라싸 사람들의 안식처인 호수공원 용담호(龍王潭)가 자리하고 있다. 포탈라궁을 지을 때 흙을 퍼간 구덩이에 물이 고여 만들어진 호수다. 오리보트와 같은 위락시설도 있어 멀리서 보아도 행복한 어떤 가족의 웃음소리가 들리는 듯하다.

내려오면서 보는 포탈라궁은 색다르다. 가파른 계단을 돌아 내려와 건물의 외벽을 바라보니 중세 유럽의 성보다 더 난공불락의 요새처럼 보인다. 그 요새를 한 바퀴 도는 순례길에 수많은 티베트인들이 오체투지하고 있다. 너무나도 경건하고 간절하게 돌리는 마니차에서 티베트인들의 한숨을 느껴본다.

포탈라궁을 보고 나니 오히려 허전한 마음을 금할 수 없다. 제한된 시간 때문에 뭔가를 못 본 듯한 안타까움 때문일까. 위대한 것에 대한 경외심과 기대가 조금은 부족한 듯 아쉬움으로 마무리하게 된다. 포탈라궁을 방문할 여행객이라면 아침 일찍 움직이는 것이 좋다. 개방시간이 짧고 평소에도 관광객과 티베트인 순

포탈라궁 뒷모습

포탈라궁에서 본 용담호와 라싸 북쪽지역

포탈라궁에서 바라본 착포리언덕(왼쪽 철탑 있는 산)

례자들이 많아 편하게 감상하기 힘들다는 점을 고려해야 한다.

포탈라 전경을 감상하기에는 포탈라궁 왼쪽 대각선상에 위치한 착포리언덕(Chakpori Hill, 3,756m 또는 藥王山)이 제격이다. 사진에서 많이 본 드락 랄루북사원 언덕의 하얀 초르텐(불탑)을 걸어서 포탈라궁을 찍는 것은 거의 정석 앵글이다.

'무쇠의 산(鐵山)'이라는 뜻의 착포리는 원래 17세기에 5대 달라이 라마의 섭정이었던 상게 갸초(桑結嘉措)가 세운 의학대학이 있던 자리였다. 인민해방군이 티베트를 점령한 후, 1959년 라싸봉기 때 파괴되어 지금은 흔적조차 찾을 수 없다. 현재는 전파송신탑이 자리한 착포리언덕은 순례자들의 발길이 끊이지 않는 순례길로 변했다. 그런 역사적 사실을 알고 나면 슬픔에 잠긴 티베트와 포탈라, 그리고 멀리 포탈라궁 주변을 돌고 있는 티베트인들의 삶을 그냥 볼 수만 없다.

chapter **07**

티베트 신심(神心)의 고향, 조캉사원

- 조캉사원
- 세라사원
- 대뽕사원

이른 새벽에 조캉사원 북쪽 진입로 근처에 도착하니 벌써 사방에서 개미떼처럼 사람들이 몰려든다. 포탈라궁이 외국인과 중국인 관광객들로 붐비는 곳이라면 조캉사원은 티베트 각지에서 온 순례자들로 붐빈다. 예전 같지 않게 거리와 상점들은 말끔히 정비되어서 오히려 당황스럽다. 조캉사원으로 가기 위해서는 광장 입구에 설치된 X-ray 검사대를 통과한 후에나 가능하다. 검사대는 하나이고 순례자와 관광객은 끝없이 몰려든다. 입장은 한참을 기다려야 한다.

조캉사원(大昭寺, Jokhang)을 가운데 두고 팔각형 모양으로 도로가 에워싸고 있어서 팔각거리 즉 바코르(八角街, Bakor)라고 부르는데, 그곳을 중심으로 주변

새벽의 조캉사원 전경

에 라싸의 구도시가 자리잡고 있다. 조캉사원 안팎으로 이어지는 거미줄 같은 길마다 순례자들의 발길로 부산하다. 대부분은 작은 마니차를 돌리며 '옴마니반메훔(唵麼抳鉢銘吽)'•을 반복적으로 읊조리며 조캉사원으로 향하고, 가끔은 오체투지를 하는 사람도 보인다.

여명도 트지 않은 신새벽, 바코르광장은 순식간에 인산인해를 이룬다. 남녀노소를 가리지 않고 새벽을 낮 삼아 순례를 돌며 신심을 확인하고 있다. 티베트 사람들은 성지순례를 필생의 업으로 생각한다. 가능하면 성지 중의 성지인 카일라스로 가고 싶어하지만 그 길이 너무 멀고 험난해서 대부분은 조캉사원으로 대신한다. 조캉사원이 늘 만원인 까닭이다.

• 관세음보살의 자비를 뜻하는 주문으로, '오! 연꽃 속의 보석이여!'라는 뜻이 있다.

조캉사원 정문 앞의 순례자들

바코르(Bakor, 八角街)

외지인들에게는 시장 정도로만 보이는 짧은 길이지만 티베트인들에게 바코르는 순례의 길이다. 마니차를 돌리며 순례하는 티베트인들을 보면 이 길이 갖는 의미가 조금이나마 짐작된다. 바코르를 알려면 우선 '코라(Kora)'를 알아야 한다. 코라는 티베트에서 말하는 순례길이다. 주요한 사원이나 도시 가장자리를 따라 코라가 형성된다. 코라를 따라 돌 때는 반드시 시계 방향으로 돌아야 한다.

라싸에서 중요한 코라는 모두 4개다. 가장 짧은 코라는 조캉사원 내부를 도는 '낭코르(Nangkor)'다. 조캉사원 외부를 따라 한 바퀴 도는 코스는 '바코르 코라(Bakor Kora)'로 가장 유명한 코라다. 1km 정도 되는 거리지만 순례자들의 발걸음으로 한가할 틈이 없다. 포탈라궁을 따라 한 바퀴를 도는 '포탈라 코라(Potala Kora)', 마지막으로 라싸 구시가를 한 바퀴 도는 '링코르(Lingkor)'는 약 8km 길이다. 도시개발을 하면서 생긴 4차선 도로가 일부 코스를 잠식해 볼썽사납게 되었다.

바코르는 조캉사원이 만들어지면서 자연스레 생겨났다. 바코르가 형성되면서 라싸 구시가의 모습도 형성됐다고 보면 된다. 바코르는 중심 광장이자 시장이며 티베트인들이 최고성지로 여기는 조캉사원을 중심으로 열려 있는 성스러운 공간이다. 한마디로 바코르는 라싸에서 가장 티베트다운 곳이다. 순례자들로 가득한 코라의 모습도 장관이지만 각종 불교용품과 장신구, 차, 공예품 등을 판매하는 상점과 노점들의 행렬도 볼거리다.

사원 앞에 있는 두 개의 향로에서 향이 피어오르면 어둠의 장막을 걷어 내고 또 다른 세계가 펼쳐지기 시작한다. 집집마다 피워대는 향까지 합쳐져 조캉사원 일대는 짙은 안개와 진한 향내로 코끝이 찡하고 정신이 혼미하다. 그러나 불현듯 정지했던 필름이 돌아가듯 만물이 꿈틀거리며 거대한 움직임이 시작되는 느낌을 받는다.

조캉사원은 어떤 곳인가?

라싸의 구시가지 중심에 위치하고 있는 조캉사원은 티베트 전통 불교사원이자 전국 중요문물 보호지로 1350년의 역사를 지니고 있다. 2000년 11월, 조캉사원은 포탈라궁의 확장사업으로 세계유산 리스트에 포함되어 유네스코세계문화유산으로 지정되었다.

조캉사원

외국인의 눈에는 포탈라궁이야말로 티베트의 역사와 문화, 정치와 종교가 총결집된 '티베트의 모든 것'이라 생각할지 모른다. 그러나 티베트인들에게는 포탈라궁보다 조캉사원이 '종교의 구심점'이자 '정신의 구심점' 노릇을 하고 있다. 실질적으로 티베트의 신도들이 가장 많이 찾는 곳이 바로 조캉사원이기 때문이다.

흔히 '티베트의 심장'이라 불리는 조캉사원은 티베트 불교의 총본산이자 최고의 성지다. 티베트에서 가장 중요하게 여기는 조워불상(Jowo Sakyamun : 12세 때의 석가모니 불상)을 모셨기 때문이다. 본래 조캉사원은 7세기 640여 년쯤 당시 토번왕국의 송첸감포왕에 의해 건축되었는데, 다음과 같은 이야기가 전해온다.

> 주역과 천문지리에 능통했던 문성공주는 라싸의 형상에서 거대한 나찰녀(羅刹女)*의 모습을 목격했다고 한다. 포탈라궁과 주변의 산은 나찰녀의 유방(乳房)에 해당하는 곳으로, 그녀는 나찰녀가 내뿜는 불길한 기운을 제거해야겠다고 마음먹는다.
>
> 문성공주는 남편 송첸감포의 전폭적인 지원을 등에 업고 만다라(曼陀羅)처럼 방사형으로 사찰들을 세우고 그 중심에는 사원을 배치했다. 수천 마리의 양떼를 동원해서 퍼온 흙으로 만다라의 중심이자 나찰녀의 심장에 해당하는 우탕호수(Wotang Lake)를 매립하고 3년 간의 난공사 끝에 세운 것이 조캉사원이다.

사원이 완공된 후 얼마 지나지 않아 송첸감포왕이 죽자 당나라의 침략을 걱정

* 고대 인도종교의 신으로 사람을 잡아먹고 악행을 저질렀으나 부처에게 귀의한 후 불법을 수호하는 신이 되었다고 함.

녹원전법상이 그려진 1층 회랑

한 문성공주는 시집올 때 모셔와 라모체사원(小昭寺)에 봉안해오던 석가모니불상을 이곳으로 옮겼다. 공주가 모셔온 불상은 석가모니의 12세 때의 모습을 형상화한 것으로, 티베트 사람들은 조워(jowo)라고 부른다. 그 후부터 사원은 '조워 부처님을 모신 사원(캉, khang)' 즉 조캉으로 불리기 시작했다. 그러나 1950년 중국이 티베트를 점령하고 문화혁명(1966~1976)[•]을 거치면서 조캉은 한때 돼지우리로 사용할 정도로 폐허가 되다시피했다. 공산주의와 불교는 공존할 수 없었던 것이다. 이때 포탈라궁과 노블링카궁은 물론이고, 간덴사원과 라모체사원을 비롯한 대부분의 라싸 인근의 사원도 파괴되었다. 또한 수만 명의 승려와 신도들이 그때 학살당했다. 조캉사원은 1979년이 되어서야 승려들이 다시 수행을 하기 시작했고, 현재의 모습은 1992~1994년에 재건축한 것이다.

서쪽 정문 오른쪽 끝에 있는 매표소가 출입구다. 조캉사원 내부에 들어서면 작은 광장이 있고 정면으로 대법당이 눈에 든다. 짙은 고동색 천에 하얗게 그려진 녹원전법상(鹿苑轉法相)[••] 휘장이 대법당 상부를 감싸고 있다.

• 6,200여 개의 티베트 사원 중 몇 개를 제외한 대부분의 사원이 파괴되었으며, 수십만 명의 승려가 강제로 환속당했다.

•• 암수의 사슴이 법륜상을 가운데 두고 있는 그림. 부처님이 인도의 샤르나트에서 처음 설법을 할 때 한 쌍의 사슴도 설법을 들었다는 것에 유래한다.

녹원전법상 앞의 순례자

광장 왼쪽으로 난 골목 같은 길이 대법당으로 이어진다. 본전으로 가기까지 회랑은 벽화로 채워져 있다. 티베트에 얽힌 무수한 설화와 역사가 명료하게 정리된 곳이다. 여기부터 촬영금지다.

1층 대법당은 조워불상을 모신 조캉사원의 핵심이다. 티베트인들에게 조워불상이 어떤 의미인지를 알려면 이곳에 오면 된다. 끝없이 이어진 순례자들의 줄은 모두 본당 안의 본존불인 조워를 보기 위한 발걸음이다. 조워, 즉 석가모니불상을 중심으로 오른쪽에 미륵불(Jampa), 왼쪽에 구루 링포체(Guru Rinpoche)•를 모시고 있다. 이들 불상을 모신 1층 대법당을 중심으로 모두 18개의 크고 작은 법당들이 호위하듯 에워싸고 있다.

• 8세기 티베트에 탄트라불교를 전파한 인도 승려.

2층으로 가면, 우선 정면에 녹원전법상을 중심으로 화려한 황금지붕탑을 만나게 된다. 본당을 지키는 사자상이 인상적이다. 본당 좌측에 위치한 건물은 송첸감포왕이 법왕전으로 사용했던 건물로 크기는 작지만 기품이 있다. 본당 건너편의 옥상은 최고의 전망대로 바코르광장이 한눈에 들어온다. 정문 앞에서 오체투지를 하는 순례자들의 모습은 물론 멀리 포탈라궁을 포함한 라싸 시내의 풍경까지 제대로 조망할 수 있다. 2018년 2월, 원인모를 화재로 일부 손실된 것으로 알려졌었다. 당시 경찰 발표로는 문화재는 전혀 손상이 없다고 했으나 자세한 내용은 아직까지 확인된 바가 없다.

보수공사 때문에 전망이 수려하고 인상적인 3층 옥상이 폐쇄된 것이 아쉽다. 조캉사원 옥상에서 바라보는 것이 최고의 절경이라는 포탈라궁을 부디 이곳에서 다시 볼 수 있기를 기원해 본다.

서쪽 방향 정문 광장 앞에는 좌우로 하늘을 찌를 듯한 룽다와 향로가 2개씩 있고, 그 앞에 문성공주가 심었다는 버드나무, 토번과 당나라의 평화협약을 담은

조캉사원 앞의 당·토번회맹비와 버드나무

당·토번회맹비(唐吐蕃會盟碑)가 있다. 고대 티베트와 중국의 관계를 말해주는 상징적인 기념물이다.

그 앞에 있는 문이 바로 조캉사원의 정문이다. 문고리와 돌로 만들어진 바닥은 사람의 손길과 발길로 세월의 깊이를 만들었다. 순례자들의 신심만큼 닳고 닳은 돌의 굴곡에서 그들의 진심이 느껴진다. 정문은 고집스럽게 닫혀 있다. 언제부터인가 굳게 잠겨서 열린 적도 없고 어떤 경우에도 열리지 않는다고 한다. 점성가는 조캉사원의 정문에는 티베트의 힘을 상징하는 주술적 의미가 있다고 한다. 아마도 중국 정부는 티베트에 그 어떤 힘이 작용하기를 원하지 않는 것은 아닐까? 오늘도 조캉의 정문을 향해 끊임없는 오체투지를 하고 있는 그들의 소원은 무엇일까?

대법당 앞에는 벌써 좋은 자리를 차지하고 오체투지를 하는 사람들로 빼곡하다. 그 뒤를 이어 오는 순서대로 자리를 잡고 경배를 한다. 마치 애벌레가 굴신운동을 하듯 쉴 사이 없이 일어섰다 엎드리기를 반복하며 신심을 확인하고 있다. 티베트의 심장이라는 바코르광장이 이들의 신심을 자양분으로 거친 숨쉬기를 시작한 것이다.

오체투지는 인간이 가장 낮은 자세로 부처에게 다가서는 모습이라고 한다. 머리와 양 팔꿈치, 양 무릎의 다섯 부위가 땅에 닿도록 납작하게 엎드려 부처를 봉양하는 사람들의 모습을 보며 새삼 이곳은 티베트라는 것을 실감한다.

오체투지를 마친 순례자들은 코라(Kora)를 시작한다. 조캉사원을 중심으로 시계 방향으로 한 바퀴 도는 바코르 코라는 사람이 어찌나 많은지 행렬에 서 있으면 저절로 밀려 갈 지경이다. 한 바퀴 돌면 사소한 죄가, 세 바퀴 돌면 이번 생의 업(業)이 소멸된다고 한다. 이생에서의 죄업을 정화한 다음, 깨끗해진 몸과 마음으로 다시 조캉사원 앞에서 오체투지를 반복한다. 자연스럽게 관광객들도 서로의 죄가 없어지길 기대하며 코라를 돌아본다.

조캉사원을 중심으로 코라를 도는 순례자들

象泉藏餐馆
三楼 茶室

경향 각지에서 몰려든 순례자들의 복장은 각양각색이고 표정은 구구절절하다. 그러나 부처를 향한 마음은 똑같을 것이다. 순례자들이 무리로 움직여 마치 매스게임이라도 하는 듯하고, 이방인들의 카메라 셔터 소리는 폭포수 같다. 이곳만큼 동적인 곳은 없을 것 같다. 이제 조캉사원의 시간과 공간은 오로지 순례자들의 것이 된다.

바코르광장 좌우로는 갖가지 불구(佛具)와 골동품은 물론 지역특산품, 신발, 액세서리, 모자 등 각종 수공예품을 파는 가게들로 연이어져 있다. 깨끗하고 규모가 있어 선뜻 들어서기가 망설여진다.

몇 년 전만 해도 길게 난전을 이루고 있던 노점상들이 사라진 것은 당연한 일이다. 2003년 중국 정부가 대대적인 정비를 하여 노점상에게 우선하여 상점을 분양했으나 지금은 후이족, 한족들이 그 자리를 꿰차고 있다고 한다. 안내인의 말을 빌리면, 티베트인은 손님을 대하는 것이 투박하고 상술이 부족해서 장사를 잘 못하는 것이 이유란다. 예전 보자기나 손수레에 물건들을 쌓아 놓고 호객하던 난전이 좋았다는 생각이 드는 것은 왜인가?

티베트 사람은 죄업을 씻기 위해 돌고, 관광객은 도대체 뭘 사야 좋을지 몰라 흥정하느라 돌고 돌았던 바코르 순례길의 야단법석은 더 이상 볼 수 없게 되었다. 조캉사원과 달리 바코르 거리는 예전 같지 않다. 순례자들이 눈에 띄게 줄고 오히려 중국인과 외국인이 더 많아 보인다. 거기에 호객하는 상인들의 목소리가 더해져 천 년 세월의 종교 중심지 바코르는 티베트 최대의 전통시장쯤으로 전락했다고 해도 틀린 말은 아니다.

바코르거리 끝에 위치한 티베트 식당 겸 카페인 '마케아메(Makye ame)'가 눈에 띈다. 중국식으로는 마지아미(瑪吉阿米) 즉, '아직 결혼하지 않은 아름다운 아가씨'라는 의미다. 건물은 짙은 황토색으로 채색하고 격자 유리창은 검은색으로 칠해져 있어 묵직한 전통의 멋이 느껴진다. 노란색과 하얀색 창틀로 단장은 바뀌었지만 간판색은 여전히 노란색 계통을 고수하고 있다. 베이징, 윈난 등 여러 군데 지점이 있고, 모두가 문전성시를 이룰 만큼 장사가 잘되는 가게라고 한다. 특히 라싸는 그 원조니 특별한 의미가 있는 곳이다.

약 320년 전 이야기다. 유일하게 사찰에서 수행을 쌓지 않고 달라이 라마가 된 6대 달라이 라마인 '상양 갸초(Tsang Yang Gyatso)', 당시 16세의 소년으로 자유분방했던 그는 궁 생활에 적응하지 못하고 밤마다 궁을 빠져나와 주색잡기에 여념이 없었다. 그러던 어느 날 밤 라싸의 거리에서 아름다운 한 여인을 보고 연정을 품게 된다. 그 아름다움에 반한 상양 갸초는 꿈에서도 그녀 생각뿐이었다.

달라이 라마가 되기보다는 평범한 한 인간으로 살기를 원했던 상양 갸초, 그 여인을 다시 만나려고 매일 밤 그녀를 기다렸으나 끝내 만나지 못했던 모양이다. 상심한 상양 갸초가 이름도 모르는 그녀를 마케아메로 이름 짓고 시를 읊으며

마케아메 레스토랑

기다린 객잔이 현재의 마케아메 레스토랑 자리다.

지금의 마케아메는 염소고기와 야크스테이크 그리고 버터차로 유명해 관광객들로 붐비지만 상양 갸초의 기구한 일생과 전설을 아는 이들이 굳이 확인하러 오는 명소이기도 하다. 3층 옥상은 소문난 뷰포인트로 자리잡기가 쉽지 않다. 바코르를 찾는 다양한 인간 군상들의 모습을 가장 잘 보고 느낄 수 있는 곳으로 인상적이다.

광장은 언제나 인산인해다. 다양한 복장과 방식으로 순례하는 사람들과 함께 동냥을 하는 남루한 사람, 최신식 핸드폰으로 통화하는 스님, 그들의 모습을 흥미롭게 담고 있는 관광객들의 셔터 소리로 시끄럽다.

눈에 띄는 오체투지자가 있었다. 늦가을 날씨에도 반소매 차림으로 오체투지

바코르 골목의 노점상과 토산품

를 하는 소년은 이미 조캉사원 인근에서는 유명한 순례자다. 어제도 조캉사원 대법당 앞에서 한줌의 돈을 세던 그 친구였다. 하긴 이 많은 사람들 중에 저마다의 사연이 다를 터였다. 인터뷰를 부탁했더니 흔쾌히 응해준다.

바코르 코라의 소년 순례자

라싸에 온 지 벌써 8년이 됐다는 짜시쯔던은 열여섯 살의 소년이다. "조캉사원에 참배하러 왔던 가족이 자동차 사고를 당해 어머니는 죽고 아버지는 지금까지 병원에 입원해 있다."고 했다. 그래서 할 수 없이 매일 조캉사원을 돌며 관광객이나 순례자들의 시줏돈으로 아버지 병원비뿐 아니라 생계를 이어가고 있다고 했다. 짜시쯔던의 이마 가운데 생긴 굳은살에서 새삼 그의 신심과 가족애를 느껴본다. 아버지 병원비에 보태라는 심정으로 약간의 돈을 시주했더니 조금은 주춤하더니 감사한 마음으로 받아준다. 몇 번이고 허리를 굽히며 인사를 나눈 소년은 다시 시끌벅적한 바코르광장으로 오체투지를 하며 사라졌다.

바코르를 한 바퀴 돌고 다시 찾은 조캉사원 입구에는 예의 애벌레처럼 연신 오체투지를 하며 아름다운 윤회를 준비하는 이들의 거친 숨소리로 가득하다. 어느 것 하나 똑같은 이를 찾을 수 없을 정도로 각양각색이지만 오직 하나, 부처를 향한 신심만큼은 어느 티베트 사람이든 다르지 않아 보인다. 어느 시간 어느 공간에서도 부처를 향한 불심이 함께하고, '옴마니반메훔'을 되뇌이며 가족의 건강과 이웃의 사랑, 세상에 널리 불법이 퍼져 평온하기를 바라는 이들의 순박하고 순수한 열정이 마음을 울리는 곳, 그것이 티베트다.

스님들만의 독특한 논강 – 세라사원

라싸에 머무는 동안 티베트를 이해하기 위해 무척 애를 썼지만 웨이하이부터 동행한 중국 감독관의 시선을 의식하지 않을 수 없었다. 대민 접촉을 가장 예민하게 받아들이고 있다는 충고는 내내 고민거리가 됐다. 티베트 땅에서 달라이 라마 사진을 볼 수 없는 것은 알려진 대로다. 그래서 자주 찾은 곳이 사원이었다. 이미 관광지화됐지만 티베트 사람에게는 비교적 자유로운 공간인 사원에서 그들의 면모를 찾아보고자 했다. 포탈라궁에서 조캉사원에서 또는 길거리에서 그들의 심오한 역사와 신심을 볼 수 있었지만 중국 점령 이후 티베트를 생각하는 티베트 사람들의 진면목을 확인할 수는 없었다.

그래서 세라사(色拉寺)를 찾았다. 다른 사원과 달리 오직 순수한 불교연구에만 정진하는 사원이다. 엘리트 승려가 많아 그 내공이 중국 정부를 두렵게 할 만큼 강력했다는 사원이다. 티베트에 대해 새로운 모습을 발견할 수도 있겠다는 기대로 세라사원을 향한다.

세라사원은 1419년 총카파(宗喀巴, 1357~1419)* 의 제자인 사캬 예쉐(Sakya Yeshe, 1354~1435)가 세운 사원으로 티베트 최대의 불교대학으로 알려져 있다. '세라'는 티베트어로 들장미라는 뜻이다. 14세기 후반 권력과 결탁하여 타락한 밀교의 종풍(宗風)을 쇄신하여 라마불교를 정립한 총카파가 제자들과 산중 동굴에서 수행할 때 산 아래 장미 숲이 있어서, 사원의 이름을 '세라사'라고 명명했다.

총카파가 어느 날 제자들과 함께 산책을 하는데 큰 나무 아래서 말울음 소리가 들려 땅을 파보니 마두금강불상(馬頭金剛佛像)이 나왔다고 한다. 이에 그 불상

* 티베트 불교의 중심 세력인 겔룩파의 창시자.

을 모시고 사원을 세웠으니 이것이 바로 세라사원의 건립설화이다.

한때 5개의 교육기관에 5,000여 명의 승려가 거주했던 거대한 사원은 현재 3개 대학에 300명 정도의 승려만 남았다. 중국의 문화혁명 당시 사원이 대부분 파괴되었을 뿐 아니라 달라이 라마가 인도의 다람살라로 망명할 당시 상당수의 승려가 함께 망명의 길을 떠났기 때문이다. 한편으로는 정치적으로 많이 숙청당했다. 2008년만 해도 500명 넘게 승려가 있었으나 그해 일어난 티베트 독립시위 이후 수가 줄었다. 당시 조캉사원과 세라사원이 중심이 되었기 때문에 탄압을 받았으리라 짐작된다.

세라사 정문

라싸의 3대 사원 중 하나인 세라사원은 라싸 시내에서 북서쪽 5km쯤 세라우쯔산(色拉烏孜山) 기슭에 자리하고 있어 찾기가 어렵지 않다. 라싸에서 버스로 30분 또는 택시로 15분 정도면 갈 수 있는 거리다.

2018년 세라사원은 공사 중이었다. 정문 좌우로부터 중장비가 동원된 대대적인 개축공사가 한창이었다. 가로수 길을 100여 m 올라가야 주요 건축물들을 볼 수 있다. 사원 중앙 통로 양옆으로 길게 늘어선 울창한 가로수들이 반긴다. 만추의 강렬한 햇살을 피하기 참 좋다. 티베트는 고원지대이고 먼지가 없는 청정지역이어서 자외선이 강하다. 햇살은 강렬하다 못해 따가울 정도다.

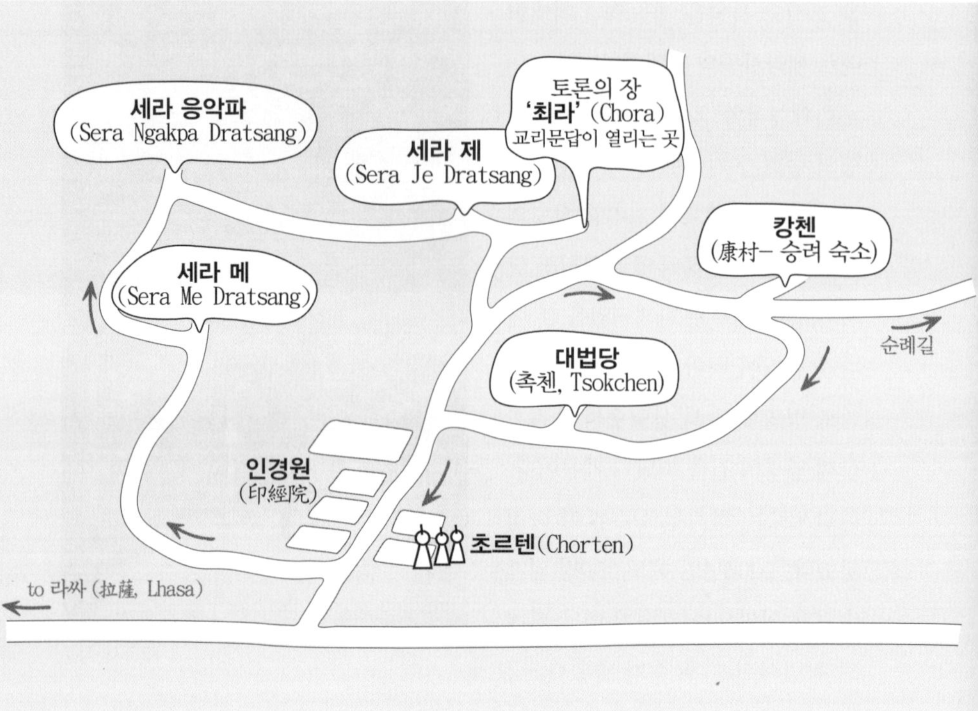

세라사원 평면도

이른 시간이지만 관광객뿐 아니라 현지인들도 많다. 세라사원은 관정의식(灌頂儀式)* 으로도 유명하다. 불교에 입문시키려고 아이들을 데려온 가족들이 장사진이다. 코끝에 검은 칠을 하고 돌아다니는 아이들이 그들이다. 관정은 특히 젊은 사람들에게도 인기가 있다고 한다. 고승으로부터 결혼 전 자신의 미래를 점치

* 가톨릭의 세례 같은 것.

고 자식들의 이름까지 미리 짓는 등 좋은 업(業, karma)을 얻기 위해서란다.

입구 오른쪽에 티베트 전통양식의 불탑인 초르텐(Chorten)과 마니차를 지나 150여 m 오르면 가장 먼저 눈에 띄는 것이 중앙대로 끝 오른쪽에 위치한 대법당(촉첸, Tsokchen)이다. 주변으로 기초교육과정을 담당하는 세라 메(Sera Me Dratsang), 탄트라를 교육하는 세라 응악파(Sera Ngakpa Dratsang), 세라사원의 수호신인 하야리바(Hayakriva, 馬頭金剛)* 를 모신 세라 제(Sera Je Dratsang) 등 3개 대학과 13개 캉첸(康村 : 승려 숙소)이 촘촘히 들어서 있다.

촉첸이라 불리는 대법당은 4층으로 된 건물로 사원의 각종 행사가 열리며, 수천 명의 승려가 들어갈 수 있는 크기다. 예전 전성기 때는 세라사원의 모든 승려가 이곳에서 법회를 했다. 최근 세라사원은 법당이나 불상보다는 오히려 승려들의 자연스런 토론을 볼 수 있는 곳으로 유명하다. 바로 승가대학 중 하나인 세라 제 앞마당이 그 유명한 교리문답 토론장이다. '최라'(Chora)로 불리는 교리문답(또는 선문답)은 보통 오후 3시부터 약 1시간 정도(일요일은 열리지 않는다) 열린다. 독특한 교리문답 방식은 오늘날 외국인에게 인기 있는 관광 상품이 되었다.

무엇보다 세라사원을 굳건히 하는 것은 불교대학이다. 1959년까지 5,000명 넘는 스님들이 거주하는 티베트 최대의 교육전문사원이었다. 이곳에서 승려시험인 게쉐(dGe shes)** 중 최고 학위 과정인 '게쉐 르하람빠'(dGe shes Lharampa)를 개설하고 있다. 티베트에서 '활불'(깨달음에 도달한 사람)의 명칭을 얻기 위해선 대략 약 20~30년 정도의 수행을 거쳐 최종시험인 '게쉐'를 취득해야 한다. 이는 달라이 라마나 판첸 라마의 경우도 예외를 두지 않았다. 이처럼 승려교육 기능에 특화된 세라사원은 다른 사원과 달리 정치무대와는 거리를 두고 학문연구

* 말머리 형상의 관세음보살상.

** '정신적 안내자'라는 뜻.

에서 비롯된 종교적 권위로 중국 정부를 두렵게 했다.

노점상들이 진을 친 입구를 지나 대법당 쪽으로 오르는 길은 크고 넓은 가로수가 시원스레 햇빛을 가려 주고 있었지만 이름만큼 기품이나 위엄을 느낄 수가 없다. 그럼에도 문화혁명 때 피해가 덜했던 사원은 원형을 잘 보존한 듯 보인다. 대법당 쪽으로 올라갈수록 부채꼴 형태로 사원의 진면모가 펼쳐지는데 좁다란 입구에서는 생각지 못한 규모에 놀란다. 더구나 체계적인 계획에 의해 건물이 지어진 것이 아니라는데도 지형에 어울리게 배치하여 건물이 많아도 빽빽하지 않으며 복잡한 듯하지만 어지럽지도 않다. 중심이 되는 대법당이나 탕카(thangka)*를 거는 구조물도 눈에 잘 띄게 배치되어 전체적으로 짜임새가 있다. 예전 공부하는 승려가 수천 명에 이르렀다는 불교학교의 저력을 보는 듯하다.

대법당을 돌아보다가 우연히 윈난성에서 왔다는 한국의 젊은 배낭여행객들을 만났다. 달라이 라마와 중국의 침략, 독립저항이라든가 하는 함수 속에 티베트를 이해하고 있으리라 생각했는데 전혀 아니었다.

순박하다느니 미소가 아름답다느니 경치가 끝내준다느니… 심지어는 "티베트는 원래 중국 땅 아녜요?" 한다. 티베트에 대한 몰이해는 그렇다 쳐도 지나친 환상(아름다운 경치와 싼 물가, 후한 인심)으로 꽉 차 있었다. 정치적인 환경은 모르거나 전혀 고려하지 않아 보였다. 굳이 티베트에 대한 단상이 있다면 다람살라에 대한 환상이 티베트에 대한 생각으로 대체된 듯했다. 윈난에서 동부 티베트를 거쳐 라싸에 이르기까지 3개월여를 티베트와 함께한 여행객들의 생각이 지나치게 감상적이라는 생각이 들었다. 중국이 주장하고 선전하는 서부대개발의 혜택에

* 주로 면직물 위에 불교를 주제로 그림을 그리고 사원에 걸어두는 티베트 불교화. 한국의 탱화 같은 것.

승려들의 기초교육과정을 담당하는 세라 메

변경이 열리는 세라 제 입구

서 한참 벗어나 가난하게 살 수밖에 없는 티베트 사람들, 거부할 수 없는 가난과 식민지배의 고통 속에서도 잃지 않은 그들의 시골 인심, 때에 절었지만 초롱초롱 빛나는 아이들의 눈에서 자신들의 유토피아를 꿈꾸는 어리석은 여행자들은 아닌지? 젊은이들의 역사에 대한 몰이해가 아쉬운 만남이었다.

사원 정문 북단에 위치한 '토론의 광장'까지 가려면 은근한 오르막을 150m 정도 올라야 한다. 일자로 곧게 뻗은 길을 따라 걷는다. 멀리서 보면 신비한 느낌과 함께 고고해 보였던 사원의 하얀색 담벼락이 가까이 갈수록 풍파에 시달린 듯 거무튀튀하여 스산할 정도다. 총카파가 수행했다는 돌무더기산과 승려들의 숙소동을 지나간다. 다른 사원보다 조용하다. 세라사원은 뭐니 뭐니 해도 가장 유명한 것이 '변경(辨經)'• 이다. 어쩌면 대부분의 관람객들이 변경원이 있는 세라 제 승가대학 광장에 모여 있는지도 모를 일이다. 최라는 오후 3시부터 4시 사이에

• 일정한 화두에 대해 경전을 이용한 문답 수행법.

최라가 열리는 세라 제

변경 감독관의 상석

진행된다. 하루에 딱 한 번이라 놓치면 낭패다. 고지대임을 잊고 부리나케 변경 장소로 향한다.

짐작대로 변경 장소인 세라 제 광장은 이미 초만원이다. 가히 이 변경의 명성을 짐작할 만하다. 오후 3시, 대법당 옥상에서 토론 시작을 알리는 징을 울리자 스님들이 법당에서 봇물 터지듯 밀려나온다. 그 유명한 '최라'에 모여 변경을 하기 위해서다. 삼삼오오 스님들이 일사분란하게 정원 바닥에 자리를 잡고, 호기심 많은 관광객들은 사진 찍기 좋은 자리를 잡으려 혈안이다. 정작 티베트 사람은 찾아보기 힘들고 가끔 눈에 띄는 티베트 순례자는 관광객들 뒷전으로 밀려 엉거주춤 서 있다. 주객이 전도된 것이다. 사진촬영이 드물게 허용된 곳이기 때문에, 그동안 여기저기에서 촬영금지로 혼이 나거나 목마른 관광객에게는 최고의 사진촬영 장소가 아닐 수 없다.

토론을 집도하는 노승이 상석에 자리하자 드디어 토론이 시작된다. 마치 싸우듯이 때로는 춤추듯이 세라사원 스님들만의 독특한 변경이 관광객들의 혼을 뺀다. 재미있기도 하고 우스꽝스러워 보이기도 한다. 토론의제가 사전에 설정이 되고 동자승까지도 모두 참가하여 화두에 대해 격렬하게 토론을 하는 소위 문답학습이다. 두 사람씩 짝을 지어, 묻는 사람은 서서 발을 구르며 손뼉을 내리치면서 미리 배웠던 경전의 내용을 질문하면 앉아 있는 이가 답을 하는 식이다. 이런 동작을 어떤 이는 위에 있는 손이 천당을 상징하고 아래 손이 지옥을 상징하는 것이라고도 하고, 어떤 이는 진리와 교리의 충돌을 상징하는 것이라고도 한다. 불교의 교리에 대해서만 묻고 답하는 것이 아니라 불교를 따르는 삶, 생각 등을 수행을 통해 공부한 내용을 서로 묻고 답하면서 한번 더 새로운 깨달음을 받는 특별한 시간이기도 하다.

변경 모습

성적에 따라 승려가 되기도 하고 환속이 결정되는 중요한 학습이다. 토론이 깊어질수록 역동적인 승려들을 배경으로 사진을 찍고 싶어하는 관광객들의 행동반경도 넓어져 광장은 아수라장이 된다. 그렇다고 특별히 제재하는 이도 없다. 이미 정례적인 관광 코스가 되어 버린 터에 광장은 쇼 무대가 된다. 무대에 선 승려들의 토론은 화두를 던지는 자의 화려한 액션만 살아 움직인다. 토론을 감독하는 승려는 토론을 제대로 하는지보다 누가 돈 안 내고 사진이나 비디오를 찍는지가 관심사처럼 보인다. 그러는 사이 몇몇 승려들은 딴전을 피우거나 장난질이고 심지어는 관광객과 사진을 찍은 사진을 보며 시시덕거리고 있다. 한때 대뽕사원만큼이나 영향력이 있었다던 불교학교의 모습은 상상 밖으로 세속적이다.

요즘 티베트에서는 제대로 된 승려를 보기가 어렵다고 한다. 1960년대 문화혁명 때 철저히 사원을 파괴하고 탄압한 이후 중국 정부의 유화정책으로 불교가 다시 살아난 것은 티베트 사람들 마음속이지 사원이나 승려들은 아닌 듯하다.

승려가 되기 위해서 경전시험을 보아야 하는데, 중국 정부가 관장하는 승려시험에는 티베트인들이 수용하기 힘든 전제가 있다. 바로 달라이 라마를 부정하는 서약서를 써야 한다는 점이다. 그래서 불신을 받고 있는 것이 요즘 티베트의 승려들이다. 중국 정부는 1982년부터 종교의 자유를 허락한다고 선언했으나 정작 학문을 연구하고 불법을 전파하는 것보다 사원을 관리하는 역할이 주임무로 변질되었다고 한다. 사정이 이러하니 승려들의 자질도 문제다. 붉은 가사를 두르고 머리를 짧게 깎았다고 모두가 라마승이 아니다. 라마(喇, lama)가 뜻하는 존경받을 만한 승려가 많지 않다는 뜻이다.

라마승이 되는 것은 생각보다 과정이 길고 험난하다. 보통 티베트의 불교학교는 초등학교에서 대학까지 과정이 있다. 즉, 불교학교를 거치지 않으면 승려가 될 수 없다는 뜻이다. 승려는 하나의 제도적인 과정을 통해서 탄생되는 것이라 믿기 때문이라고 한다. 그래서 라싸에는 진짜 승려가 없다는 자조적인 탄식을 하는 것이리라. 이미 경험했던 간덴사원이나 세라사원이나 모두 티베트 불교를 대표하는 사원이었지만 그 속의 승려들까지 티베트를 대표하는지 의심스럽다.

티베트 불교의 대승원(大僧院), '대뿡사원(哲蚌寺)'

티베트 불교 최대 종파인 겔룩파의 승가대학이 대뿡사원에 있다. 수도 라싸와 인근에 위치한 세라사원, 간덴사원과 함께 겔룩파의 3대 사원 중 가장 큰 규모를 자랑하는 승가대학이다. 사원 내에는 4개의 탄트라(Tantra)* 대학이 있는데 규모는

대뿅사원

다르지만 비슷한 구조로 이루어져 있다.

대뿅사원은 라싸 포탈라궁에서 9km쯤 떨어진 서쪽 교외에 터를 잡고 있다. 라싸보다 고도가 조금 높아서 대뿅사원으로 향하는 차는 가끔은 파란 하늘을 이었다가 커다란 구름 무리에 덮이기를 반복한다. 종합병원 건물을 지나 암갈색 고산준령이 시야에 꽉 차면 대뿅사원이다.

산등성이를 좌우로 거느린 계곡에 자리한 사원은 하얀색의 집들이 미로처럼 얽혀 있다. 중국이 티베트를 점령하기 이전까지만 해도 대뿅사원은 1만여 명의

• 부처의 깨우친 진리를 직설적이며 은밀하게 표출시킨 대승불교의 한 교파로 신비주의적 종교를 의미.

대뿡사원 평면도

승려가 수행하던 가장 규모가 큰 사원이었다. 지금도 사원의 규모는 티베트에서 최고를 자랑하지만, 1950년대 중국의 침략과 문화혁명기의 수난을 겪으며 승려 수가 대폭 줄었다. 최근에 거주하는 승려의 수는 500여 명으로 알려져 있다. 1980년 이후 일부가 복원되고 종교 활동을 재개하고 있지만 여러 가지 이유로 전성기를 되찾기는 어려워 보인다. 지금은 순례지나 관광지로서의 역할이 현실이다.

대뿡의 영어 표기인 'Drepung'으로 인해 우리에게는 '드레풍'사원으로 알려진 곳이다. 대뿡은 '여기저기 흩어져 있는 쌀더미 모양'이라는 뜻이다. 이는 대뿡사원의 뒷산 감보 우체(Gambo Utse, 5,200m)를 배경으로 지어진 여러 채의 흰색 건물들이 멀리서 보면 마치 쌀더미를 쌓아 놓은 듯한 모습이라고 해서 지어진 이름이다. 입구에서 30분 정도 걸어서 올라야 한다. 고도가 높고 가팔라서 관광객들에게는 쉽지 않은 길이다. 하지만 어쩌겠는가. 걸어서가 아니면 그 보물 같은 도시를 볼 수가 없다. 멀리 내려다보이는 라싸와 포탈라의 풍경이 위안을 삼을 만하다.

잠양 초제(좌)와 샤카 예쉐(우)

대뽕사원은 1416년 총카파의 제자 잠양 초제(Jamyang Choje, 1379~1449)가 설립했다. 600년이 넘은 유서 깊은 곳이다. 달라이 라마(2, 3, 4, 5대)의 거처이자 실질적인 정치와 종교의 본당 노릇을 해온 중요한 곳으로 포탈라궁으로 이전하기 전까지 종교, 정치의 중심 무대였다.

총면적 20만 제곱미터(약 66만 평)로 현재 남아 있는 대뽕사원의 규모만 해도 사원이라기보다는 하나의 소도시에 가깝다. 제대로 구경하려면 꼬박 하루가 걸린다고 한다. 사원 내 길과 골목이 복잡한 미로처럼 얽혀 있어, 길을 잃기 십상이다. 주요 건물에 안내문이 없어서 헷갈릴 수도 있으나 입구에서 시계 방향으로 이정표를 따라가면 틀림이 없다. 흰 벽에 간덴포트랑(Ganden Potrang)이라 쓰인 이정표가 보이면 제대로 가고 있는 것이다.

간덴포트랑(간덴궁)으로 가는 길은 비교적 가파르다. 그러나 성곽 길처럼 잘 조성되었을 뿐 아니라 언덕길에 크고 작은 마니차길이 조성되어 있어서 소원을 빌면서 오르는 것도 재미있는 일이다. 흐르는 샘물을 이용해 돌아가게 만든 마니차가 이채롭다.

오른쪽 산중턱에 바위에 그린 불화가 보이면 간덴궁에 거의 다 온 것이다. 바위 왼쪽의 큰 그림은 대뽕사원을 창건한 잠양 초제이고 오른쪽 조금 작은 그림이 세라사원을 창건한 샤카 예쉐를 그린 것이다. 바위에 그려진 사다리 모양은 영혼이 하늘로 가는 것을 돕는다는 의미다.

시계 방향으로 돌아가면 첫 번째로 만나는 큰 건물이 간덴궁*이다. 달라이 라마의 궁전으로 법당과 침실, 저장소, 스님들의 숙소 등으로 구성되어 있다. 앞에서는 3층으로 보이지만 뒤로 층층이 조성된 7층 건물이다. 간덴궁 뒤로 42m 높이의 괘불대가 있고 위쪽에 응악파(Ngakpa Dratsang)** 대학, 응악파 오른쪽에 대법당이 자리해 있다.

화재예방 매뉴얼이 게시된 입간판을 지나서 양옆으로 조성된 하얀 건물 사이로 보이는 것이 대법당(措欽大殿, Tsokchen)이다. 1만 명을 수용할 수 있는 규모다. 이 대법당 아래 로세링(Loseling Dratsang)***, 고망(Gomang Dratsang), 데양(Deyang Dratsang) 등 3개 대학이 모여 있다. 이 순서대로 관람하면 대체로 길 잃을 염려는 없다.

대뽕사원에서도 오후 3시가 되면 로세링대학에서 최라가 열린다. 세라사원의 최라보다 규모는 작지만 토론의 열정만은 그에 못지않다. 무엇보다 대뽕사원은 라싸 시내의 사원들과 달리 붐비지 않는 것이 매력이다. 물론 관광객들의 꽁무니를 쫓아다니며 촬영비를 챙기는 스님들의 발걸음도 토론만큼 열정적이고 날래다.

* 달라이 라마가 거처하던 과거의 티베트 행정부.

** 탄트라를 연구하는 대학.

*** 교리, 논증을 교육하는 곳.

라싸 시내에서 대뽕사원까지는 버스가 운행하고 있지만, 사원의 주차장까지만 운행한다. 사원을 속속들이 관람하기 위해서는 30여 분 걷는 수고는 어쩔 수 없다. 오히려 이런 교통의 불편이 대뽕사원을 라싸의 다른 사원들과 달리 고즈넉한 분위기를 만든 것이 아닐까?

대뽕사원은 해마다 요구르트 축제 '쇼뙨'(Shoton, 또는 쇼툰) 때 대형 탕카를 거는 의식을 거행하는 장소로도 유명하다. '쇼'란 떠먹는 요구르트와 비슷한 것을 말하며 '뙨'이란 연회라는 의미로, 17세기경 하안거(夏安居)*를 마친 승려들에게 공양음식으로 '쇼'를 바치던 것에서 유래한 것이다.

대뽕사원에서 대형 탕카를 거는 의식을 시작으로 보통 일주일 동안 벌어진다. 달라이 라마의 여름궁전 노블링카에서는 각 지역을 대표하는 극단들이 모여 티베트 전통 가면극인 하모(Lhamo, 또는 라모) 공연을 하고, 라싸에서는 말타기 경주, '쇼' 먹기 대회 등 다양한 민속공연이 펼쳐진다. 티베트인뿐만 아니라 관광객들에게도 인기가 있어 최근에는 연간 150여 만 명이 참가하는 티베트의 대표적인 축제로 발돋움했다.

* 여름철 3개월 간 두문불출하고 행하는 수행정진.

chapter 08

칭짱꽁루 이야기

- 칭짱꽁루
- 간덴사원

가을이 깊어가면서 길게 늘어선 백양나무 가로수의 단풍이 무르익어간다. 바람이 센 골짜기 부근에서는 벌써 잎이 다 떨어져 앙상한 가지를 드러내고 있다. 아직 다 일어서지 못한 아침 햇살이 라싸의 병풍인 강디스(岡底斯, Gangdisi)산맥을 비스듬히 비출 때쯤 길을 나선다. 남쵸호수(納木錯)를 가기 위해서 109번 국도인 칭짱꽁루(青藏公路) 초입에 들어섰다. 칭짱꽁루는 라싸에서 칭하이성의 거얼무까지 1,200km를 잇는 유일한 도로다. 가끔씩 지나가는 침대버스는 머리 위에 달린 많은 짐이 버거웠는지 검은 한숨을 토해 내며 느릿느릿 라싸를 향해 달리고 있다.

칭짱꽁루는 강디스산맥과 탕굴라산맥을 가로지르다가 때로는 양옆에 나란히 끼고 뻗어 있다. 해발 5,000m가 넘는 산맥 두 개가 끝없이 이어지는 골짜기에 시냇물처럼 흐르는 칭짱꽁루는 아름답기도 하거니와 티베트를 세상에 드러내는 소중한 길이기도 하다.

이 길을 지난 2006년에 정리한 소회가 새삼스럽다.

"…그러나 소문처럼 우리 탐험대가 지나는 칭짱꽁루 옆으로는 라싸~거얼무를 잇는 철도부설공사가 곳곳에서 벌어지고 있었다. 공사구간의 대부분이 해발 4천 m 이상으로 작업인부의 고산증과 얼음산이 많아 실현불가능한 '과대망상적 광기'라는 비판이 터져 나왔던 공사였다.

총길이 1,142km에 예산만도 24억 달러라는 천문학적인 비용이 드는 이 공사는 2007년도까지 완공을 목표로 하고 있다고 한다. 2008년 베이징 올림픽에 앞서 중국인들은 세계가 놀랄만한 그 무언가를 이룩할 필요성이 절실했던 모양이다. 이 철도가 완공되면 이제 30시간 이상 냄새나는 버스에서 시달리며 라싸를 향하던 육로여행은 과거의 추억이 될지 모른다.

그러나 정작 우려되는 것은 멸종위기종인 티베트 영양과 검은목두루미, 학 등이 서식하는 여러 개의 자연보호구를 침입한다는 것과 지난 50여 년 간 자행되던 티베트 수탈의 역사가 새롭게 시작된다는 점일 것이다. 지금까지 육로로만 운반해 가던 자원들이 철길을 통해 대규모로 신속하게 중국내륙인 동쪽으로 이동할 수 있는 계기가 된 셈이기 때문이다.

정작 티베트인들이 경계하는 것은, 계획대로 양방향으로 매일 여덟 편의 기차가 다니게 되면서 증가될 야심찬 한족의 이주라고 한다. 신장성(新疆省)과 내몽골, 칭하이 등지의 중국화 작업이 성공적으로 수행된 이후 티베트가 집단이주의 표적이 되어 왔다. 이후 20여 년 간 꾸준하게 한족 이주정책이 진행되어 왔다. 그래서 라싸도 벌써 구성인구 비율이 티베트인 50%, 한족 50%라는 것이 공공연한 사실이고 이미 한족이 상권을 장악해 버린 것이 현실인 시점에 당연한 걱정으로 보인다.

그래서 결국 티베트~칭하이 간 철도부설공사는 중국 정부가 정책적으로 추진하는 서부대개발의 야심찬 경제수탈의 실크로드요, 티베트 민족말살의 구심점이 되는 악의적인 사업이라고 의심하는지 모르겠다…"

출전: 인천일보 〈중국 서부 극지를 가다 ⑩〉 2006. 1. 4. 글 백민섭

중국 최대의 지열지대로 유명한 양바징(羊八井, Yangbajain)을 지나면서 강디스산맥은 자취를 감추었다. 10월의 아름다운 햇살이 녠칭탕굴라산맥 기슭에 펼쳐진 구릿빛 대초원에 따갑게 내리쬐고 있다. 라싸에서 160여 km를 달려서 닿은 곳은 티베트 남부와 북부의 경계지대로 알려진 담슝(當雄, 4,300m)으로 '선택된 아름다운 곳'이란 뜻이 있다. 지도책에는 현소재지임을 알리는 빨간색으로 크게 표시되어 있으나 실제로는 동서의 길이가 약 1.5km 남짓한 소규모의 시골

칭짱꽁루와 담슝현

라싸 주변 지도

마을이다. 예의 대로변에 야크와 양, 돼지, 개들이 종횡무진 난무하는 동물원 같은 마을이다.

매년 5월과 10월은 담슝초원이 가장 아름다운 시기로 초원에서 방목하는 하얀 양떼와 검은 소떼 풍경이 녠칭탕굴라산맥(念青唐古拉山脈)과 어우러져 장관을 이룬다.

담슝에서 20여 km를 더 달려야 남쵸호수(Namtso lake, 4,718m) 관리사무소

남쵸호수와 녠칭탕굴라산맥

에 닿는다. 도착하자마자 악다구니하는 동네꼬마들과 호객꾼이 순식간에 들이닥쳐 정신을 못 차릴 지경이다. 서둘러 입장권을 사고 도망치듯 탕굴라산맥을 향해 올라간다. 경사가 가파르고 눈이 살짝 덮인 미끄러운 도로를 살금살금 기어오르자 갑자기 강풍이 휙 넘어온다. 라켄라(那根拉, Lakenla, 5,190m)고개다. 그 밑으로 멀리 남쵸호수가 눈에 든다. 눈이 시리게 푸른 하늘빛과 히말라야 준령의 백설을 함께 담은 호수, 그 앞에 정원처럼 펼쳐진 초원은 천상의 풍경 그 자체다. 남쵸호수는 중국에서는 칭하이호수 다음으로 큰 염호(鹽湖)다. 동서가 70여 km 남북이 30여 km로 세계에서 가장 높은 곳에 있다. 서울의 두 배쯤 되는 호수는 차라리 바다라고 해야 걸맞다.

라켄라고개에서 본 남쵸는 엄마 품에 안긴 아이처럼 눈 아래에 있지만 역시 '하늘의 호수(天湖)'라는 뜻에 걸맞게 한눈에 담을 수가 없을 만큼 장대하다. 녠칭탕굴라산맥을 휘돌아 라켄라산을 넘어서 20여 분을 더 달려야 남쵸호수를 제대로 볼 수 있다.

전설에 의하면 남쵸는 녠칭탕굴라산과 연인 사이로 제석천(帝釋天: 불교의 수호신)의 딸이었다. 지각운동으로 지면이 가라앉아 호수가 형성되면서 두 연인이 서로 떨어져서 마주보게 되었다. 오랜 세월 동안 녠칭탕굴라산은 그리운 마음에 하얀색 눈(雪)을 푸른 눈물로 바꾸어서 흘려보냈고, 모인 눈물이 호수가 되었다.

이로써 서로 떨어져 있던 두 연인의 마음이 하나로 합쳐져서 영원한 만남을 이루게 되었으니 남쵸호수의 푸름은 바로 아름다운 사랑의 결실이다. 이런 티베트의 신화는 녠칭탕굴라산이 연인과 부부의 사랑을 영원히 이어주는 곳이라는 믿음을 갖게 했다. 남쵸호수에 부부석과 합장석을 비롯해 전설과 연관되는 명소들이 많은 것은 그런 사연 때문이다.

녠칭탕굴라산맥의 눈과 얼음이 녹아 만든 호수에는 크고 작은 섬 다섯 개와 반도가 있다. 그중에서 가장 큰 짜시(札西)반도를 향해 미끄러지듯 질주한다. 끝없이 펼쳐지는 호수의 크기에 놀라고 하얀 산맥과 어울린 절묘한 풍경에 연신 감탄사를 토해 낸다. 조물주가 만든 호수라지만 히말라야산맥 사이에 이처럼 거대하고 맑은 호수가 있다는 것이 믿기지 않는다. 황홀함과 신비함이 채 가시기도 전에 남쵸호수의 상징 같은 합장바위가 눈에 든다. 커다란 바위 두 개가 마치 손

부부석(夫妻石 또는 迎賓石)

남쵸호수

마니석

을 맞대어 합장한 것처럼 보여서 붙은 이름이다. 바위 곳곳에 셀 수 없이 얽혀진 카타와 타르초가 티베트인들의 신심을 짐작케 한다.

남쵸호수가 중요한 또 하나의 이유가 있다. 달라이 라마가 입적하면 대를 이을 환생자에 대한 계시를 이곳에서 받았기 때문이다. 그래서 티베트 사람들은 가장 성스러운 호수로 여기며, 가장 대표적인 순례 코스 중의 하나로 꼽는다. 티베트 순례자들이 평생에 꼭 한번 가보고 싶은 곳 중에 하나일 수밖에 없다. 특히 양띠 해에 남쵸호수를 돌면 다른 해보다 더 빨리 윤회에서 벗어날 수 있다는 믿음 때문에 12년마다 남쵸호수는 그야말로 북새통이 된다.

바다 같은 호숫가 주변에는 오색찬란한 룽다(風馬)와 타르초가 겨울바람에 펄럭이고, 호수 여기저기에는 누군가가 만들었을 마니석과 돌탑 들이 산재해 있다. 그러나 쉴 새 없이 코라를 돌며 옴마니반메훔을 외쳐야 할 호숫가에는 단 한 명의 순례자도 없이 기념품을 파는 행상과 조랑말을 태워주는 장사꾼뿐이다. 어찌 성지라는 이 넓디넓은 호수에 순례자가 한 명 없을 수 있단 말인가. 겨울을 맞고 있는 남쵸호수는 녠칭탕굴라의 의연한 자태와 바다 같은 파도가 거친 파열음으로 시선을 끌고 있으나, 그럴수록 광활한 호수에는 외로움과 씁쓸함이 퍼져 가고 있다.

파란하늘·하얀집 '여기는 동화 세상'－간덴사원

화창한 날씨가 기분을 돋우기도 했지만 라싸 시내에서 편도 한 시간 남짓의 짧은 이동거리에 간덴사원 가는 길이 한결 홀가분하다. 이곳 티베트 땅은 항상 무엇엔가 가위눌린 듯 내내 여행길이 편치 않았다. 더구나 하루 평균 500km 이상을 달리는 강행군의 연속이었던 터라 라싸 근교에 있는 간덴사원(甘丹寺) 가는 길은 그야말로 소풍 길이다. 라싸에서 동남쪽으로 약 50km 떨어진 라싸강변에 있다는 간덴사원을 찾아 나선다.

라싸 시내를 빠져나와 동쪽으로 길을 잡아 간다. 건물에 가려졌던 포탈라궁이 온전히 보이자 라싸대교가 나타난다. 편도 2차선이 빡빡한 좁은 도로 양끝으로 무장경찰이 경계를 서고 있다. 참 대수롭지 않아 보이는 다리를 주요 시설이라고 통제하는 꼴이 볼썽사납다. 그러나 티베트 독립을 주장하는 세력들의 시설폭파를 우려한 조치라는 안내인의 설명을 들으니 오히려 빙그레 미소가 지어진다. 그것이 이유의 전부는 아니지만, 여행 내내 티베트 독립에 대한 의지를 어디에서도 확인할 수 없었던 터에, 역설적으로 다리 위의 무장경찰이 티베트 독립 세력이 있음을 확인시켜 주었기 때문이다.

간덴사원으로 가는 길은 아스팔트로 곱게 포장되었다. 그러나 좁은 촨짱꽁루는 수시로 지나는 대형화물차들이 공격적이어서 그 길을 나눠 쓰는 탐사대 차량은 가끔은 기겁을 하기도 한다. 중국인들의 운전습관 중에 가장 위험한 것은 전방주시를 잘 안 한다는 점이다. 대화하기 좋아하는 중국 사람들은 운전 중에 옆

자리의 사람과 대화를 하느라 종종 사고를 낸다는 이야기를 들었다. 그 이야기가 내내 머릿속에 맴돌아서 긴장을 늦출 수가 없다.

비교적 한적한 길에 들어서야 아름다운 키츄강('라싸강'이라고도 함)이 눈에 들었다. 키츄강을 따라 군데군데 늘어선 마을 주변으로는 비닐하우스가 꽤 많이 보인다. 티베트 출신 가이드는 비닐하우스의 주인이 대부분 한족이라고 한다. 그럼 그렇지. 티베트인 유목민은 야크나 양 몇 마리가 전부요, 농사를 짓는 사람은 '칭커(青稞)'라는 보리농사가 전부인데 그것만으로는 아무리 몸부림을 쳐봐야 비닐하우스를 할 만한 돈을 모으기가 어렵다고 한다. 상대적 빈곤이 심화되고 있어 오히려 몇 년 전부터 유목이나 농사를 포기하고 도시로 가는 등 이농현상이 심해졌다. 빌어먹어도 도시가 낫다는 것이다.

중국 정부가 자랑하는 기간시설인 도로의 혜택도 결국 한족이 가장 많이 받고 있는 셈이다. 공들여 지은 하우스 농산물이 이 촨짱꽁루를 통해 대도시로 공급되

간덴사원에서 본 키츄강

간덴사원 초입 오르막길

면 제대로 값을 받을 수 있기 때문이다. 티베트 인민들의 삶의 질 개선과 경제적인 혜택을 위해서 만들었다는 길에서조차 티베트 사람들의 암울한 미래가 스쳐 지나간다.

1시간 정도 달려 오른쪽으로 크게 갈라진 도로로 들어선다. 간덴사원으로 가는 초입이다. 318번 국도에서 벗어나 약 9km 정도 가야 한다. 라싸의 동쪽 외곽에 위치한 우(U)지방은 서쪽의 창(Tsang)지방(라싸 서쪽의 시가체지역)과 함께 오랫동안 티베트의 중심무대였다. 이 일대를 흐르는 얄룽장뿌강에서 통일 티베트의 역사가 시작되었기 때문이다. 한때 창지방으로 정치무대가 옮겨진 적도 있지만 5대 달라이 라마가 티베트를 재통일하고 라싸로 수도를 옮긴 후 근대까지 정치적으로 중심 역할을 해 온 곳이다. 간덴사원은 그 시절 또 다른 정신세계의 중심 역할을 했던 대사원이다.

간덴사원은 초입부터 인상적이다. 급하게 꺾이는 갈지자의 산길이 굽이친다. 천국으로 가기 위한 시련처럼 유장하다. 이미 우리보다 앞서 순례길을 찾아 나선 차량들이 천국으로 가기 위해 꼬리에 꼬리를 물고 언덕을 오르고 있다. 고도가 높아질수록 멀리 키츄강이 모습을 드러내고 평화로운 대자연이 화폭처럼 펼쳐진다. 해발 4,300m에 있다는 간덴사원을 향해 오르는 길옆으로는 야크떼가 한가로이 풀을 뜯고 있고 길 바로 위까지 다가온 구름들이 풍선처럼 매달려 있다. 지중해 산토리니의 하얀 지붕들이 파란 하늘과 맞닿아 조화를 이루듯 신비하다. 간덴의 의미는 '즐겁고 유쾌하다'는 뜻과 함께 서방정토(西方淨土)의 의미도 있다. 딱 그런 풍경이다.

간덴사원은 겔룩파 종파의 창시자인 총카파가 1417년에 설립한 최초의 겔룩파 종파의 사원이다. 간덴사원을 세운 지 2년 후에 총카파가 죽자 그의 제자 케드룹 제(Kedrup Je)와 겔찹 제(Gyeltsab Je)가 원장을 이어받아 전통을 이었다. 이들은 총카파의 사상을 심화하고 체계화시켜 교단의 기초를 잡았다. 현재 티베트 불교의 실세인 겔룩파는 그렇게 성장하면서 정교합일의 법왕제인 '달라이 라마' 제도를 정착시킨다.

간덴사원

그래서 간덴사원이 비록 겔룩파 창시자가 설립하고 이 종파의 효시라 해도 간덴의 주인은 달라이 라마가 아니다. 역사상 간덴사원의 원장은 독립적으로 총카파의 법통을 잇는 정신적 수장인 간덴 트리파(Ganden Tripa)로 겔룩파를 대표하는 달라이 라마와는 구별되어 왔다.

망중한을 즐기는 승려들

다시 말하면 간덴 트리파는 티베트 불교에서 달라이 라마, 판첸 라마 다음의 제3의 권력자라고 보면 된다.

그만큼 전통과 함께 막강한 힘도 있었던 유서 깊은 사원이다. 그런 경외심은 사원입구에서 깨지기 시작한다. 간덴사원의 원경을 찍으려 카메라를 들자 입구에서 보초를 서던 젊은 승려 한 명이 찍지 말라는 듯 손사래를 치며 달려나와 손에 든 입장권을 흔들어 보이며 돈을 내란다. 입장료 징수가 얼마나 철저하던지 방문하는 차량의 문을 열어 손가락으로 짚어가며 인원을 헤아린다. 티베트에 승려다운 승려가 별로 없다 해도 너무한다 싶다. 그러나 어쩌랴 세상이 그렇게 만들어 놓은 걸. 입구에 들어서니 주차장은 대형버스들로 만원이다. 대부분이 현지인으로 이미 꽤 많은 순례자가 밀려들었다. 대법당으로 가는 길옆에는 먹을거리와 경전을 파는 좌판들이 순례자들과 엉켜 아수라장이다.

외지에서 온 사람들이 신기했던지 어린 꼬마들이 우르르 몰려왔다가 카메라를 들이대자 일순 "와~" 하고 꽁무니를 뺀다. 멀리서 신비롭게 보이던 사원은 색이 바랬고 곳곳이 허물어져 있다. 어린 승려들은 삼삼오오 사원 여기저기를 배회하거나 양지바른 곳에서 하품을 하고 있다. 누가 시주를 했는지 음식물을 안고

여행자들과 환담하는 노승

간덴사원을 찾은 순례자들

후미진 구석에 앉아 열심히 먹고 있던 어린 승려는 우리랑 눈이 마주치자 슬며시 돌아앉는다.

티베트에서 승려는 단순히 승려만은 아니었다. 사원은 학문의 전당이요 신앙의 원천이다. 그래서 승려는 최고의 엘리트이자 존경받아 마땅한 사람들이지만 중국의 침략과 문화혁명이라는 회오리는 그들을 한갓 오물을 치우고 쓰레기를 줍는 존재로 만들어 버렸다. 사진촬영비용으로 얼마간의 돈을 주고 노승 주재하의 법회를 찍을 수 있었다. 수많은 순례자들이 그들의 예불 모습을 보고 기도를 드리고 있건만 정해진 시간에 쇼를 하듯 건성건성하는 젊은 승려들에게서 어떤 영감이나 총기를 발견할 수 없었다. 티베트에 대한 측은지심이 있던 터에 그런 풍경은 실망스럽지만, 걱정스럽기도 하다. 승려들은 70년 전 티베트를 이끌던 주체가 아니었던가?

간덴사원은 1959년, 티베트 민중봉기가 일어났을 때 중국인민해방군이 전투기로 공중폭격을 해 대부분의 건물이 파괴됐다. 문화혁명기에는 마오쩌둥의 홍위병들에 의해 승려들이 대부분 강제 환속되거나 살해당했다. 수차례의 탄압 끝에 지금은 300여 명 남짓 승려들만 남아 있으나 그나마도 제대로 된 승려인지는 의문이다.

어쨌든 간덴사원이 집중 공격의 대상이 된 것은 중국 공산당이 사원을 봉건주의와 미신의 상징이라 매도한 탓도 있지만 오랫동안 간덴사원이 정치권력의 중심 역할을 해왔기 때문이다. 티베트인 안내인은 "문화혁명 때 이 간덴사원의 승려들이 홍위병들에게 극렬하게 저항했기 때문"이라고 귀띔한다. 1981년 소수민족에 대한 유화정책을 쓰면서 간덴사원도 재건이 시작됐다. 중국 정부가 공인한

간덴사원 전경

전국중점문물보호단위 중의 하나로 지정되어 옛 모습이 부분적으로 복원되고 있으나 완전 복구까지는 아직도 요원하다.

간덴사원의 뒤쪽은 그 옛날의 상처를 증언이라도 하는 듯 여전히 폐허의 잔재가 남아 있고, 승려들은 사원을 관리하며 호구를 삼는 존재로 전락했다. 티베트의 정신적 지주였던 간덴사원이 예전의 권위와 기상을 되찾기에는 힘에 부치는 모습이다.

총카파(宗喀巴, Tsong Kha pa, 1357~1419)

티베트 정통파 불교의 개혁자로서 라마교 겔룩파(黃帽派, 황모파)를 만든 고승. 중국 칭하이성 아무드 지방의 총카 부락에서 태어났다. 총카파는 그의 출생지에서 딴 이름이다. 법명(法名)은 로잔타크파(羅桑扎巴). 7세 때 출가하여, 16세 때 스승을 찾아 중앙 티베트로 가서 현교(顯教)에 관해 연구하고, 다시 밀교(密教)의 심오한 뜻을 구명하기 위하여 수행에 전념한 끝에 독자적인 밀교 체계를 확립하였다. 그때까지 티베트의 불교는 밀교의 타락 현상이 심하였는데, 그는 15세기에 반야중관(般若中觀)사상을 기초로 한 현교와 밀교를 융화 즉, 밀교에 치우치던 티베트 불교를 경전과 계율 중심의 학풍으로 바꾸어 새롭게 티베트 불교의 기초를 확립하고 1409년에 종교개혁을 단행했다.

겔룩파의 창시자 총카파像

chapter 09

캄발라고개의 푸른 보석, 얌드록쵸

캄발라고개

간체

라싸의 여유 있던 일정을 뒤로하고 다시 오지를 향해 길을 나선다. 차량도 며칠에 걸쳐 정비와 테스트를 마쳐 최상의 컨디션을 만들었다. 탐사대도 기력을 보충한 것뿐 아니라 고산병에도 완벽하게 적응해 있었다. 더구나 중국 국가체육총국 소속 중국국제체육여유공사 담당자가 합류하기 위해 북경에서 내려왔다. 앞으로 갈 지역은 군사보호지역이 많고 어떤 상황이 발생했을 때 정말 대책이 없는 오지가 많다는 것 때문에 유사시 문제를 해결해 주기 위해 중앙에서 고위관리가 내려온 것이다. 고맙기도 하지만 그만큼 향후 일정이 무겁게 다가온다. 히말라야호텔 사장과 직원들이 장도를 축원하기 위해 걸어준 카타(khata, 哈達)를 차에 매달고 다시 길을 나선다.

캄발라고개에서 바라본 얌드록쵸

이른 아침 라싸는 밤사이 도시 곳곳에서 향으로 태운 노간주나무 연기가 눈부신 햇살과 섞여 물안개처럼 도시 전체를 물들이고 있다. 멀리 포탈라궁도 아침햇살을 튕겨내며 깊은 시름을 감추고 있다. 집집마다 옥상 위에 매달린 오색찬란한 룽다가 늦가을 히말라야 바람에 휘날리며 부처님의 가르침을 퍼뜨리고 그들의 신심도 한없이 하늘을 향해 올라간다. 우리는 그 기이한 현상을 우리 일행의 장도를 축복하는 것이라 해석하고 길을 나선다.

옴마니반메훔!

라싸 외곽으로 나가자 신축 중인 아파트가 여러 채 보인다. 그 옆으로는 인민해방군 부대가 주둔해 있고, 군용 기름을 수송하는 트럭이 여러 대 바쁘게 움직이고 있다. 시내 중심에는 공안국이, 외곽에는 군부대가 튼튼한 지주처럼 자리하고 있어 답답함을 느낀다.

라싸 시내를 벗어나 칭하이성과 라싸를 잇는 칭짱꽁루가 만나는 삼거리를 지나면 이내 얄룽장뿌강을 만나게 된다. 얄룽장뿌강(Yarlung Tsangpo River, 雅魯藏

布江)은 '어머니의 강'이라는 뜻으로 티베트의 서부 아리(阿里)에서 발원하여 장장 2,900여 km를 흘러 시가체와 체탕을 거쳐 인도의 갠지스강으로 이어지는 티베트의 젖줄이다. 탐사대는 얄룽장뿌의 유장한 흐름을 거슬러 달려간다. 샛노랗게 물든 백양나무 가로수 사이로 티베트 불교의 4대 명산이라는 취궈리(曲果日)산이 자태를 뽐내고 있다. 늦가을 풍취를 느끼기에는 더할 나위 없는 풍경이다. '칭커'를 수확하기 위해 온동네 사람들이 다 나와 이삭을 털고 검불을 날리며 알곡을 거두는 모습이 참으로 아름답고 여유롭다.

라싸 외곽에 이르러 리여우대교(柳梧大橋)를 건너 간체로 향한다. 네팔로 가는 요칭꽁루를 타야 한다. 예전에는 318번 국도로 가다가 취수이대교를 건너서 307번 지방도로로 갈아탔지만 2011년에 개통된 라싸공항고속도로가 확장되면서 리여우대교를 건너서 공항 방향으로 길이 만들어졌다. 다리를 건너서 오른쪽 101번 지방도로로 갈아탄다. 드디어 지상에서 가장 아름다운 길을 지나게 된다는 설렘이 가득 밀려온다.

가장 먼저 눈에 든 것은 얄룽장뿌강이다. 거대하고 도도하게 늦가을 백양나무 단풍과 황토산들을 어루만지며 깊은 가을 심연으로 들어가고 있다. 거친 황토고

키츄강과 라싸

라싸에서 공가공항 가는 고속도로

원에서 만나는 노랗고 파랗고 검은 3가지 색의 조화는 서서히 내 마음속 인생의 장면으로 각인된다.

취수이 가는 지방도로는 2차선의 좁은 길이다. 왼쪽 가로수와 오른쪽 가로수가 맞닿아서 터널을 이룰 정도이고, 흐르는 강 바로 옆으로 난 길은 손을 뻗으면 강물에 닿을 듯하다. 강변에는 타르초가 곳곳에서 바람에 나부끼며 수많은 사연들을 실어 나르고 있다.

라싸강과 얄룽장뿌강이 합쳐지는 취수이대교를 지나자마자 다시 307번 국도로 진입하게 되는데 급한 커브길 오른쪽에 위치한 수장대(雅鲁藏布江水葬台)를 지나면 틀림이 없다. 1km쯤 가면 검문소가 나온다. 여기서 여행허가서도 검사하지만 얌드록쵸풍경구의 입장권도 사야 통과할 수 있다. 국립공원 지리산을 통과하는 길에서 통행세를 받던 것과 같다. 외통수 길이라 어찌 해볼 도리가 없다.

얄룽장뿌강 주변에는 곳곳에 수로를 내어 농수로에 연결하는 등 치수관련 사업이 한창이다. 둔치 같은 곳에 넓게 자리한 과수원과 밀밭이 풍요로워 보인다. 안내인은 "티베트에서는 길 내는 곳 바로 옆에는 수로작업이 따르고, 토양과 환

라싸의 얄룽장뿌강

경에 맞는 나무를 심어 치수관리를 한다."고 설명한다. 높은 산에도 송수관 작업을 통해 물을 공급하는 등 토양의 사막화를 막기 위해서 안간힘을 쏟고 있다는 것이다.

벽에 발라 건조시키는 쭤(야크똥과 볏집을 이긴 것)

간간이 지나치는 마을에는 담벼락 단장이 한창이다. 자세히 보니 야크똥을 한 움큼씩 들어 벽에 척척 바르고 있다. 중국 감독관이 웃으며 "겨울 땔감 준비를 하는 것"이라고 일러준다. 벽에 한 무더기씩 곱게 펴서 발라 놓으면 건조가 빠르고, 벽돌처럼 만들어 담 위에 쌓아 놓으면 바람도 막아준다고 한다. 이방인들은 더럽다고 인상을 찌푸리지만 이 척박한 환경에서는 나름의 지혜를 가진 겨울채비다. 라싸 시내는 타르초와 함께 중국의 오성홍기를 같이 게양하는 것이 대부분이었으나, 라싸에서 멀어질수록 타르초만 건 집이 훨씬 많다. 시내에서 멀어질수록 중국의 간섭이 덜한 때문으로 보인다.

간체(江孜, Gyantse)로 가는 길은 해발 4,974m나 되는 캄발라고개를 넘는 험난한 코스다. 얄룽장뿌강과 이별을 하고 강변에 위치한 조그마한 마을 강빠촌(岡巴村)에서 왼쪽 산길로 들어선다. 고도를 높일수록 계곡은 까마득해지고 차창 밖은 아찔하다. 계곡과 산능선을 따라 용의 꼬리처럼 구불구불한 도로를 아슬아슬하게 오른다. 전망이 좋은 지점에는 영락없이 예쁘게 꽃단장을 한 야크와 장아오(藏獒, Tibetan Mastiff)* 가 관광객들을 호객하고 있다.

* 사자개라고도 불리는 티베트산 토종견.

한 시간 정도 구절양장 길을 오르면 어지러운 상태로 고갯마루에 이르게 된다. 정상에 있는 타르초가 히말라야 바람에 몸서리치고, 고개를 지나는 또 다른 여행객은 한줌 염원을 담은 종이 다발을 뿌린다. 불교의 경구와 소원을 담은 부적(符籍)들은 강한 바람을 타고 하늘 높이 올랐다가 물고기 비늘처럼 반짝이며 이내 시야에서 사라진다.

캄발라고개(岡巴拉, Kambala Pass)로 오르는 길은 높지만 험하지 않고, 황량하지만 듬성듬성 풀들도 제법 있어 푸르름도 부족하지 않다. 마침내 도착한 얌드록쵸호수(羊卓雍錯, Yamdrok Lake) 전망대(4,998m)에는 예전에 보지 못한 널찍한 주차장과 표지석이 있다. 얌드록쵸가 가장 잘 보이는 곳이다. 요즘에는 매표소가 생겨서 표를 끊어야 한다. 이 넓은 호수를 딱히 전망대가 아니면 못 볼 것도 아니지만 가장 잘 보이는 장소에 전망대라고 만들어놨으니 주머니에 손을 넣을 수밖에 없다. 세상인심은 점점 험해진다.

얌드록쵸호수는 푸르다 못해 시린 히말라야 하늘에 맞장구라도 치듯 에메랄드빛을 뽐내고 있다. 호수 너머에는 7천 m가 넘는 설산 나이친캉쌍(乃欽康桑峰)이 있어 에메랄드빛이 더욱 짙푸르게 부각된다. 티베트인들이 '푸른 보석'이라

캄발라고개

캄발라고개 전망대 풍경

자랑할 만하다. 해발 4,440m에 위치한 이 거대한 호수는 마나사로바, 남쵸, 라모라쵸(拉姆納錯)와 함께 티베트 4대 성호(聖湖) 중에 하나다. '위에 있는 목초지'라는 뜻과 함께 티베트어로 '분노한 신들의 안식처'라는 뜻도 있듯이 호수 주변은 천연목장이다. 이 호수를 의지하여 티베트 사람들이 밭을 일구고, 물고기를 잡으며 산다. 널찍한 초지에는 목동도 없이 야크와 양떼들이 서로 어울려 한가로이 풀을 뜯고 있다. 늦가을 맑은 햇살을 받아 다양하게 푸른색을 연출하는 호수 표면은 압권이다.

얌드록쵸와 나이친캉쌍

여름철은 노란색과 푸른색으로 단장하고 겨울이 되면 동화 속 세상 같은 설경이 펼쳐진다. 길이 130km에 너비는 70km다. 총 둘레가 250km에 최대 수심 60m나 된다는 아름다운 얌드록쵸는 한눈에 담을 수 없다. 전갈처럼 생긴 호수 사이에 커다란 산이 다섯 개나 솟아 있기 때문이다. 히말라야 북쪽 최대의 내륙 호수로서 염호(鹽湖)지만 실제로 맛을 보니 짠내를 느끼지 못할 정도다. 빙하수에 희석된 호수는 풍부한 어족자원을 자랑하는 보배로운 호수가 된 것이다. 캄발라고개에서 내려와 굽이굽이 한 시간 이상 달려야만 벗어날 정도로 커다란 호수다. 강수량이 적은 티베트고원에서 얌드록쵸의 중요성은 여러 번 강조해도 지나침이 없다.

중국은 1996년 간체로 가는 700번 국도에 면한 이곳에 수력발전소(羊卓雍湖抽水蓄能電站)를 건설했다. 수백 m에 이르는 낙차를 이용해 만든 전기를 일대에 공급하기 위해서다. 덕분에 자연을 벗삼아 평화롭게 살던 티베트 사람들은 강제 이주를 당했고 옛날 길과 집은 모두 수몰되고 말았다. 중국 정부는 환경파괴나 생태계 변화는 없고, 수리시설이 정비되고 전기가 공급되어 훨씬 살기 좋아졌다고 강변하고 있다.

생산된 전력 대부분은 티베트에 주둔한 중국 군대와 라싸시의 한족들이 사용하는 것으로 알려져 티베트인에게는 무용지물이다. 아직까지는 얌드록쵸의 수량이 풍부해 제한적으로 수력발전을 한다고 하지만 히말라야의 눈 녹은 물이 주수원인 호수는 수십 년이 지나면 바닥이 날 것이다. 지구온난화가 심각해지면서 지난 10년 동안 얌드록쵸호수의 수량도 눈에 띄게 줄었다는 것이 안내인의 설명이다.

티베트에서 호수는 종교적 성지이자 티베트 사람들의 생명의 식수임을 감안할 때 전기, 관계시설보다 더 중요한 것이 호수라는 것은 두말할 나위가 없다. 시간이 가면 갈수록 티베트 사람들에게 정신적 육체적 고통이 엄습하고 있음을 부인할 수 없다.

댐공사로 만들어진 얌드록쵸의 인공호수

chapter **10**

우뚝 솟은 티베트의 자존심 쭝산(宗山), 간체종

- 간체
- 시가체

나가체로 이어지는 도로는 얌드록쵸의 호숫가를 따라 한동안 이어진다. 설산과 어우러진 호수와 칭커밭이 숨바꼭질하듯 보였다 사라지기를 반복하고, 이름 모를 작은 마을도 차창을 스쳐간다. 호숫가를 따라 한동안 달리다 보면 호수 옆의 조그마한 구릉에 만든 쉼터를 만나게 된다. 얌드록쵸와 나이친캉쌍 봉우리가 가장 잘 어울리는 곳으로 알려진 곳이다.

여기서 약 30여 km를 달려 검문소를 하나를 지나면 바로 나가체(Nakartse, 浪卡子縣)다. 나가체는 티베트자치구의 산난지구(山南地區)에 위치하고 있다. 현의 남쪽이 은둔의 왕국 부탄과 미얀마와 국경을 접하고 있는 곳으로 티베트의 최남단쯤 되는 곳이다. 그리 작지 않은 마을로 조용하고 깨끗한 도시다. 여행객들은

나가체 입구의 318번 국도

보통 여기서 끼니를 해결하고 다시 길을 떠난다. 얌드록쵸와 콩무쵸(空母錯)를 끼고 있는 마을은 생각 밖으로 아름다운 풍광을 즐길 수 있어서 시간이 되면 하루 정도 머무는 것도 좋다.

얌드록쵸를 휘돌아 작은 언덕을 넘어서면 바로 오른쪽에 깎아지른 흰 산이 시야를 가린다. 바로 카로라빙하(Kharo la Pass, 卡若拉冰川)다. 티베트 시가체지구 간체현과 나가체 경계지점으로 307번 지방도로 상에 위치하고 있다. 간체현과는 약 70km 정도 떨어진 곳이다. 직전의 검문소에서 검문검색과 티켓을 끊은 후에야 주차장으로 진입할 수 있다. 주차장은 10년 전에 비해 훨씬 커지고 빙하하단부에는 나무데크로 산책로를 만들어 조금 더 가까이에서 빙하를 체험할 수 있게 꾸며 놓았다.

카로라빙하는 오래전에 쌓인 눈이 압축되어 얼음이 된 대륙형 빙하로, 녠추하(年楚河)의 동부에서 발원한다. 나이친캉쌍 봉우리의 남쪽 기슭에 있다. 카로라빙하의 꼬리도 많이 짧아져서 중하단부는 태고적 암반이 노출되어 있다. 여름은 더 더워지고 겨울은 포근해진 기후변화를 카로라빙하도 비껴가지 못했다.

유엔 기후변화 보고서에 따르면 지구온난화로 지난 40년 간 칭짱고원에 있는 빙하의 3분의 2가 사라졌다고 한다. 향후 10년 안에 모든 빙하가 사라질 것이라는 예측이다. 늦가을 햇살에도 속수무책으로 흘러내리는 빙하폭포가 아름답게만 보이지 않는다. 흰 눈을 뒤집어 쓴 산마루는 뭉게구름과 엉클어져 몽환적이지만 머지않은 장래에 사라질 빙하의 운명이 겹쳐져 오히려 슬프게 다가온다.

카로라빙하

타르초가 펄럭이는 길

간체 방향의 냥추계곡

간체와 시가체 사이에 조성된 경작지

옆에는 울긋불긋 치장한 야크가 관광객과 사진을 찍기 위해 기다리고 있고, 허름한 보자기 위에 기념품 몇 개를 진열한 좌판상인들은 여행자들을 호객하기에 여념이 없다. 최근에는 주차장까지 겸비한 전망대를 만들어 놓았다. 여행자들의 편의를 고려했겠으나 이 오지에서 주차비를 따로 받는 경우는 무슨 경우인가. 사진 찍기 좋은 장소라 관광객의 호주머니를 털기에 맞춤하다.

간체로 향한다. 카로라빙하에서 40여 분 달리면 깎아지른 계곡에 진입하게 된다. 바로 중국판 그랜드캐년이라는 냥추계곡(Nyang chu Valley)이다. 병풍 같은 계곡은 에메랄드빛 인공호수(滿拉水庫)와 어우러져 여간 멋진 풍경을 선사하는 것이 아니다. 사실은 간체지방의 물 부족을 해결하기 위해 만들어진 댐의 담수다. "이 호수도 얌드록쵸의 일부냐?"는 질문에 중국 안내인은 단호하게 '저수지'라고 표현한다.

냥추계곡을 넘어 내리막길에 들어서면 이내 넓은 평원이 펼쳐진다. 한 치도 구부러짐이 없는 2차선 아스팔트가 간체까지 이어진다. 그 길 좌우로 수십 km에 이르는 거대한 칭커밭이 조성되어 있다. 이곳 사람들은 칭커를 볶은 참파(Tsampa, 볶은 보릿가루)를 주식으로 먹는다. 가을이라 군데군데 추수가 한창이었다. 예전에는 이 척박한 땅에서 할 수 있는 것이라고는 일부의 유목민들이 돌담으로 바람을 막고 조그맣게 채마밭을 일구는 정도였다.

몇 년 사이 고원은 상전벽해(桑田碧海), 아니 맥전벽해(麥田碧海)되어 보리밭이 바다를 이루었다. 크다 못해 거대하게 조성된 농장은 말끔히 단장한 마을과 트럭과 승용차 들이 어우러져 척박한 오지에서 풍요를 느낀다. 이는 무엇을 뜻하는가? 서부를 향해 달려가는 내내 상전벽해의 풍경들이 파노라마처럼 펼쳐진다.

산맥과 산맥이 만든 계곡 사이로 난 아스팔트도로를 따라 간체로 갈수록 평원은 넓어지고 칭커밭도 커진다. 수십 km에 이르는 칭커밭을 따라 30여 분 달리면 멀리 간체의 아지랑이가 보인다.

토번왕조(吐蕃王朝)가 망하자 티베트는 분열하기 시작했다. 혼란한 틈을 타 14세기 경 당시 간체지역의 군주였던 팍파 펠장포(Phakpa Pelzangpo, 白闊贊普, 1318~1370)가 지방정부를 수립하고 스스로 왕이 되었다. 이후 세력이 커진 샤카

파(薩迦派)와 결속하면서 자신의 영지(領地) 중심으로 세력을 넓혀 남부 티베트에서 중요한 위치를 차지하게 된다.

샤카파가 권력을 장악하고 몽골과 결탁해 다른 종파를 제거하던 동안, 간체는 샤카파와 유대를 공고히 하면서 오랫동안 독립을 유지하게 된다. 냥추계곡에 든든히 자리잡은 간체는 1951년 중국의 침략이 있기 전까지 티베트의 제3의 도시로 600년이 넘는 역사를 자랑했다. 예전에는 에베레스트를 넘어 인도, 네팔을 오가려면 반드시 거쳐야 하는 관문이었고, 근세에는 영국군이 티베트를 침략했던 길이며 달라이 라마가 인도로 망명할 당시 지났던 길이기도 하다.

역사적으로도 중국의 영향이 가장 적은 도시 중 하나라는 이유만으로 가볼 만한 도시였다. 그러나 세월은 잔인하다. 이 도시도 예외 없이 중국의 이주개발정책의 폐해를 벗어날 수 없었던 모양이다. 대규모로 유입된 한족들이 큰 거리와 요지를 차지하고, 중국식으로 도시를 정비했다. 영웅로(英雄路)를 중심으로 시가지는 티베트풍이기는 하나 중국의 냄새가 물씬하다. 티베트 사람들의 인간적인 도시풍경이 점점 사라지고 있다. 슬픈 현실 속에서도 아직까지는 여전히 남부 티베트의 중심지 중 하나다.

간체에 들어서면 가장 먼저 눈길이 가는 것은 도시 한복판에 우뚝 솟은 쭝산(宗山)의 '간체종(Gyantse Dzong, 江孜古堡)'이다. 간체의 가장 높은 언덕에 위치한 이 성은 14세기에 축조된 요새로 티베트에서는 흔치 않은 비종교적 유적지의 하나다. 원래는 얄룽(Yarlungs)왕조의 마지막 왕이었던 '팔코르첸(Palkhortsen)'의 궁이었는데 나중에 이 지방의 군주였던 팍파 펠장포가 요새로 개조하여 간체종이 되었다.

이 요새는 네팔의 쿠르카(Kurka)왕국과 라다크(Ladakh)왕국의 침입을 막기 위해 축조된 것으로 난공불락의 요새였다. 깎아지른 언덕에 왕관처럼 자리한 성은 보기에도 위압적이고 빈틈이 없어 보인다. 해가 뉘엿뉘엿할 때쯤이라 관람시간

도시 한복판에 우뚝 솟은 쫑산의 '간체종'

에 늦지 않으려고 곧바로 성으로 올라간다.

꼬불꼬불 골목길을 곡예를 하듯 지나 간체종으로 향한다. 가파른 오르막길을 숨가쁘게 오르는 사이 멀리 간체의 전경이 황혼에 물들어 간다. 추수가 끝난 누런 들판과 한껏 단풍이 든 백양나무에 뒤덮인 마을은 평화롭기만 하다. 입구에 도착하니 인부 수십 명이 작업 중이다. 간체종은 밖에서 볼 때는 흠잡을 데가 없는 훌륭한 요새지만 안에서 보면 허술하기 짝이 없다. 깨지고 부서지고…. 1904년 영국군과 격전, 그리고 문화혁명기 홍위병에 의해 파괴된 후유증이 그대로 방치되어 있었다. 복원공사 중이라고 하지만 사람 몇이서 하는 복원공사라면 앞으로도 꽤 오랫동안 지금과 같은 초라한 모습을 유지할 수밖에 없다.

주차장에 내려서 가파른 계단을 통해 꼭대기에 오른다. 여기저기 역사의 상흔이 아물지 않은 채 허물을 드러내고 있다. 가쁜 숨을 몰아쉬며 도착한 곳은 영국군과의 항전을 추모하는 기념비 앞이다. 어느새 1904년 그 치열했던 전쟁 속으로 빠져든다.

중앙아시아의 패권을 차지하기 위해 대영 제국과 러시아 제국이 힘겨루기했던 그레이트 게임(The Great Game)이 한창이던 1903년 겨울, 러시아의 남진을 우려한 영국군이 간체를 침공하자 이 지역 군인과 민간인들이 이에 맞서 강력한 저항을 한다. 이로 인해 영국군은 막대한 사상자를 내고 후퇴하였다. 그러나 1904년, 허즈번드(F. E. Younghusband) 대령이 이끄는 영국군이 재차 침공한다. 이번에는 티베트의 일방적인 참패로 끝난다. 영국군의 근대식 무기 앞에서는 속수무책이었다. 티베트 군인과 민간인들은 돌과 흙을 무기로 두 달이 넘게 결사항전을 하다가 결국 절벽으로 모두 뛰어내려 순국했다.

이를 기념하기 위해 간체종을 '영웅성(英雄城)'이라고 부른다고 한다. 기념비에 새겨진 '항영열사도애처(抗英烈士跳崖處)'라는 내용처럼 영국군에 굴복하느니 차라리 목숨을 버리겠다는 각오로 뛰어내렸다는 절벽은 50여 m가 넘어 내려다보기에도 아찔하다. 섬뜩함과 함께 비장함이 느껴진다.

항영열사도애처 기념비

간체종은 현재 중국중요문화재로 지정되어 티베트자치구에서도 애국주의 교육장으로 활용하고 있어 추모의 발길이 끊이질 않는다고 한다. 중국 정부는 티베트민족이 중국을 수호하기 위해 제국주의와 맞서 싸우다가 죽었다고 왜곡하고 그 이름을 '영웅성'이라고 칭했다. 명백한 역사왜곡이다. 그러나 폐허의 황량함 속에서도 나라를 지키기 위해서 누구보다 용감했던 티베트 사람들의 지조와 용맹함이 잊혀질 리 있을까?

정상에서 사방을 돌아보면 동쪽으로는 간체고읍이, 북쪽으로는 펠코르초드(Pelkor Chode, 白居寺)가, 남쪽으로는 넨추하 충적평야가 펼쳐져 있다. 그사이를 가로지른 넨추하가 눈에 든다. 얕지만 유유히 흐르는 물줄기에 걸친 소박한 다리 때문인지 멀리 있는 간체종이 한층 웅장하다.

넨추하평야와 간체 시내 모습. 맨 뒤가 펠코르초드

간체의 또 다른 상징은 단연코 펠코르초드다. 간체성 서북쪽 뒤 코앞에 위치해 있다. 사원을 중심으로 삼면을 산으로 둘러싸고 있는데, 티베트 최고의 불탑과 건축물이 절묘하게 조화를 이룬 불교사원이다.

쫑산에서 빠져나와 펠코르초드로 길을 잡는다. 산에서 내려오기만 하면 사원은 그리 멀지 않다. 간체종을 오른쪽으로 끼고 약 10분 정도 걸으면 된다. 시내에서 사원으로 이어진 길을 걸으면 다양한 모습으로 고성이 따라온다. 밑에서 올려다보니 영웅성이라 할 만한 기개가 느껴진다.

간체 시가지에서 사원으로 이어진 길가는 모두 상점들이 점령했다. 가게마다 비슷비슷한 물건들이 잔뜩 전시되어 있다. 열이면 열 모두 이주한 한족이 주인이라고 보면 된다. 2017년도에 이 중앙로가 대대적으로 정비되었다. 펠코르초드 정문 앞까지 아스팔트 2차선 도로가 깨끗하다. 그 많은 좌판과 행상은 찾아 볼 수 없게 되었다.

중국 정부는 도시를 정비하면서 우선적으로 티베트인들에게 무상 또는 저렴하게 상가를 분양해 주었다고 한다. 소수민족 동화정책의 하나로 기득권 보호와 생계지원 차원이었다. 그런데 지금은 한인이 장악했다. 생각해 보면 낯뜨거운 배려가 아닐 수 없다. 멀쩡한 남의 나라를 힘으로 지배하는 것도 그렇고 그동안 있었던 수많은 사변을 통해 티베트인들을 학살하고 억압했던 이들이 집도 지어주고 먹을 것도 챙겨주는 것이 과연 선한 일이던가? 말쑥하게 단장한 간체보다 칙칙하고 먼지 폴폴 나던 예전 모습이 그리운 것은 어쩔 수 없는 나그네의 감상이다.

왁자지껄 생기가 넘치던 길거리에서 좌판이 사라지고, 환하게 웃던 아름다운 미소도 순식간에 사라졌다. 그 많고 화려했던 티베트식 잡화와 농기구, 온갖 장신구 등을 만지작거리며 구경하던 쏠쏠한 재미가 사라진 것은 아쉬움이다. 더구나 일단 비싸게 부르고 깎아주는 상인들을 상대로 바가지를 안 쓰려고 독하게 흥정하던 일이 추억이 돼버릴 줄은 미처 몰랐었다.

펠코르초드는 정문 앞에 '팔초'(Palcho)라는 입간판이 있어 찾기 쉽다. 정문 입구부터 좌우로 길게 늘어선 마니차(摩尼車: 불교 경전을 넣은 통)는 대법당 앞까지 연결되어 있다. 마니차를 한 바퀴 돌릴 때마다 죄업이 하나씩 사라진다고 믿는 순례자와 여행자들로 입구는 늘 붐빈다.

정문에 들어서자 가장 먼저 시선을 끄는 것은 사원의 사방에 둘러쳐진 성벽과 스카이라인이다. 그 옛날 이웃한 부탄과 네팔의 잦은 침략을 방비하기 위해서 축성되었다는데 사원이 아니라 마치 철옹성 같다. 문화혁명 때는 인민해방군이 공중폭격으로 사원을 파괴했다고 하니 유명한 만큼 고초도 많았다.

산언덕 중앙에 지킴이처럼 위치한 샬루파승원(펠코르초드 뒤쪽 산중턱의 건물)과 오른쪽 언덕에 있는 대형 탕카(Thang ka)*를 거는 벽인 고쿠 트람사(Goku

* 주로 면직물 위에 그린 티베트 불교화. 괘불화라고도 한다.

간체종과 간체 전경

펠코르초드 앞 중앙로

Tramsa)• 가 건재하다.

정문을 중심으로 정면에 붉은색의 대법당(安全寺, Tsuklhakhang)이 있다. 1층에는 대법당과 본전이 위치하고 있으며 석가모니 삼세불(三世佛)이 안치되어 있다. 2층에는 큰 벽화와 입체 만다라가 있고, 대법당의 왼쪽에는 백색의 거대한 불탑(스투파)이 있다. 이것이 유명한 간체의 대탑으로서 펠코르초드 또는 간체쿰붐으로 불린다.

펠코르초드는 건축 양식이 독특하고 회화의 예술성이 뛰어나 예술가와 여행객들의 사랑을 한몸에 받고 있는 탑이다. 펠코르초드사원은 9세기 팔코르첸의 집권 시기에 지어졌다. 창건 당시에는 샤카파(薩迦派, Sakya pa)에 속하였으나 15세기 들어 다양한 종파의 사원이 펠코르에 모여들어 상당한 규모로 성장했다. 크고 작은 불상을 10만 개나 모셔 놓았기 때문에 '십만 불탑'이라고도 한다. 탑이 바로 사찰이며 티베트의 탑 중 최고로 알려져 있다.

• 음력 4월에 석가모니불의 대형 불화(佛畵)를 거는 곳.

펠코르초드 전경

펠코르초드 입구, 경전통(摩尼車) 통로

꼭대기에는 금색의 상륜(相輪)* 이 있고 그 아래에 거대한 부처의 눈이 그려져 있다. 펠코르초드는 높이 34m에 이르는데, 내부의 불상과 벽화를 보면서 오를 수 있다. 탑은 기단을 포함해 총 9층인데 4층까지는 4면 8각형이며, 5층부터 탑 꼭대기까지는 원형으로 이루어져 있다. 층층이 모두 108개의 전당이 있는데, 전당 내의 벽화와 불상이 모두 중국, 네팔, 인도의 다국적인 종교의 특색이 융합되어 독특한 모습을 자랑한다.

간체는 가장 티베트스럽지만 역사적으로는 가장 비운의 도시였는지도 모른다. 네팔이 수백 년 동안 침입을 해도 거뜬히 막아주었던 간체종이 영국의 근

* 불탑 꼭대기에 있는 쇠붙이로 된 원기둥 모양의 장식.

대식 무기 앞에 무릎 꿇으면서 '라싸조약'•이 체결되고, 이후 근 반세기에 이르는 동안 영국제국주의 밑에 있게 된다. 이때 미래를 준비하지 못한 티베트는 1950년 중국의 침략을 당하고 오늘에 이르게 된 것이다. 역사적으로 가장 중국의 영향을 덜 받았다는 간체의 자부심도 이젠 간체종의 '중국중요문화재' 지정으로 명성에 흠이 났다. 오직 홍위병의 서슬에서 빗겨 난 펠코르초드의 아름다움만이 고대 간체를 상징하고 있다.

사원 입구에서 시작하는 티베트 전통마을을 구경하는 것도 흥미 있다. 이곳 역시 개발붐으로 상당 부분 훼손됐지만 도심에 남아 있는 전통구역 가운데 비교적 원형을 보존하고 있다. 흙벽돌로 된 2~3층의 집들은 대체로 벽에 흰색 회칠을 해놓았고 대로는 납작한 돌로 조성되어 있다. 길거리에는 주인 없는 개들이 한가로이 휴식을 취하고 바닥에는 삼삼오오 주사위 놀이를 하는 사람들, 빨래하

펠코르초드와 어울린 고쿠 트람사(괘불대, 왼쪽 위)와 샤루파승원(가운데)

• 1904년에 영국과 티베트 사이에 맺은 조약. 티베트가 친러시아 정책을 취하자, 러시아 세력의 티베트 침략을 염려한 영국이 티베트의 통상 문호 개방과 영국의 보호국이 되는 것을 인정하는 것이 주 내용.

간체 티베트족 거주지

티베트 집단거주지 골목

는 아낙들도 볼 수 있다.

1층은 전통방식으로 외양간이나 마구간으로 사용하는 집도 있지만, 골목과 집 사이를 대충 막아 외양간으로 사용하는 집도 보인다. 가끔은 담과 벽에 '쭤(야크나 소똥을 칭커짚과 이긴 덩어리)'를 붙여 놓은 풍경도 볼 수 있다. 요즘은 시골이 아니면 보기 힘든 풍경이다.

티베트고원에는 소나 염소, 양 등 다양한 가축이 있지만, 야크가 전체 가축의 40%를 차지할 정도다. 나무가 잘 자라지 않는 고원 지역 티베트에서 돈을 들이지 않고 쉽게 구할 수 있는 야크 배설물은 땔감으로 주로 사용한다. 가축을 끌고 장소를 옮겨가며 살던 유목민 시절에 야크 배설물은 더없이 편리하고 구하기 쉬운 연료였을 것이다.

쭤는 만드는 형태도 다양해서 야크똥이라는 불편한 느낌만 아니면 나름 재미있는 풍습이다. 볕이 잘 드는 벽이나 담에 붙여 놓았다가 마르면 불쏘시개로 사용한다. 아직도 티베트 사람들에게는 중요한 연료다.

흙과 돌을 섞어 지은 티베트의 전통가옥 집집마다 대문에는 복을 기원하는 문

간체계곡 경작지

간체의 추수 풍경

양과 바람에 휘날리는 오색 룽다가 신의 굽어 살핌을 갈구하고 있다. 척박한 땅을 일구고 사는 티베트 사람들의 고단한 삶이 엿보인다.

고원의 태양은 쉬이 산을 넘는다. 서둘러 시가체로 길을 잡는다. 사원에서 나와 마을 남단 끝 삼거리에서 우측으로 방향을 잡는다. 좌측은 야퉁(Yatong, 亞東) 가는 길이다. 1904년 7월에 영국의 허즈번드 대령이 3천여 명의 군인을 이끌고 간체종을 재침공했던 슬픈 길이다.

간체에서 시가체까지 90km는 티베트의 곡창지대다. 도로 양옆으로 뻗은 평야는 끝이 어딘지 모를 정도로 길고 넓다. 십수년 전만 해도 이렇게 광활한지 몰랐다. 도로가 넓혀지고 마을이 정비되고, 예전 같지 않게 말쑥하게 다시 만난 황토고원의 평야는 아주 번듯하다.

넓은 들판에는 청보리가 잘 익어 깊이 고개를 숙이고 있고 한편으로는 추수가 한창이다. 이따금 보이는 주택 담장이나 들판에는 야크똥이 풍요롭고 따뜻한 겨울 채비를 하고 있다. 다시 보는 이 고원이 왜 이리 풍요하고 평온한가? 시나브로 티베트인들의 정신과 생활에 녹아든 동화정책의 집요함이 느껴진다. 멀어질수록 쌍둥이처럼 보이는 간체종. 서산으로 기우는 오후 햇살을 고즈넉하게 받고 있다.

시가체 가는 길은 모두 포장되어 먼지 걱정 할 필요가 없다. 오히려 고원의 따가운 햇살 때문에 이맛살이 찌푸려진다. 그 신경질이 빠이랑현(白朗縣)을 지날 때 사라졌다. 몇 채 안 되는 그야말로 깡촌이었던 곳이 어마어마한 규모의 하우스단지로 변했기 때문이었다. 비닐하우스로 대충 지은 것이 아니다. 최신식 유리하우스로 조성된 단지는 우리 차량이 몇 분을 달린 후에야 끝을 보았다. 족히 몇 km 되는 규모다.

2010년 당시 국가주석이었던 후진타오(胡錦濤)는 이런 말을 했었다.

> "티베트에는 아직 달라이 라마로 대표되는 분리주의 세력과 각 민족 주민들 간의 모순이 존재하고 있다. 그러나 티베트에 대한 경계를 뛰어넘는 지원을 통해 안정을 꾀해야 한다."

겉으로는 티베트 등 서부 지역이 분쟁지구지만 방치해서는 안 된다는 메시지다. 즉 모든 티베트 인민이 안정되고 풍요로운 생활을 누리는 샤오캉(小康)* 정도의 사회를 건설함으로써 스스로 중국에 동화시켜야 한다는 뜻일 것이다. 서부대개발이 소수민족에 대한 '당근' 정책으로도 활용되고 있었다.

* 의식주가 해결되는 중산층의 생활.

chapter 11

판첸 라마의 땅, 타쉬룬포사원

- 시가체
- 타쉬룬포사원

하늘색 빼고는 모든 것이 누렇게 물든 티베트고원을 지나다가 갑자기 나타나는 도시 시가체(日喀則). 라싸에서 280여 km 떨어진 시가체는 얄룽장뿌강과 지류의 합수지점으로 '토지가 풍부한 정원'이라는 뜻을 지니고 있다. 주변에는 넓디넓은 보리밭과 여유롭게 방목하는 양과 야크떼를 많이 볼 수 있다.

시가체는 티베트 서남부 농축산물의 집산지로도 유명하다. 시가체의 중앙로인 상하이로드(上海路, Shanghai Road)•를 조금만 벗어나면 티베트 사람들의 활기

• 티베트의 중요한 도시의 도로명은 중국 정부에 의해 해당 지역을 지원하는 도시의 이름을 사용하고 있다.

타쉬룬포에서 본 시가체

찬 전통재래시장을 볼 수 있다. 티베트 제2의 도시라고 하지만 우리 군 단위 규모로 생각하면 이해가 쉬울 것 같다. 더구나 라싸와 달리 화려함보다는 시골의 풋풋함과 티베트의 예스러움이 더 많이 남아 있는 따뜻한 도시라는 느낌이다.

시가체는 티베트에서 라싸 다음으로 큰 도시로 과거 창지방의 수도였다. 오랫동안 교역과 행정의 중심지로서 600년 가까운 역사를 지닌 유서 깊은 도시다. 티베트의 여느 도시처럼 시가체도 사원을 중심으로 형성되었다. 라싸하면 조캉사원이 있듯이 시가체에는 타쉬룬포사원이 있다.

송첸감포왕 이후 왕조가 아닌 불교 종단에 의해 지배를 받은 티베트는 일종의 종교적 공동체였다. 각 지역은 라마(喇, Lama)라 불리는 법왕들이 분할하여 다스렸다. 달라이 라마(Dalai Lama)는 라싸 지역을, 판첸 라마(Panchen Lama)는 시가체 지역을 다스리는 법왕이다.

17세기 티베트 전역을 통일한 겔룩파의 수장이자 강력한 전제 군주였던 달라이 라마 5세가 라싸에서 멀리 떨어져 있는 지역을 효율적으로 통치하기 위해서 만든 제도다. 특히 교파의 영향력이 강했던 창지방에 자신의 스승인 '롭상 최키

갈첸(Lobsang Choekyi Galtsen)'을 제4대 판첸 라마로 임명하면서 판첸 라마를 정치적 동반자로 선택했던 것으로 보인다. 그렇게 판첸 라마의 계보가 시작되었다. 티베트에서는 달라이 라마* 다음으로 영적인 권위를 지닌 종교 지도자다. 달라이 라마의 환생을 찾거나, 환생한 달라이 라마의 교육을 담당하는 것은 판첸 라마의 역할이다. 반대로 판첸 라마가 입적하게 되면, 달라이 라마가 판첸 라마의 환생을 찾아 후임을 임명한다.

이런저런 이유로 시가체에 오면 반드시 타쉬룬포는 보아야 한다. 중부 티베트의 랜드마크요 역사교과서다. 티베트와 중국 역사의 상관관계를 이해하려면 타쉬룬포를 주목할 수밖에 없다. 타쉬룬포사원(扎什倫布寺)은 겔룩파의 창시자로 알려진 총카파의 제자인 제1대 달라이 라마 '겐덴 드룹(Genden Drup)'이 1447년에 세운 사원으로 오늘날까지 판첸 라마의 거주 사원으로 명맥을 이어오고 있다.

대뿡사원과 더불어 티베트 최대 사원 중 한 곳으로 꼽히는 타쉬룬포는 중국의 문화혁명 기간에 벌어진 대대적인 사원 파괴에서 살아남은 몇 개의 사원 중 한 곳이기도 하다. 과거에는 라싸의 대뿡사원을 최대 사원으로 꼽았으나, 문화혁명기의 광풍을 겪으면서 온전하게 남은 건물로는 이제 타쉬룬포가 실질적인 티베트의 최대 사원이나 다름없다. 전성기에는 타쉬룬포에 무려 약 5,000명의 승려들이 기거했다고 하는데, 현재는 약 800여 명의 승려들이 있다고 알려진다.

타쉬룬포사원이 유명한 이유 중의 하나는 역대 판첸 라마들의 미라 형태 육신이 바로 이곳 영탑전(靈塔殿)에 모셔져 있기 때문이다. 제1대 달라이 라마의 유해와 역대 판첸 라마의 영탑을 모시고 있으며, 불교철학을 가르치는 승가대학이 따로 들어서 있다.

* '달라이'는 바다라는 뜻의 몽골어, '라마'는 스승을 뜻하는 티베트어.

드디어 시가체 서쪽 거대한 바위산 니써르산(尼色日山)에 자리잡고 있는 타쉬룬포를 찾았다. 다운타운 서쪽 끝에 면해 있어 쉽게 찾을 수 있다. 입구에 다다르자 예의 악다구니하는 티베트 어린아이와 장사꾼들이 쏜살같이 모여 들어 정신을 쏙 빼놓는다. 사원 입구는 규모에 맞지 않게 겨우 차 한 대가 통과할 수 있을 정도이고, 그 옆에 매표소가 있다. 라마승들이 직접 입장료를 받는데 입장료가 만만치 않다. 1인당 중국 돈 85위안, 한국 돈으로 약 15,000원에 이른다. 양국의 물가 차이를 감안하면 비싼 편이지만 어쩔 수 없다. 타쉬룬포는 시가체의 중심 사원이기도 하고 11대 판첸 라마가 거주하는 곳이라 그냥 지나치기 어렵다.

멀리서 보아도 금빛으로 반짝이는 전각들의 황금지붕이 유난히 눈에 띈다. 사

타쉬룬포사원 전경

미륵불을 모신 잠캉첸모 대법당

원 입구를 들어서면 광장이 나오고 광장 너머로 우뚝 솟은 건물들이 병풍처럼 늘어서 있다. 마치 작은 도시에 들어선 느낌이다. 가장 눈에 띄는 것은 왼쪽 끝에 있는 붉은색 건물로 세계에서 가장 큰 청동미륵불이 안치되어 있는 잠캉첸모(强巴佛殿, Jamkhang Chenmo)• 법당이다. 오른쪽 방향으로 나란히 서 있는 황금지붕은 좌측부터 차례대로 10대(시숨남겔, Sisum Namgyel), 4대(쿤둔라캉, kundum Lhakhang), 5대와 9대의 판첸 라마 영탑(灵塔)인 타시남겔(Tashi Namgyel) 순으로 모셨다.

• 26m 크기의 미륵불을 모신 법당.

10대 판첸 라마 영탑

10대 판첸 라마 영정

앞쪽은 주로 승려들의 주거 공간이고, 뒤쪽 황금색 지붕들이 판첸 라마의 묘역과 예불수행 공간이다. 무작정 아무 길이나 골목으로 들어갔다간 길을 잃기 십상이다. 하얀색 회칠을 한 티베트 전통가옥이 다닥다닥 미로형으로 조성되어 있어 처음 접하는 이들에게는 분간하기 쉽지 않다.

입구에서 이정표를 따라 광장 왼쪽으로 올라가서 오른쪽으로 크게 도는 것이 관람 코스다. 마니차와 쵸르텐을 지나 왼쪽 끝까지 오르면 가장 먼저 눈에 띄는 것이 10대 판첸 라마 초에키 게르첸(確吉堅贊 Qoigyi Gyaicain, 1938~1989)을 모신 '시숨남겔(十世班禪靈塔殿)' 영탑이다.

10대 판첸 라마는 특별한 지도자였기에 관심이 더하다. 중국인 출신이면서도 1959년 라싸봉기 직후, 티베트 사람들의 종교적 자유와 인권을 보장하라는 7만 자에 달하는 탄원서를 마오쩌둥에게 보내고, '달라이 라마가 티베트의 영적, 세속적인 지도자'라는 대중연설을 함으로써 중국 정부에 정면으로 맞섰던 인물이다. 그로 인해 10대 판첸 라마는 오랫동안 감옥에 갇히는 신세가 되었다가

1978년에야 풀려날 수 있었다. 이후에도 정치적 연금 상태에서 통제를 받다가 1989년 돌연 심장마비로 죽고 만다. 티베트 사람들은 그의 죽음을 중국 측에 의한 독살이라고 의심하고 있다. 그래서인지 1993년 중국 정부의 대대적인 지원으로 높이 33.17m, 총면적 1,933m²에 이르는 금장 영탑을 지어 10대 판첸 라마의 법체를 모시게 된다. 그것이 '시숨남겔'이라는 영탑이다.

어두운 전각에 들어서자 시주를 챙기는 라마승 두 명이 눈에 거슬렸으나 이내 10대 판첸 라마의 등신불이 눈에 든다. 10대 판첸 라마는 화려한 금장으로 장식된 미라로 모셔져 있다. 마치 살아 있는 듯 부리부리한 눈과 표정이 인상적이다. 생전에 중국 정부에 야합하지 않고 티베트적으로 살았던 지조가 그대로 드러나는 듯하다.

잠캉첸모와 판첸 라마의 궁전을 지나 타쉬룬포에서 가장 큰 켈상라캉(Kelsang Lhakhang, 대법당)이 이어진다. 두 곳의 승가대학은 켈상라캉에서 정문으로 내려오는 길에 만날 수 있으며, 대법당 위쪽 산자락에서는 40m 높이의 탕카벽을 볼 수 있다. 타쉬룬포의 중심인 켈상라캉은 사원의 가장 오래된 초기 건축물이다.

대법당(왼쪽), 5대, 9대 판첸 라마 영탑전(타시남겔)과 광장(가운데)

안에는 판첸 라마가 사용하던 옥좌가 있고, 역대 판첸 라마를 그린 탕카도 전시되어 있다. 대부분의 중요한 법회나 행사는 바로 이곳에서 열린다.

티베트 사원들은 우리가 알고 있는 이미지와는 다른 측면이 있다. 신정체제(神政體制)의 정점이었던 사원은 수많은 민중을 노예처럼 부린 권력의 상징이었다. 그것이 1950년대까지 이어진 승려들의 추한 이면이다. 중생을 구제하기보다 더 탄압하고 고혈을 쥐어짰던 주체가 바로 승려라는 사실은 쇼크다. 욕망을 버려야 영원히 산다고 믿는 것이 티베트 불교의 원리라고 설법했지만 황금으로 뒤덮은 거대한 불상과 영탑은 무엇을 의미하는가? 그것들에 얽힌 시시비비를 알게 되면서 마음이 조금 불편해졌다.

화려한 황금부처는 지배층 승려의 염원이 아니라, 가난한 중생의 갈망과 헌신에 더 응답해야 하는 것은 아닌가? 그 중생들의 피와 땀으로 이루어진 판첸 라마의 집 타쉬룬포는 화려하기 그지없다.

타쉬룬포사원에 대한 평판은 복합적이면서 부정적인 요소가 많은 것도 사실이다. 근대 티베트 사원 중 가장 잘 운영되고 있는 최대의 사원이며 유물도 비교적 잘 보전되고 있다. 반면, 승려들이 불친절하고 몇몇의 승려들은 중국 정부와 내통하고 있다는 의심을 받기도 한다. 물론 확인이 필요한 이야기다.

오랫동안 중국의 간섭을 받던 티베트는 결국 중국에 의해 판첸 라마가 창지방과 서부 티베트의 지도자로 임명되면서 달라이 라마와 갈등 구조를 만들었다. 중국이 종교적 갈등구조에 착안해 만든 이이제이(以夷制夷) 수법으로 소수민족에게 지속적으로 시도해 온 정책의 일환이다. 궁극적으로는 달라이 라마와 판첸 라마를 분열시키려는 의도다. 그 의도가 적중하여 1929년 13대 달라이 라마와 9대 판첸 라마 사이에 타쉬룬포사원의 자치권을 놓고 심각한 분쟁이 벌어지자 판첸 라마가 중국으로 도망갔다. 그 후 9대 판첸 라마는 끝내 티베트로 돌아오지 않았고 1937년 중국에서 사망했다. 여기서부터 사단이 일어난다.

칭짱철도: 라싸~시가체 구간 개통

칭짱열차 시가체역

중국 칭하이와 티베트 라싸를 운행하는 칭짱철도를 시가체까지 연장한 노선이 2018년 3월 15일 정식 개통됐다. 전장 253km에 달하는 시가체 철로는 2010년 착공, 132억 8,000만 위안(약 2조 2,050억원)을 투입해 해발 3,600~4,000m 고원에 기차역 13곳을 건설했다. 도로를 이용하면 4시간 걸리던 라싸와 시가체 구간은 철도 개통으로 2시간을 단축하게 되었다. 시가체를 가는 발길이 한결 쉬워졌다.

현재 티베트에서는 제14대 달라이 라마의 망명으로 판첸 라마가 최고지도자 노릇을 하고 있다. 원래는 1995년 현 달라이 라마가 망명지인 인도 다람살라에서 11대 판첸 라마 환생자로 지명했던 게둔 초에키 니마(Gedhun Choekyi Nyima, 1989~)가 실질적인 지도자여야 했다. 그러나 지명 직후 사흘 만에 종적을 감추면서 중국 정부에 의한 납치 또는 암살설 등이 꾸준히 제기되었다. 당시 6세였던 판첸 라마는 세계에서 가장 어린 정치범으로서 수형생활을 하는 것으로 의심했다.

결국 2015년 중국 정부가, "니마는 살아있다", "그는 현재 (티베트에서) 교육을 받으며 평범한 삶을 살고 있다. 몸도 건강한 상태다", 그러나 "(달라이 라마 등) 그 누구로부터도 간섭받기를 원치 않는다."고 밝히면서 생존을 공식 확인했다.

살아 있기는 하지만 연금 중인 판첸 라마를 대신해 1996년 중국 정부는 부모가 공산당원인 기알첸 노르부(堅贊諾布, 1990년~)를 11대 판첸 라마로 지명했다. 그 이유야 짐작하기 쉽다. 중국이 옹립한 이후 10여 년 동안 베이징에서 중국 정부의 강도 높은 교육을 받은 것으로 알려진 11대 판첸 라마가 섭정을 하고 있다. 그래서 타쉬룬포는 중국 정부에 협조하는 어용 판첸 라마가 이끄는 사원이라 의심을 받고 있다.

대다수 티베트인들은 중국이 임명한 11대 판첸 라마를 인정하지 않는다고 한다. 여전히 티베트인의 마음속에는 '달라이 라마'만을 유일한 지도자로 추앙하고 있다. 향후 현 제14대 달라이 라마인 텐진 갸초(Tenzin Gyatso, 1935~)가 입적하게 되면, 달라이 라마의 환생을 찾거나, 교육을 담당하는 판첸 라마의 전통적인 역할이 중국 정부 주도로 이행될 것이라는 예측이다. 중국의 꼭두각시인 제11대 판첸 라마로 하여금 차기 제15대 달라이 라마 환생자를 지명할 가능성이다. 그리되면 판첸 라마에 이어 달라이 라마도 중국 공산당의 꼭두각시로 키워질 수 있다는 우려가 깊다. 2019년 4월 11일, 중국 외교부는 대변인 성명을 통해, "티베트 종교 지도자 달라이 라마의 환생은 중국법에 따라야 한다."는 입장을 거듭 밝혔다. 과거 달라이 라마를 중국 황제가 지명했던 전통이 있으므로 차기 달라이 라마는 중국 정부가 지명하겠다는 뜻이다. 중국 정부의 의중을 간파한 달라이 라마는 "후계자는 교황 선출 방식처럼 민주적인 방식으로 결정해야 한다."고 공언했다. 달라이 라마가 후계자 선택에 민주주의를 강조하는 데에는 중국 정부를 견제하겠다는 의도가 강하게 깔려 있다.

그러나 시계추는 기울고 있다. 머지않은 장래에 티베트의 정신적 지주였던 달라이 라마마저 중국의 꼭두각시로 채워진다면 지구상에서 다시는 티베트라는 나라를 볼 수 없을지도 모른다.

라싸에서 시가체까지 연장한 칭짱철도가 2018년 3월 15일 정식 개통되었다. 시가체까지 철도가 연장된 것은 여러 의미가 있다. 티베트 내륙 깊숙이 철도가 들어오면 티베트의 변화는 한층 가속화될 것이고, 나아가 이 철도를 네팔이나 인도로 연장하여 일대일로를 구현하려는 계획이다.

실제로 네팔과 인도는 철도를 통하여 중국과 연결되어 경제교류가 활발해지기를 원하고 있다. 중국과 인도가 한 경제권으로 묶이는 것은 엄청난 일이다. 양국이 합쳐서 26억이 넘는 경제권이 만들어지는 것이다. 전 세계 인구의 40%에 이르는 거대한 규모다.

인도는 최근 들어 중국과의 불편한 관계를 청산하려는 시도를 지속적으로 하고 있었다. 인도와 중국이 가까워지면 다람살라(Dharamsala)에 티베트 망명정부를 수용한 인도의 입장이 달라질 수 있고, 달라이 라마의 티베트 망명정부가 고립될 수도 있다.

그러나 2018년 10월 인도와 오랫동안 경제협력관계를 유지했던 네팔이 중국과 전격적으로 경제협력을 맺음으로서 중국과 인도의 관계는 신냉전 분위기로 급변했다. 네팔과 인도의 불편했던 역사적, 정치적 관계를 고려하더라도 오랫동안 경체공동체를 유지했던 양국의 입장에서는 그야말로 전격적인 이별이었다. 인도와 중국은 그만큼 소원해질 수밖에 없고 티베트 망명정부가 있는 인도의 라다크도 안정을 찾게 되었다.

에베레스트로 가는 길을 재촉하기 위해 서둘러 사원을 빠져 나오는 길. 그늘진 벽에 기대 앉은 노승이 지나가는 관광객과 사진을 찍고 용돈을 챙기고 있다. 또 다른 노승 2명은 사탕 항아리를 한 병씩 들고 가다가 환한 포즈를 취하기도 한다. 한때 5천 명이 넘는 승려가 수행했던 유서 깊은 사원에 정작 수행자는 어

타쉬룬포사원 앞에 있는 노점상

디 갔는지 보이지 않는다. 뜨거운 고원의 햇살에도 아랑곳하지 않고 그 넓은 사원을 돌고 도는 순례자들의 초자연적인 의지만이 타쉬룬포의 명맥을 이어가는 듯했다. 티베트의 2대 사찰이고 정신적 지주라는 명성 때문에 숙연한 마음으로 사원을 순례했지만 개운치가 않다. 타쉬룬포의 찬란한 겉치레에서 고색창연(古色蒼然)을 느낄 수 없었기 때문이었을까?

사원을 나서자 좌측으로 노점상들이 길게 늘어서 있다. 거의 프리마켓과 같다고 보면 된다. 번듯한 상가보다는 낡은 천막으로 장사진을 이룬 거리가 훨씬 매력적이다. 잠시 여정을 멈춘다. 바람 불면 쓰러질 것 같은 나일론 천막에 진열된 다양한 토산품들이 새 주인을 기다리고 있다. 그중 꽤 많은 액세서리가 네팔, 인도에서 수입된 물품이라는 점을 고려해도 눈에 차고 마음에 쏙 드는 물건이 참 많다. 협상의 능력에 따라 말도 안 되는 가격으로 기념품을 구입할 수 있으니 그다지 손해 볼 일은 없다.

마른 먼지에 휩싸인 시장은 과거도 현재도 미래도 아닌 묘한 분위기를 자아낸다. 이런 광경을 처음 보는 이방인들에게는 풍경 하나 하나가 신비하고 경이롭다. 시장은 어느 순간 불똥이 튀듯 시끄러워지기 시작한다. 사원을 찾는 순례자와 상인과 여행자들의 흥정이 더해져 점점 달아오르고 있다.

타쉬룬포사원 앞의 유명하다는 전통 수여우차(酥油茶)전문점 따지에(搭杰茶館, Dajie Tea House)를 그냥 지나칠 수는 없다. 창가에 앉아 구수한 버터차로 고원의 햇살을 음미하며 잠시 여독을 풀고 있을 때였다. 태어나서 한 번도 목욕을 하지 않았을 것 같은 한 무리가 눈에 들었다. 손에 들린 마니차가 쉴 새 없이 도는 것으로 보아 순례를 도는 일가족이다.

전통의상은 때에 절어 햇빛이 반사될 정도고 누런 콧물이 딱지가 된 채 엄마 등에 업혀 졸고 있는 아이는 심하게 흔들린다. 생활도구들을 담았을 커다란 마대자루를 지고 뒤를 따르는 이는 아빠로 보였는데 공교롭게도 수여우차를 마시던 내 눈과 마주쳤다. 아주 짧은 시간이었지만 그 순간에 검게 그을린 얼굴 사이로 하얀 미소를 보내주었다. 그들의 신성이 마치 염화미소(拈華微笑)처럼 전해진다.

삶에 지친 이들이 분명 맞지만 그 어느 곳에서도 힘들다 말하지 않고 누구를 탓하지도 않겠다는 신념 같은 미소였다. 그 염원을 좇아 멀어지는 뒷모습에 오랫동안 눈이 머물 수밖에 없었다. 문득 시가체를 떠나기가 싫어진다. 이렇게 인간적이고 평화스러운 순간을 어디에서 경험할 수 있겠는가?

chapter **12**

‘초모랑마’ 너는 너무나 투명해 눈부시구나!

라체

초모랑마

시가체에서 에베레스트 베이스캠프까지는 300km쯤 떨어져 있다. 150여 km 지점의 라체로 향한다. 시가체를 벗어나면 고원지대의 전형적인 풍경인 황토 벌판과 초원이 술래잡기하듯 번갈아가며 눈에 든다. 인공으로 조림된 키 작은 수풀지대가 광활해 크기를 측정하기 쉽지 않다. 사막화 방지를 위한 중국 정부의 집요함이 읽혀진다. 조림지대를 벗어나자 다시 고원의 황량한 풍경이 펼쳐지고 그 사이사이 계획농작을 하는 칭커밭이 초원을 이룬다.

가끔 보이는 마을은 전에 없이 달라졌다. 부락들마다 신축공사가 한창이고, 류샹촌(柳鄕村: 日喀則市 拉孜縣)을 지날 때는 이미 신축된 티베트 전통양식의 아파트나 빌라 형태의 대단위 주택들이 우뚝 서 있다. 마을을 벗어나면 돌개바람이 세찬 황토고원이 다시 펼쳐진다.

시가체에서 두 시간쯤 달려 318번 국도변에 위치한 시골마을 장꿍촌(强公村)에 도착한다. 봉긋하게 솟은 언덕마루에 타르쵸와 붉은색 사원이 인상적이다. 장꿍촌은 '상하이인민광장에서 5,000km 떨어진 곳'이라는 표지석(西藏拉孜⇔上海人民廣場)이 있는 마을로 여행자들이 잠시 쉬면서 기념사진을 찍는 곳이다.

라체의 초입에 위치한 이 마을도 관광지로 조성하려는 듯 온통 공사 중이다. 도로공사와 마을 확장공사로 부산하다. 상하이에서 5,000km 떨어진 이 멀고 험한 오지 마을도 현대화라는 미명에서 빗겨 갈 수 없었나 보다.

이곳에서 50여 km를 더 가면 라체현(拉孜, Lhatse, 4,300m) 다운타운에 닿는다. 미지의 길은 언제나 마음을 급하게 한다. 서둘러 길을 나선다. 티베트는 길부터 변하고 있다. 10년 전 소달구지가 덜컹거리고 흙먼지를 일으켰던 길은 온데간데 없고, 2차선 아스팔트도로가 시원하게 뚫려 있다. 여행자에게 번듯한 길은 반갑다. 하지만 흔들리는 몸으로 신세계를 찾아 헤매는 호기심이 무뎌지는 것은 아쉬운 일이다.

요칭꽁루

장꿍촌 318번 국도 표지석

318번 도로에서 본 히말라야산맥 파노라마

요칭꽁루(友情公路 또는 中尼公路), 즉 318번 국도에 위치한 크지 않은 시골마을 라체 취샤진(曲下鎭)을 지난다. 도로변에 늘어선 꽤 많은 호텔과 레스토랑을 지나 서쪽으로 약 5km쯤 가면 라체분기점이 나온다. 챠우썅(查務鄉)마을이다. 이곳에서 오른쪽 219번 국도인 신짱꽁루를 따라가면 서부 티베트의 신산(神山)

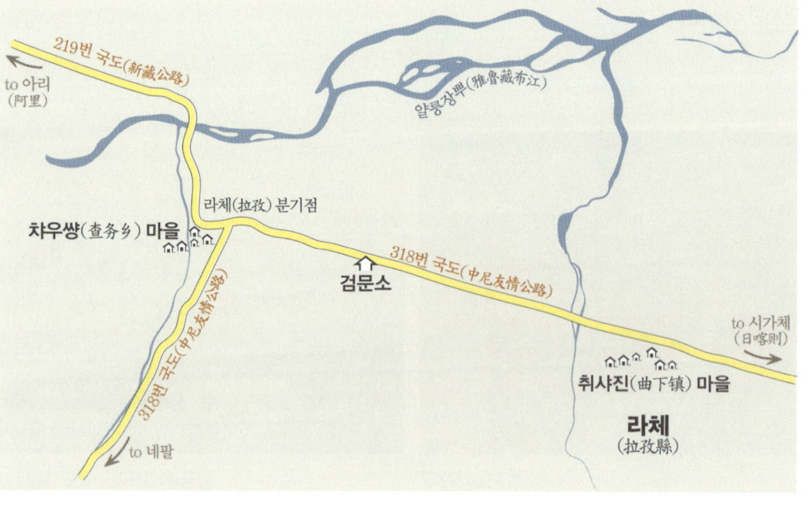

카일라스나 구게왕국 등 아리루트 방향으로 갈 수 있고 왼쪽 길인 318번 국도는 초모랑마, 네팔 방향으로 간다.

챠우쌍마을을 보니 라체도 세월의 흐름을 거스를 수는 없었나 보다. 318번 국도를 통해 들어오는 급격한 문명과 전통문화가 충돌하는 현장은 현재와 과거가 섞인 혼돈이다. 예전에 달렸던 비포장도로는 흔적을 찾기 힘들다.

라체 출구에서 검문소를 지나자 멀리 설산들이 고개를 든다. 빠져나올 수 없을 것 같은 오지 속으로 점점 향하고 있다. 달리고 달려도 사람을 보기 힘들다. 신작로 같은 하천이 그림자처럼 따라오고 옆으로는 황토 벌판과 나무 없는 민둥산들이 첩첩하다.

초모랑마(珠穆朗瑪, 8,848m)* 베이스캠프를 향하는 길. 추수가 끝난 농경지에 낟가리가 정갈한 모습으로 겨울맞이를 준비하고 있다.

라체 분기점에서 왼쪽 318번 국도로 접어들어 장무(樟木) 방향으로 계속 오르

* 에베레스트의 중국식 이름.

막길을 오른다. 약 1시간 정도 달리면 해발 5,248m나 되는 가초라(嘉措拉山, Gyatso La)고개에 이른다. 요칭꽁루에서 제일 높은 곳이다. 바람이 어찌나 세차던지 몇몇 일행은 차에서 나올 엄두를 내지 못한다. 고갯마루에 설치된 '초모랑마자연보호구'라는 입간판과 나부끼는 타르초를 보자 입꼬리가 살며시 찢어진다. 거대한 신의 영역으로 들어선 것이다. 멀리 초모랑마는 부르지도 않았는데 점점 다가오는 듯하다.

차량은 가파른 절벽 길을 지나 뤄뤄취(洛洛曲, Luoluo Qu)를 따라 자춰(加措鄉) 마을에 도착한다. 향(鄉) 단위의 아주 조그만 마을이지만 최근 히말라야산맥이 잘 보이는 곳에 '초모랑마경관대(珠峰服務景觀臺)'라는 커다란 표지석과 함께 전망대를 만들어 놓고 지나가는 여행자들을 붙잡는다. 내리막길 2~3km 가면 오른쪽에 뤄뤄치에 면한 조그만 온천이 있는데 개인 여행자라면 들러 볼 만하다.

이곳에서 에베레스트 국립공원으로 가려는 일반 여행자라면 약 20km 떨어진 빠이빠(白壩村)에서 하차하면 된다. 에베레스트로 가는 모든 차량이나 여행자는 반드시 빠이빠의 초모랑마복무중심(珠峰服務中心, Qomolangma service center)에 들러 개인 입장권과 차량 입장권까지 구매해야 한다.

가초라고개

우리는 빠이빠 가기 전 318번 도로에서 벗어나 뉴 팅그리(定日, Tingri) 다운타운 방향으로 길을 잡는다. 뉴 팅그리 역시 에베레스트를 가기 위한 전초마을이자 장거리 화물 트럭 운전자들을 위해서 조성된 도시다. 올드 팅그리보다 깔끔하게 정비되어 왠지 모를 안도감을 준다. 30분이면 다 둘러보고도 남을 작은 마을이지만 티베트와 네팔 사이의 요칭꽁루 상에 있어, 하룻밤 묵기에는 불편함이 없다.

다음 날 아침. 영하의 날씨 속에 옷을 겹겹이 껴입고 초모랑마를 향해 길을 나선다. 뉴 팅그리현 다운타운에서 318번 국도를 타기 위해 되짚어 나온다. 한적한 시내를 빠져나오면 이내 광막한 황토 토림이 인사를 한다. 위안이라면 길을 따라오는 한줄기 빛 같은 강줄기다. 뤄뤄장뿌(洛洛藏布)강 지류인 뤄뤄취다. 강 주변은 평야지대다. 고지대라 계절에 따라 유채나 칭커를 재배하는 것이 유일하다. 늦가을 바람을 탄 황금빛 칭커밭이 살갑게 맞아준다.

318번 도로에 면한 빠이빠마을에서 약 5km쯤 가면 검문소가 있다. 이 지역은 네팔, 인도, 파키스탄 국경지대로 가는 길목이라 검문이 까다롭다. 일일이 여권과 탑승자, 그리고 입장권을 대조해 보더니 통과시킨다.

뉴 팅그리 가는 길옆에 흐르는 뤄뤄취

긴장했던 가슴이 뻥 뚫리는 기분이다. 뒤도 안 돌아보고 급하게 나선 검문소 바로 앞 펑취(朋曲)대교를 조금 지나면 분기점이 있다. 직진하면 올드 팅그리 방향이고 좌측으로 가면 네팔과 초모랑마 베이스캠프가 갈라지는 삼거리다. 좌회전하여 초모랑마자연보호구 산기슭을 향해 오르기 시작한다.

초입에 있는 검문소에서 입장권 검사를 마친 후, 거대한 산등성이를 향해 구절양장 같은 꼬부랑길을 오른다. 긴장되고 스릴 넘치는 고갯길이다. 오르면 오를수록 첩첩한 산들이 스멀스멀 나타나 초모랑마자연보호구의 광대한 산군(山群)이 된다.

고도가 높아지면서 머리가 띵하고 속이 메슥거린다. 고소증이 나타나기 시작한다. 그런 고통도 잠시, 시선이 고갯마루 턱에 이르자 하늘로 붕 뜨는 듯한 희열이 엄습한다. 마침내 팡라고개(Pang la 또는 加吾拉, 5,140m)전망대에 도착한다.

히말라야산맥을 감상하기 가장 좋은 지점이라는 명성에 걸맞게 장대한 히말라야산맥의 파노라마가 압도적이다. '억' 소리를 낼 수밖에 없다. 화창한 날씨에 나신을 드러낸 수많은 고봉들이 자태를 한껏 뽐내고 있다. 태고의 신비를 간직한 땅은 황토 흙과 햇빛과 구름이 어울려 다양한 스펙트럼을 그리고 있다. 달리 표현할 수 없는 신비로움이다. 여자는 나이가 들면 꽃에 감동하고, 남자는 설산에 감동한다고 했던가. 히말라야의 봉우리들의 리드미컬한 연봉은 남자의 마음을 흔든다.

형형색색의 타르초와 돌탑 사이로 보이는 히말라야의 거봉들. 초모랑마(에베레스트)를 중심으로 왼쪽으로는 칸첸중가(8,586m)와 마칼루(8,463m), 로체(8,516m), 오른쪽으로 초오유(8,201m), 치맛단처럼 연이은 봉우리들로 찬란하다. 너무나도 장쾌하고 아름다워 왈칵 눈물이 날 뻔했다. 선택받지 못하면 볼 수 없다는 초모랑마와 히말라야의 거봉들의 나신은 너무나 깨끗하고 눈이 부셔 보는 이가 부끄러울 정도다.

팡라고개 밑으로 이어진 자우라(加吾拉)고개에 그려진 구절양장의 하행 길은

팡라고개전망대에서 본 히말라야산맥

누장산 72고개보다 길고, 꼬부라지고 심오하다. 돌고 돌아도 끝이 없을 것 같은 꼬부랑길을 내려서니, 이제는 세월의 풍파에 스러진 토성이 한 역사가 있었음을 짐작하게 한다. 그것이 어느 시절 어떤 역사인지 모르지만, 오지 중에 오지라는 이곳에 그 옛날 역사(力事)를 이루었던 인간의 위대함에 그저 경이를 표할 뿐이다.

자우라고개를 내려서면 초모랑마를 가기 위해 여행객들이 꼭 거쳐가는 전통 티베트인 거주지 타쉬좀(Tashi Dzom, 扎西宗鄕)이라는 마을이 있다. 이곳은 교통 요지이다. 여기서 마칼루 베이스캠프, 초모랑마 베이스캠프(EBC-Everest Basecamp, 5,200m)로 가는 길이 갈린다. 시간이 멈춘 듯한 마을은 언제쯤 시작한 역사인지 헤아려봄직한 흙벽돌집들 몇 채가 아직도 건재하다.

자우라고개

타쉬좀에서 초모랑마 베이스캠프까지는 롱뿌빙하에서 발원한 짜가취(扎嘎曲)강을 따라 약 45km를 더 가야 한다. 마을 오른쪽으로 길을 잡는다. 가파른 내리막길을 5km쯤 가자 초모랑마 입장권을 확인하는 '초모랑마자연보호구' 통제소가 있다. 법대로 한다는 뜻의 의법치변(依法治邊)이라고 크게 쓰여 있는 아치구조물과 흰색 건물 한 동이 길을 지키고 있다. 모든 차량들을 일일이 검문 검색한다. 여행허가서와 여권은 필수 서류다.

타쉬좀마을과 이정표

중국의 검문소를 만나면 잘못한 일도 없는데도 도둑이 오금 저리듯이 언제나 콩닥콩닥 거린다. 여기서부터는 제한된 차량 이외에는 일체 출입이 안 되는 통제 지역이다. 티베트쪽 에베레스트 지역은 중국 국가자연보호구역이자 유네스코 지정 세계자연문화유산으로 지정되어 보호 받는 곳이다. 대부분의 일반여행객들은 인원이 꽉 차야만 출발하는 상업용 지프차나 마차를 타고 베이스캠프로 이동한다. 하지만 한국에서 온 특별한 탐사대라는 이유로 초모랑마 베이스캠프까지 진입을 허가했다. 중국 감독관의 역할이 컸다.

차량은 계곡 비탈에 낸 길을 따라 아슬아슬하게 초모랑마로 향한다. 가끔은 자전거를 타고 씩씩거리며 오르는 외국인과 오토바이를 타고 여행하는 중국의 젊은 친구들의 당찬 모습을 목격하기도 한다.

탐사차량이 초모랑마자연보호구에 들어서자, 히말라야의 고산지대라고는 믿기 어려운 초원이 펼쳐지고 바닥을 드러낸 강바닥 길을 지그재그로 피하며 고도

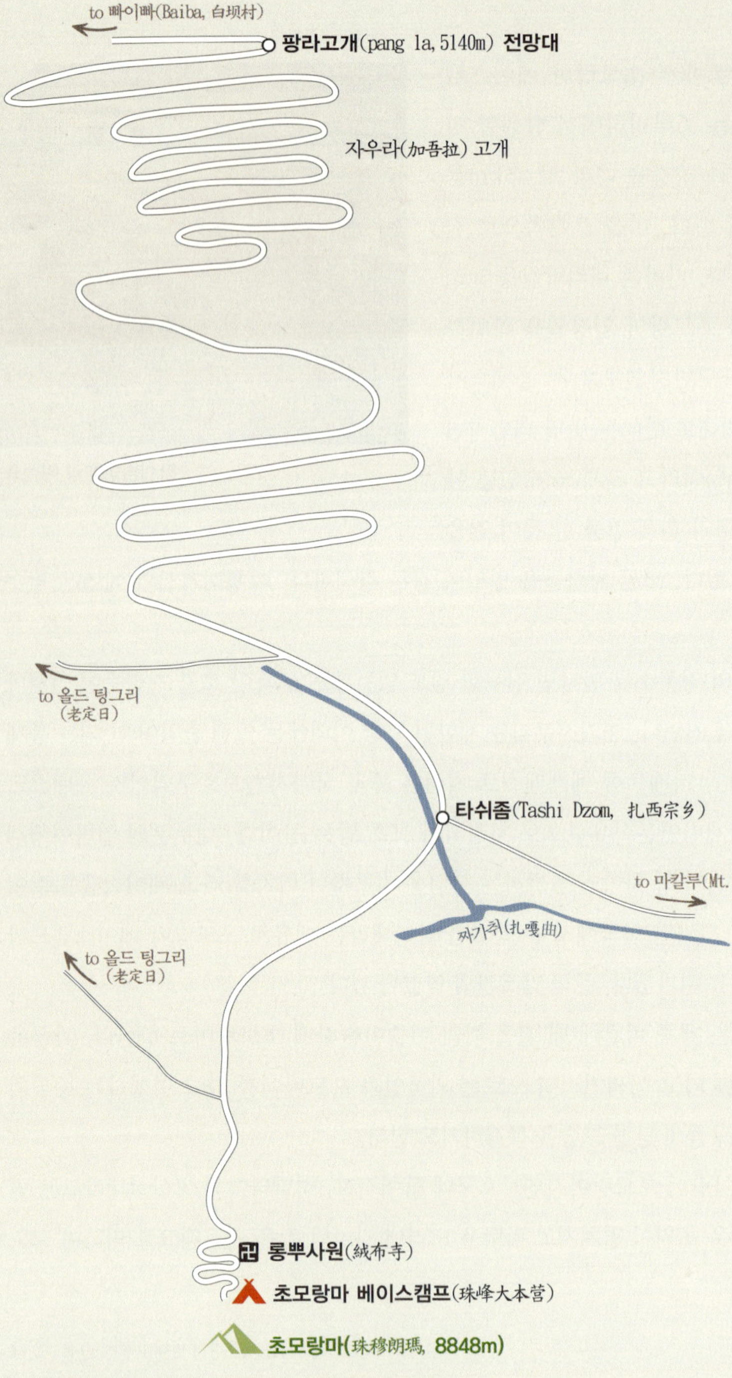
to 빠이빠(Baiba, 白坝村)
팡라고개(pang la, 5140m) 전망대
자우라(加吾拉) 고개
to 올드 팅그리
(老定日)
타쉬좀(Tashi Dzom, 扎西宗乡)
to 마칼루(Mt. Makalu)
짜가취(扎嘎曲)
to 올드 팅그리
(老定日)
롱뿌사원(絨布寺)
초모랑마 베이스캠프(珠峰大本营)
초모랑마(珠穆朗瑪, 8848m)

를 높인다. 초모랑마의 빙하 중 가장 거대한 롱뿌빙하 하류를 지난다. 길이가 20km가 넘고 너비가 1.4km에 이르는 롱뿌빙하는 여름에는 만년설이 녹아 강이 되는 곳이지만 겨울 초입에 들어선 지금 실개천 하나만을 남겨두었다. 곡절 끝에 드디어 베이스캠프가 멀리 보이는 롱뿌사원에 도착한다.

가장 먼저 반기는 사람들은 장사꾼들이다. 팔에 잔뜩 걸친 호박 팔찌와 현지에서 채취했다는 제법 모양이 있는 암모나이트 등 히말라야지역에서 나는 화석 파편들을 보여주며 흥정을 붙인다. 마차꾼들도 우리 일행을 유치하려고 눈치 살피기에 바쁘다. 사람이 살 것 같지 않은 이 오지에서 남루한 원주민들을 보니 애처롭기보다 반가움이 앞선다. 역시 사람은 사람을 만나야 한다. 롱뿌사원 앞은 흥정의 열기로 뜨겁다.

초모랑마 북쪽 산기슭 비탈진 곳에 위치한 롱뿌사원(絨布寺)은 해발 5,030m로 세계에서 가장 높은 곳의 사찰이다. 비구니 사원 1개, 본사와 8개의 말사로 구성되어 있는 규모 있는 사원이다. 원래는 닝마파(紅帽派)의 사원으로 16세기경 축조됐지만 소실되고, 1902년에 중건된 사찰로 한때는 500여 명의 승려가 있었던

초모랑마 가는 길

롱뿌사원 전경

롱뿌사원에서 본 초모랑마와 롱뿌계곡

사원이다. 당시에는 일대에서 대단한 영향력을 행사했으나 지금은 라마승과 비구승을 합쳐 수십 명이 사원을 지키고 있다. 1983년 대대적인 보수공사를 해 사원 내 숙박이 가능하고 작은 상점과 식당이 있어서 여행객이나 등산객들이 이용할 수 있다.

사원은 하늘을 찌를 듯이 솟아 있는 초모랑마를 배경으로 환상적인 모습이지만 초겨울이라 히말라야의 세찬 바람처럼 스산하다. 세계에서 가장 높은 곳의 우체국도 문을 닫아 기념엽서를 보내려 했던 바람도 물거품이 됐다.

롱뿌사원에서 초모랑마 베이스캠프까지는 8km 정도 떨어져 있다. 걸어서는 약 두 시간 정도 걸린다. 당나귀가 끄는 수레를 타보고 싶었으나 간헐적으로 불어 온 히말라야의 강풍을 맛본 다음에는 생각이 싹 달라졌다. 중앙 정부에서 나온 감독관의 주선으로 지프차를 타고 베이스캠프에 올라가는 진기록을 세운다. 베이스캠프의 천막들에서 사람들이 하나 둘씩 나와 손을 흔들어준다. 느닷없는 차량의 출현이 이채로웠던 모양이다.

베이스캠프 구역에는 길 좌우로 텐트가 장사진이지만 초모랑마 등반을 목적으로 하는 전문 산악인들이 사용하는 베이스캠프는 아니다. 관광객들을 위한 임시거처다. 천막으로 만든 게스트 하우스 내부는 티베트식으로 단아하게 꾸며져 있다. 단체 관광객을 소화할 수 있을 정도로 수십 개가 성업 중이다. 찻집, 기념품 가게도 있다. 이 높은 곳에도 사람들은 참으로 치열하게 살아가고 있다.

베이스캠프에서 약 5분 거리에 있는 뷰 포인트인 언덕에 가는 것은 하절기에도 만만치 않다. 빙하가 녹아서 만든 하천의 물살이 세고 깊다. 경운기 등으로 그사이를 넘겨주는 상인도 있다.

초모랑마 베이스캠프

입구부터 진을 친 호객꾼을 헤치고 가장 전망 좋은 언덕으로 오른다. 급경사를 50여 m 오르자 훅하고 밀려드는 바람과 한기가 세차다. 전망대 꼭대기에는 몇 개의 돌무덤과 타르초, '초모랑마자연보호구'라는 돌비석이 바람에 시달리고 있다. 바람이 어찌나 센지 사람이 밀리거나 잔돌이 날아다닐 정도다. 눈을 들어보니 장대한 초모랑마가 위압적으로 눈앞에 서 있다. 숨이 콱 막힌다.

해가 기울면서 기상이 나빠진 초모랑마에 짙은 구름이 내려앉기 시작한다. 어렵사리 만나러 온 우리에게 초모랑마는 부끄러운 듯 자태를 감추기 시작한다. 찬바람에 곱은 손으로 기념사진을 찍으며 일진광풍을 기다리고 있었으나 끝내 두터운 구름을 벗겨낼 수 없었다. 100여 km 산길과 고산증을 참고 참으며 이곳까

초모랑마와 롱뿌빙하 전경(출처: 중국국제방송국 CRI ON LINE)

지 온 것은 초모랑마를 눈에 담고 싶었기 때문이었다. 비록 여신은 아주 짧은 만남을 허용했지만 그의 찬란한 자태를 보는 순간만큼은 눈물겹도록 행복하였다.

인간과 자연이 만났을 때 극치의 아름다움을 온 몸으로 느낀 한순간. 오, 초모랑마여!

*2019년 4월 중국 인민망(人民网)에 따르면 중국 정부가 초모랑마자연보호구의 생태환경 보호를 위해 2019년부터 일반 여행객들의 초모랑마 베이스캠프(EBC) 방문을 금지하고 롱뿌사까지로 관광지역을 제한한다고 밝혔다.

2018년 보호구를 재정비하면서 롱뿌사에서부터 초모랑마까지의 20km에 이르는 지역을 핵심지역으로 지정하고 출입을 제한한 것이다. 이 조치에 따라 롱뿌사와 베이스캠프 구간에 있던 텐트촌과 셔틀버스 정류장이 롱뿌사 아래로 이동 설치되었다. 앞으로는 롱뿌사에서 초모랑마를 감상할 수 있다.

지롱(吉隆縣)

티베트자치구 시가체지구의 현급 행정구역이다. 티베트자치구의 남서쪽에 위치하며 티베트고원에서 특이하게 기후 조건이 온화하고 농산물이 풍부한 것으로 유명하다. 1960년대까지 네팔과 티베트 사이의 주요 교역로가 이 지역을 통과했다.

중국이 주도하는 철도 프로젝트는 네팔 구간을 포함한다. 중국 구간은 라싸부터 지롱현까지, 지롱현부터 네팔 수도 카트만두에 이르는 철도를 칭짱철도망을 연장할 계획이다. 전체 길이는 700여 km이고 그중 중국 철도 구간이 4/5 이상을 차지한다. 2022년에 건설이 완성될 것이라고 한다. 지롱현 지롱거우 구간을 이용하는 것은 중국 정부의 또 다른 뜻이 있다. 네팔과 인접해 있는 인도를 견제하기 쉽고, 네팔 내 망명 티베트인의 반중국 활동을 저지하는 등 일석이조의 효과를 기대하고 있다.

장무(樟木) 구간은 티베트 사람들의 탈출구이자 대중국 시위의 전초기지였다. 중국 정부 입장에서는 눈엣가시 같은 지역이었을 터이다. 지롱커우안(吉隆口岸, 국경출입구)은 그것을 물리적으로 400여 km나 서쪽으로 옮겨 놓은 것이다. 2015년 지진으로 장무 구간이 심각하게 파괴되었다. 험준한 산악지대로 복구공사도 더디고, 네팔은 경제적인 이유로 복구를 엄두도 못내는 형편이다.

티베트의 아우성은 당분간 일어나지 않을 것 같다.

지롱커우안 중국⇔네팔 출입국관리소

chapter 13

새야, 너는 아니, 끝 모를 미지의 세계를? 아리루트

- 아리
- 짜다

아리루트는 티베트 여행 루트 중에서도 험하기로 소문이 자자하다. 그러나 모험은 위험을 무릅쓰는 것이어야 한다. 모험이란 낯선 곳에 나를 밀어 넣는 것이다. 길은 그것을 가능하게 하는 시간과 공간이 교차하는 곳이다. 스스로 위험을 무릅쓰고 신비로움을 찾고 싶은 사람에게는 아주 적당한 곳이다. 떠나지 않을 이유가 없다.

초모랑마를 벗어나 219번 도로인 신짱꽁루(新藏公路: 新疆省⇔葉城⇔普蘭 구간)를 타기 위해서는 라체로 되짚어 나와야 한다. 아리 및 네팔로 가는 차량은 반드시 이곳을 통과해야 한다.

중국의 지형은 서고동저(西高東低)다. 서쪽에 있는 티베트 가는 길은 갈수록 오르막길이다. 아리는 평균해발 고도가 4,300m에 이르러 티베트에서도 가장 높은 땅이자 '세계의 지붕'이라고 불리는 지역이다. 신비로운 곳을 찾아 생고생을 작정하고 나선 이들에게는 적당한 곳이다. 아리에는 세계적으로 유명한 몇 군데가 있다. 짜다현(札達縣)의 구게왕국(古格王國)과 푸란(普蘭)의 신산(神山) 카일라스, 성호(聖湖) 마나사로바다. 아리 사람들에 의하면 "짜다와 푸란에 가보지 않은 것은 아리를 와 보지 않은 것과 같다." 그래서 탐사대는 죽어라 하고 아리로 간다.

318번 국도와 219번 국도의 라체 분기점

아리 가는 길에서 본 히말라야산맥

단층의 토담집이 양옆으로 십여 채 늘어선 것이 전부라서 마을이라고 하기에도 민망한 중빠(仲巴)에서 하룻밤을 묵고 푸란을 향한다. 아침 7시 30분이지만 베이징 표준시를 기준으로 하면 2시간쯤 이른 시간이다. 여명이 남아 있는 시간, 문을 연 식당이 없어 아침을 거른다. 지난밤도 우리나라 시골 여인숙 같은 초대소에서 겨우 새우잠을 잤다. 이런 식의 홀대가 사흘째다. 라싸 이후 호텔 예약과 식사가 제대로 이행되는 곳이 별로 없었다. 생각 밖으로 열악하고 조악한 대우에 비해 비용은 오지의 독보적인 입장 때문인지 결코 싸지도 않다. 사흘째 목욕은 물론 세면조차 곤

란한 초대소에서 지내 온 터라 사기가 말이 아니었다.

푸란 가는 길 역시 쉽지 않다. 오르면 오를수록 운행하기가 여간 어려운 것이 아니다. 해발고도는 점점 높아져 4,500m에 이른다. 강한 자외선을 동반한 햇볕이 뜨겁게 내리쬐고 체온을 유지하기 위해 히터를 틀어 놓은 상태라 자꾸 졸음이 온다. 연일 혹독한 일정으로 지친 운전자들은 저마다의 비법으로 졸음을 쫓기에 난리가 났다. 메이저리그 선수처럼 입안에 한움큼 넣은 해바라기 씨를 능숙하게 까먹으며 부지런히 푸란으로 간다.

중빠에서 약 170여 km를 달려 티베트의 시가체와 아리를 가르는 마요교(馬攸橋)를 지나 아리지역으로 들어선다. 남쪽으로는 히말라야산맥을 사이에 두고 네팔, 인도와 이웃하고, 북쪽으로는 쿤룬산맥을 넘어 신장지역으로 통한다. 이렇다 보니 공안들의 검문도 점점 까다로워진다. 국경이 인접한 지역으로 대부분이 군사보호지역이다.

아리지역의 219번 국도

마요물라산고개

이젠 군사보호지역이라는 말도 익숙해졌다. 우리나라로 치면 경기북부지역에 휴전선이 있으니까 대전쯤부터 군사보호지역이라는 식이다. 문제는 그렇게 황당하게 겁을 줘놓고 그걸 곧이곧대로 지키는 것이다. 보통 250km 촬영금지, 어떤 때는 600km 촬영금지다. 비포장 산길을 수백 km나 통제를 해버리면 할 수 있는 것이 아무것도 없다. 심지어는 소변을 보는 것도 허락 받지 않고 정차했다고 싸운 적이 있다. 군사보호지역이라 차에서 내릴 수 없다는 것이다. 그런 이유로 중국 감독관과 우리 사이에 적잖은 앙금이 쌓여 있다.

얄룽장뿌강과 갠지스강의 근원인 마췐하(馬泉河)를 거슬러 서쪽으로 달리다 보니 해발 5,216m 마요물라산(馬攸木拉山)이 보인다. 본격적으로 아리의 오지에 접어든 것이다. 오른쪽으로 강디스산맥이 길게 뻗어 있지만 대부분은 야트막한 구릉과 초원이다. 해발 4,000m가 넘는 고원에서 보는 이채로운 광경이다. 노랗게 물든 초원지대에는 유목민으로 보이는 무리들이 점처럼 보이고, 십여 호쯤 되는 원주민 정착 마을이 드문드문 보인다. 여느 티베트 부락과 별반 차이는 없지만 신축한 토담집이 많고 '교육'을 강조하는 표어들이 큼지막하게 붙어 있어 이

개량된 티베트인 정착촌

황량한 곳까지 미치는 중국 정부의 강력한 동화정책의 의지를 느낄 수 있다.

시원스럽게 포장된 도로는 널찍하고 평탄하다. 햇살은 강렬하고 끝없이 펼쳐진 초원의 느슨함은 또 다시 졸음이라는 적이 되어 탐사대를 공격한다. 설상가상 이번에도 후미 차량에 이상이 생겼다. 어디서 그랬는지 모르지만 연료탱크에 균열이 생겼다. 심하지는 않지만 기름이 새고 있어 여차하면 차량 자체를 돌려보내야 할 상황이다. 인근 도시가 사방 200km나 떨어진 곳이어서 차량이 멈춰 선다면 탐사는 그것으로 끝이다. 달리 방도가 없어 기름이 새는 만큼 예비연료로 보충하면서 가기로 한다. 중국 감독관과 상의한 끝에 코스를 조금 바꿔 마을을 찾아 나섰다. 겨우 찾은 마을이 훠얼향(霍爾鄕)이다. 마치 사막 한가운데 허름한 선술집들이 한두 채 있는 모습이 첫인상이 된다. 바람 불어 먼지 자욱한 길가에 동네 사내들이 포켓볼을 치거나 장기를 두고 있다. 이런 두메산골 오지 마을에 연료탱크의 균열을 고칠 수 있는 카센터가 있을 리 없다. 할 수 없이 균열 부위를 접착제로 임시조치하고 기름을 보충하는 방식으로 다음 목적지까지 가자는 결론을 내렸다. 다행히 탐사대를 안내하는 중국 관리가 군부대에 통사정을 해서 얼마간의 유류를 얻어 주고 다음 경유지인 푸란공안국에 연락하여 대책을 마련하기로 했다.

우여곡절을 안고 서쪽으로 서쪽으로 달린다. 훠얼향을 지나 20여 km를 달리자 신산(神山) 카일라스와 성호(聖湖) 마나사로바가 희미하게 보인다. 날이 저물

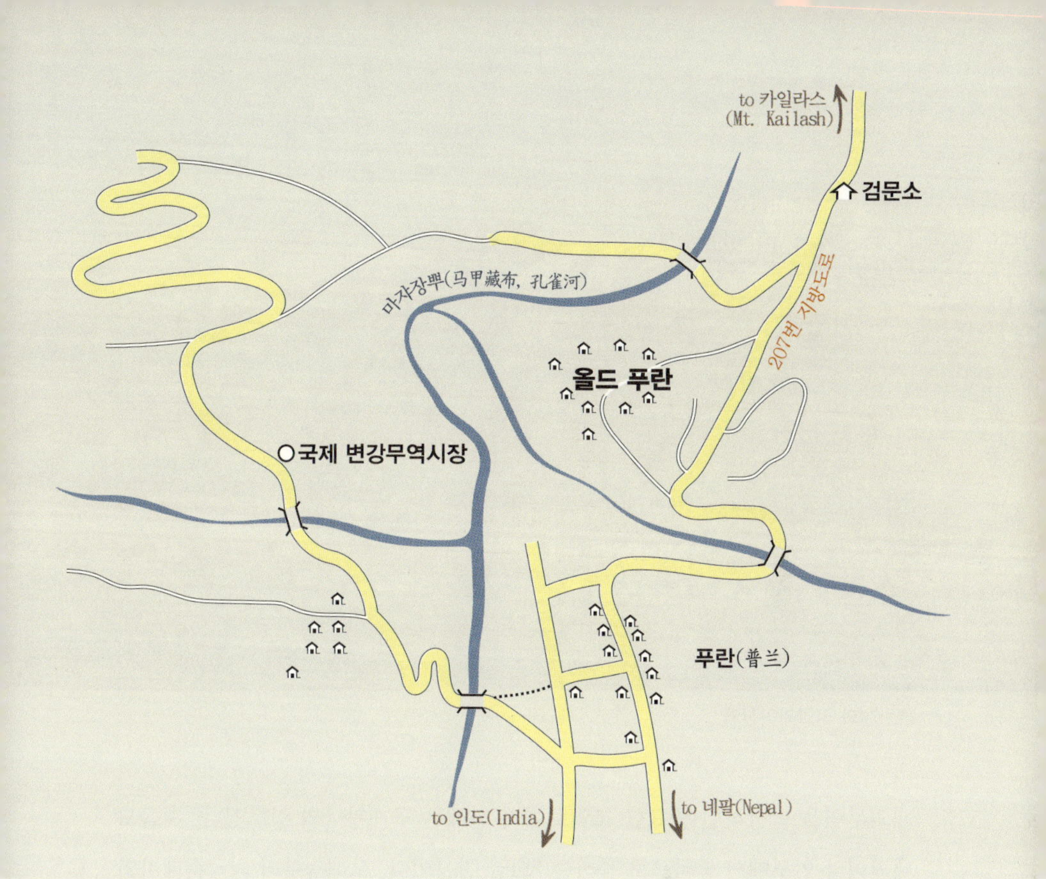

기 시작해 그 아름다움을 음미할 여유가 없다. 해 떨어지기 전에 산길을 벗어나야 한다. 오랜만에 보는 주유소를 반가워할 사이도 없이 올드 바가(巴嘎, Baga) 삼거리에 이른다.

쓰러질 듯한 이정표에서 목적지를 확인하고 신짱꽁루에서 벗어나 207번 지방도로를 타고 푸란으로 향한다. 마나사로바호수와 락사스 탈호수 사이로 난 지방도로로 끝에 푸란이 있다.

푸란은 히말라야산맥 북쪽에 위치한 산악도시다. 중국과 인도, 네팔 3개국의 경계선상에 있는 도시로 계곡 사이에 길게 뻗어 있다. 예로부터 티베트 서부의

푸란현과 히말라야산맥

대외무역을 담당하던 중요한 교역로이자 한때는 구게왕국의 영토였다. 지금도 네팔이나 인도에서 중국으로 통하는 제1급 관문이다. 오래전부터 외국순례자와 상인들이 이 푸란을 통했고, 세월이 흐른 지금도 여전히 티베트의 주요 국제통로로 역할을 하고 있다. 신산 '카일라스(Kailas, 6,714m)'와 성호 '마나사로바(瑪旁雍錯, Manasarovar Lake)'가 있어 특히 인도의 순례자와 여행객들에게 사랑받는 도시이기도 하다.

밤길을 달려 푸란으로 가는 길은 그야말로 지옥이 따로 없다. 해는 져서 캄캄한데 길은 급경사요 노면은 온통 자갈밭이다. 이미 여러 차례 돌과 흙더미에 부딪혀 고생한 경험 때문에 한껏 움츠러들 수밖에 없다. 연료탱크에 금이 간 차를 천신만고 끝에 겨우 여기까지 끌고 왔는데 아무리 둘러봐도 사위에 빛 한 점 없는 비탈길을 얇은 얼음을 밟듯 살금살금, 아슬아슬 내려간다. 그렇게 50여 km를 달려 도착한 푸란. 물이 말라 바닥을 허옇게 드러낸 마자장뿌(馬甲藏布)*를 건너 바로 시내로 진입한다. 흰 두건을 두른 듯 히말라야산맥의 영봉만이 새벽 달빛에 살짝 얼굴을 드러냈을 뿐, 푸란은 칠흑 같은 어둠 속에서 미동도 없이 우리를 맞이한다.

하루 종일을 험하디 험한 길을 달려 도착한 푸란은 너무 초라하고 형편없었다. 히말라야산맥 바로 밑에 위치한 푸란호텔이 가장 묵을 만한 곳이라 했지만 난방도 시원찮고, 화장실은 물론 세면장도 없어 보온병의 뜨거운 물로 겨우 몸을 녹인다.

영원히 패하지 않는 성호(聖湖)

다음 날 새벽 문도 열지 않은 식당 문을 두드려 멀건 따미조우(大米粥: 흰 쌀죽) 한 그릇을 들이키고 길을 나선다. 오늘 가야 할 길도 만만치가 않다. 구게왕국이 있는 짜다까지 하루 종일 해발 4,600~5,200m 사이를 오르내릴 것이기 때문이다. 이래저래 마음이 급했으나 밤새 악전고투하며 지나갔던 돌밭 길을 악몽처럼 되짚어 나오자, 지난밤 살짝 얼굴만 비추었던 히말라야가 하얗게 웃고 있다. 어쩜 신은 이토록 아름다운 대지를 만들어 놓았는지 눈이 부셔 제대로 쳐다볼 수 없는 신성함에 모두 압도된다. 밤새 투덜댔던 불평불만이 한순간에 사라진다.

푸란을 빠져나오자 카일라스산의 신성한 웅자가 첫눈에 든다. 힌두교와 불교 인도의 자이나교, 티베트의 토착종교인 뵌교가 모두 신성하게 여기는 산이다.

* 공작하(孔雀河)라고도 하는데 인도양으로 흘러간다.

티베트어로 '눈의 보배'라는 뜻을 지닌 카일라스

우리에게는 수미산(須彌山)으로 알려져 있으며 티베트 사람들은 강린포체(GangRinpoche)• 라고 부른다. 티베트고원 서남부에 있는 강디쓰산맥(岡底斯山脉)•• 을 구성하는 수많은 봉우리들 중 하나, 6,714m로 그리 높지 않은 카일라스가 유독 주목받고 숭배받는 이유는 무엇일까.

카일라스산은 앞으로는 히말라야, 뒤로는 쿤룬산맥으로 둘러싸여 있고, 서쪽으로는 카라코람 힌두쿠시, 동쪽으로는 쓰촨성과 윈난의 험준한 산이 둘러싸고 있다. 그 안에 호수의 연꽃처럼 검은 카일라스산이 자리하고 있다.

• '소중한 눈의 보석'이라는 뜻.
•• 티베트어로 '많은 산 중의 주인공'이란 뜻.

카일라스는 피라미드처럼 네 면이 있는데 각 면마다 다른 모습을 하고 있다. 그곳에서 각기 다른 네 개의 강들이 시작된다. 북쪽으로는 인더스강이 시작되고 서쪽으로는 수트레지강(象泉河)이, 동쪽으로는 얄룽장뿌강이 뱅골만으로 흘러서 티베트와 인도의 젖줄이 된다. 남쪽으로는 카르날리강(Karnali)이 인도로 가서 갠지스강이 된다.

척박한 티베트고원과 인도를 적셔주는 네 개의 강이 카일라스에서 발원하기 때문에 유달리 숭배 받는지도 모른다. 카일라스는 산의 생김새와 신화만으로 신성함의 전부라고 할 수 없다. 카일라스의 순례자들은 산의 중심부로 다가가면 강한 충동을 받는데 형언할 수 없는 그 무엇이 있다고 한다. 그것이 무엇인지 알 수는 없으나 실제로 사람의 마음을 움직인다는 것이 있을 것도 같았다. 우리 일행은 그 신비한 무엇을 느껴보기 위해 카일라스의 베이스캠프 역할을 하는 다르첸(塔欽, Darchen, 4,560m)으로 간다.

다르첸은 카일라스로 순례 온 사람들이 터를 잡으면서 자연스럽게 생겨난 마을이다. 언제부터인가 중국 정부의 이주 정책으로 길이 생기고, 찾는 이들이 늘어나면서 이곳을 터전으로 살아온 티베트인들의 삶에도 적잖은 변화가 생겼다.

다르첸 입구

야크 배설물과 흙을 섞어 만든 티베트인들의 전통 집은 이미 찾아보기 힘들다. 태양전지 가로등이 늘어선 아스팔트도로변에 지어진 벽돌집은 티베트인들에게 새로운 터전이 되었지만, 아직은 익숙하지 않은 모습이다.

바가초원에서 본 카일라스

오랫동안 살았던 삶의 터전을 조금씩 뺏기고 있는 다르첸 사람들은 공안국의 통제를 받으며 살고 있다. 돈을 벌기 위해 중국 군대의 차량을 타고 도로 공사현장으로 가야 하는 티베트 사람들. 식당과 호텔을 차린 중국인들은 여행자와 순례자를 상대로 숙박과 식사를 제공하며 경쟁자 없이 돈을 벌고 있다. 매춘이 가능한 마사지업소도 영업 중이다.

이런 환경에 처해 있는 티베트 원주민들을 보고 있자니 안타까운 한숨이 나온다. 개발로 인해 혜택을 기대했지만 다르첸의 터줏대감들에게는 그다지 유효하지 않아 보였다. 오히려 굴러 온 외지인들에게 밀려나 천덕꾸러기가 되는 것은 아닐지 우려된다.

하늘 아래 첫 번째 마을 다르첸(또는 巴嘎鄕). 수많은 순례자들이 카일라스를 순례하면서 환생을 꿈꾸고 행복한 내세를 기원하는 천국으로 가는 문이다. 이곳에 사는 티베트인에게도 축복이 가득한 그들만의 터전이 되어야 하지 않을까?

카일라스 앞 동남쪽으로 커다란 호수가 두 개 있다. 두 개의 호수는 달과 해를 상징하는데 이 두 호수의 물은 모두 카일라스에서 시작된다. 아름다운 하늘의 푸른 빛과 히말라야 설산의 하얀 빛을 고스란히 담은 호수는 티베트에서만 볼 수 있는 자연유산이다. 수억 년 전 히말라야가 융기되면서 생긴 티베트의 호수들은 영혼의 안식처만이 아니라 어머니의 젖처럼 티베트 사람들에게 생명을 불어넣는 생명수이기도 한 것이다. 마나사로바와 락사스 탈도 예외가 아니다.

천상에서 내려온 다섯 명의 선녀가 변하여 히말라야의 봉우리가 되었는데, 그 중 재물을 관장하는 관영선녀(冠靈仙女)가 변한 나무나니봉(納木那尼峰, 7,728m)* 을 배경으로 언덕에 올라서니 바로 아래 '달의 호수'라는 귀호(鬼湖) 락사스 탈이 펼쳐져 있다. 낮고 넓게 떠 있는 구름이 그대로 호수에 내려앉아 있어, 어둠의 호수요 선에 대항하는 악마의 호수라는 명성에 걸맞는 음산한 분위기를 자아내고 있다. 살아 있는 것이 전혀 없는, 정지된 화면 같은 차가운 아름다움이 슬픔 같은 것을 느끼게 한다. 왜 이 아름다운 호수가 어둠을 대변하는 호수가 되었는지 모를 일이다. 이상한 것은 그럼에도 호수가 잘 보이는 언덕에는 수많은 돌무덤과 카타들이 무엇인가를 기원하고 있다. 티베트 사람들에게는 또 다른 의미가 있는 호수로 받아들여지는 모양이다.

락사스 탈호수 북쪽 끝으로 난 길을 따라 언덕에 올라서니 이번에는 '해의 호수'라는 성호(聖湖) 마나사로바가 보인다. 해발 4,560m, 둘레가 110km가 넘는 엄청난 규모다. 호수라 부르기에는 왠지 겸연쩍다. 락사스 탈과는 불과 2~3km의 지근거리에 있는 마나사로바는 티베트의 수많은 호수 중에서도 가장 신성시되는 성호 중의 성호다. 성산 카일라스가 하늘을 의미한다면 마나사로바는 땅을

* 힌두교도들은 굴라만다타봉이라 한다.

의미한다. 카일라스가 우주의 아버지라면 마나사로바는 우주의 어머니인 셈이다.

그래서 호수는 낭만적인 신화와 아름다운 전설이 무수하다. 그중 하나가 11세기쯤 티베트에서 가장 유명한 불교수행자였던 밀라레빠(Milarepa, 1052~1135)와 토착종교인 뵌교(芬教, BOn)의 실력자 나로뵌충의 치열한 교리논쟁이다. 그 전

귀호 락사스 탈호수

설적인 싸움을 가장 자세히 묘사한 것은 티베트 연구의 선각자인 다정(茶汀) 김규현 선생이다. 그의 저서 『티베트의 신비와 명상』(2000년, 도서출판 도피안사刊)에서 인용해 본다.

…불교가 들어오기 전 이 산은 샤마니즘적 전통 종교인 뵌포교의 성지였다. 이름 또한 '강 린포체'가 아닌 '강 디세'였다. 어느 날 유명한 밀교 행자 미라래빠가 찾아와 토굴 터를 찾음으로써 뵌포교와의 한판승부는 필연적이었다. 표면상으로는 강 디세의 헤게모니 쟁탈전이었지만, 실제로는 전 티베트고원을 걸고 싸운 것이었다. 그렇기에 어느 쪽에서도 결코 물러날 수 없는 건곤일척의 대회전이었다.

이 역사적인 싸움은 3막으로 구성되었다. 서막은 설전으로 시작되었다.

"세상에는 미라래빠가 참으로 위대한 자라고 알려져 있건만
알고 보니 벌거벗고 잠자는 늙은 망나니에 지나지 않네.
아름다운 노래 입으로 읊고 다니지만 손에 든 것은 등지팡이 하나뿐
찾아보아도 위대한 것은 하나도 없네…하략"

뵌교의 대표선수 '나로뵌충'은 빈정거리며 시비를 걸었고 밀라레빠는 받아쳤다.

"…이 늙은 미라는 벌거벗고 잠자니 이원(二元)의 상대 세계의 초월을 상징하네.
입술에서 흘러나오는 노래는 내 가슴 속에서 넘쳐흐르는 샘물
붓다의 경전들을 말하는 노래들이라네.
손에 쥔 지팡이는 윤회의 바다 건너는 도구
마음과 물질 통달한 머리는 신들의 도움 없이도 모든 기적 행하네."

나로뵌충의 저주와 멸시의 말은 밀라레빠의 노래에 의하여 연꽃송이들로 변하여 버렸다. 이어서 힘을 쓰는 실력대결과 산꼭대기 오르기 내기가 펼쳐졌다. 싸움은 점입가경이었지만 세 판 모두 밀라레빠의 승리였다. 불교의 승리였다. 이에 나로뵌충은 패배를 인정하고 산의 소유권을 밀라레빠에게 내주었다. 이에 밀라레빠도 너그러이 수미산과 마팜호수의 참배권만은 인정해주는 협정을 체결하여 지금도 뵌교는 그 옛날 방식대로 오른쪽으로 코라(순례)를 할 수 있게 되었다 한다.

그렇게 하여 강 디세산은 '수미산'이 되었고 마팜호수는 '마팡융초(玛旁雍错)'가 되었다. 오색의 무당 깃발 날리던 티베트고원은 '옴 마니 파드메 훔', 육자명

왕진언이 울리는 불국토가 되었다는 전설이다.

카일라스의 주도권을 놓고 세 번에 걸쳐 이곳에서 대결을 펼친 결과 불교의 밀라레빠가 승리하여 세력을 장악하고 티베트고원을 불교의 땅으로 만들었다는 것이다. 이후 마나사로바는 '영원히 패하지 않는 진리의 호수(玛旁雍错)'라는 뜻을 지닌 호수로 신격화되어 오늘에 이르게 되었다.

불교 신도들은 호수를 돌거나 목욕을 하면 각종 망상과 번뇌, 죄업을 씻어낼 수 있고 그 물을 마시면 만병을 물리쳐 건강을 얻을 수 있다고 믿는다. 힌두교도들은 메루산(카일라스)의 주신인 시바신의 부인이 이 호수에서 몸을 씻으며 신성을 유지했다는 전설 때문에 호수에서 몸을 씻어 신과 하나가 되고자 하는 평생의 염원을 이루는 성지로 생각한다. 이런 까닭에 마나사로바호수는 일 년 내내 무수한 순례자와 여행객들의 발길이 끊이질 않는다. 마나사로바와 카일라스의 신성함이 합쳐져 아리지역에 오지 않으면 안 된다는 이중의

마나사로바호수

유혹을 하고 있다.

세상 어디를 가든 무수한 신화와 만나게 된다. 이 아리고원도 예외는 아니었다. 우리는 왜 신화를 좋아하는가? 수천수만 년 전에 생성된 이야기가 왜 시대와 공간을 초월하여 귀를 쫑긋하게 하는 것인가? 신화는 재미도 있거니와 그 속에 우리네 삶이 투영되었다고 믿는 때문은 아닐런지. 우리는 언제나 신선이 되고 싶어하지 않았던가. 성산과 성호의 아름다운 신비에 빠져 있다가 정신을 차리니 시간이 제법 흘렀다. 우리는 또 다른 신화인 구게왕국을 만나러 바람처럼 바가초원을 달리기 시작한다.

아리 방향은 평탄한 초원을 달리는 길인 데 반해 짜다 방향은 첩첩이 겹친 산들이 바리케이트 같다. 5,000m급 산을 도대체 몇 개나 오르고 내렸는지 셀 수도 없다. 하늘 끝까지 왔다 싶다가도 다시 초원을 지나고 산굽이를 돌고 돌아 고개를 넘기를 수차례 반복한다. 짜다로 향하는 길은 멀고도 험하다. 사정이 이렇다 보니 사고위험도 훨씬 높아졌다. 천애 낭떠러지를 끼고 만든 고갯길이 왜 그리도

바가초원

끝이 없던지. 해가 떨어지기 전에 산길을 벗어나야 한다는 강박관념에 선택한 지름길은 주먹만한 돌들이 널린 비포장 길로 추락위험과 차량파손의 이중고를 감내해야 하는 코스다.

몇 차례 타이어 펑크와 자잘한 사고를 이겨내며 짜다로 향한다. 구게왕국으로 가는 길은 그렇게 우리를 시험하고 있다. 비포장 산길을 하루에도 수백 km씩 달리는 우리들도 어느덧 지쳐간다. 앞차가 뿜어내는 먼지 사이로 멀리 몇 개의 불빛이 별처럼 보일 때 어둠과 함께 짜다에 도착한다.

chapter 14

춤추는 황토 협곡 짜다토림

짜다

구게왕국

햇살을 받은 흙산이 파도처럼 첩첩히 밀려드는 환상 같은 짜다의 아침을 맞는다. 지옥 같던 어젯밤의 기억은 토림이 펼치는 파노라마에 일순 사라진다. 그렇다. 이런 환상을 보러 불원천리한 것이 아닌가.

전설의 왕국 구게왕국과 토림(土林)을 가기 위해 반드시 거쳐야 하는 곳이 짜다현(札達縣)이다. 수트레지(Sutrej 또는 象泉河)• 강변에 위치한 짜다현은 아리 지구에서는 가장 낮은 마을로 해발고도가 약 3,500m 정도다.

• 서부 티베트에서 발원하여 인도, 파키스탄을 거쳐 아라비아해에 이른다.

짜다현

겨울 입구에 들어선 수트레지강은 거의 말라 깊은 계곡이 되었다. 짙은 회색의 진흙 절벽이 된 강변은 마치 사열을 준비하는 병사들 같기도 하고 각기 다른 수만의 불상처럼 보이기도 싶다. 밤늦게 사투를 벌여 들어 온 터라 칠흑 같은 어둠이 전부였던 것 같은 짜다가, 새벽 어스름에 요술을 부리듯 그 거대한 웅자를 드러낸 것이다. 그 유명한 '짜다토림(札達土林)'이다.

지난밤 정말 죽을힘을 다하고서야 짜다로 들어 올 수 있었다. 가장 난코스는 악명 높은 아이라(Ayila, 5,610m)고개로 티베트의 수많은 고개 중에서도 가장 높고 험하다는 고개다. 그야말로 구절양장인데 차가 마주오면 비켜설 수도 없는 진퇴양난의 길을 밤새 어둠을 헤치고 왔다. 샹그릴라와 같다는 구게왕국이 아니었다면 감히 엄두도 못낼 여정이다.

일정을 소화하기 위해서는 일찍 서둘러야 한다. 새벽어둠을 뚫고 구게왕국의 입구 짜부랑(札布讓)마을로 향한다. 짜다현에서 수트레지강을 따라 서쪽으로 약 20여 km 떨어진 곳에 있다. 마을을 벗어나기 무섭게 황토의 바다로 빠져든다. 벌거숭이 민둥산을 몇 개 넘어서 황무지 초원을 지나자 좁고 험한 계곡으로 들어선다.

예로부터 티베트의 오지에 어디엔가 존재한다는 불교도의 유토피아를 샴발라(Shambhala)라 했는데 그곳이 히말라야산맥 북쪽 어딘가에 있다고 알려졌다. 현자(賢者)들이 살았다는 전설의 이상향 샴발라! 그 샴발라를 구게왕국이라고 믿는 사람이 많았다고 한다. 과연 샴발라인 구게왕국은 있는 것일까? 우리도 궁금증과 호기심으로 자못 흥분이 되기 시작한다.

황막한 산길을 돌아 협곡 밑으로 내려가니 먼동이 트는 가운데 강줄기가 언뜻 보이기 시작한다. 카일라스에서 발원하여 인더스강으로 흘러드는 수트레지강이다. 강폭은 어림잡아 5, 6백 m는 족히 되지만, 갈수기 때문인지 실뱀 같이 가느다란 물줄기 하나가 전부다. 마른 강 옆으로는 거대한 토림이 서 있는데 수천수만 년의 침식작용이 빚어낸 장관이다.

> "전설에 의하면 이 근처 어딘가에 유토피아인 샹그릴라, 즉 샴발라가 있다고 전한다. 그곳에서 들어가는 길은 달이 뜨면 나타난다고 했다. 이곳 '달의 성(月城)' 계곡은 히말라야 근처 어딘가에 있다는 전설 속의 이상향(理想鄕)이 신비롭게 채색되어 있었다."
>
> (『티베트의 신비와 명상』, 김규현 저, 351쪽)

토림은 다정 김규현 선생(티베트 전문연구가)이 생생하게 묘사한 그대로다.

계곡을 따라 깊이 들어갈수록 과연 명불허전이다. 귀부신공(鬼斧神工), 사람의 손으로는 도저히 만들 수 없는 그야말로 환상이다. 이상향이라는 샴발라를 찾아

구게왕국에서 본 짜다토림 협곡

가는 길이 이 정도는 되어야 하지 않겠는가?

구게왕국으로 가기 위해서는 계곡을 지나지 않고서는 불가능한 일이다. 마른 강이라고는 하지만 곳곳의 개천을 가로지르고 돌밭을 지나야 한다. 이렇게 갈수기 때만이라도 구게왕국을 볼 수 있는 것은 수트레지강의 특별한 배려인 셈이다.

강기슭의 오아시스 같은 마을 짜부랑을 지난다. 이른 아침이라 인적은 없고 굴뚝에서 아침을 준비하는 연기 몇 개가 하늘에 뻗치고 있다. 샴발라로 이야기되던 구게왕국은 여기서부터 서쪽으로 1km 남짓 어느 산꼭대기에 있을 것이다.

수트레지강 협곡이 하도 넓고 깊어 지나쳐 버리기가 십상이라는 가이드 말에 눈에 힘을 주어 살펴 나간다. 마른 개천을 따라 한참을 가자 멀리 계곡 사이로 설핏 유

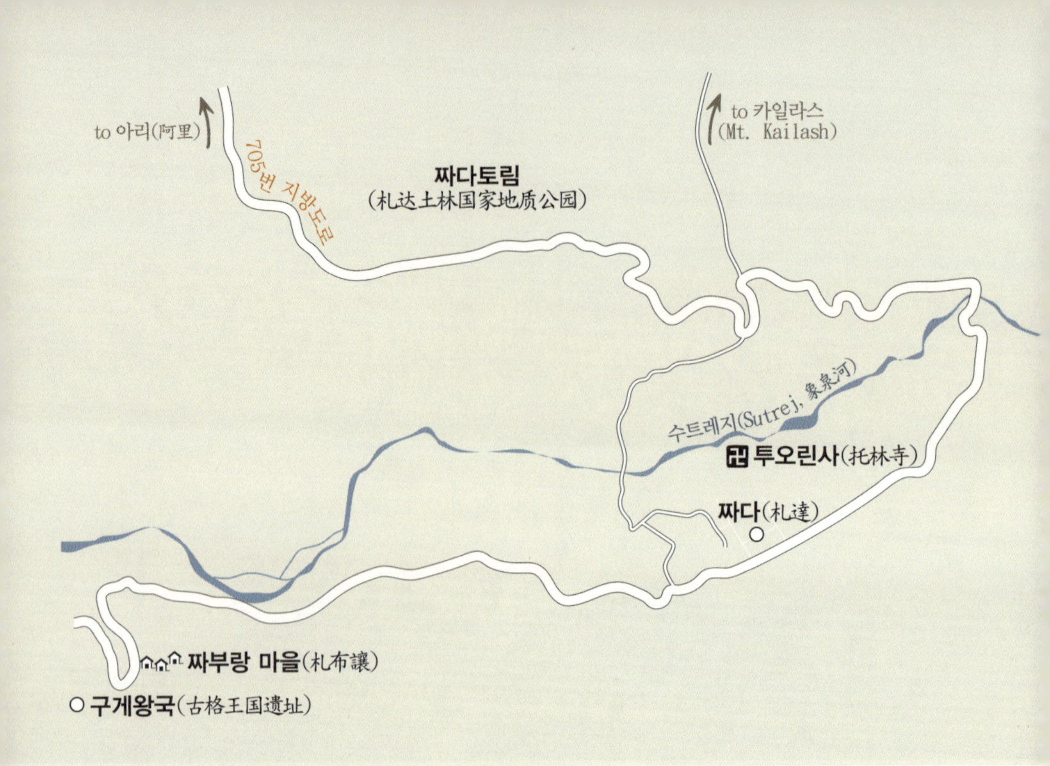

적지가 스친다. 협곡과 험한 산길, 그리고 하천으로 바리케이트를 친 요새 같은 성벽 흔적이 눈에 든다. 구게왕국이다.

무너진 성벽 같은 계곡을 지나 구게왕국으로 다가서자 멀리 만년설을 머리에 올린 히말라야산맥을 배경으로 병풍처럼 길게 늘어선 토림이 시선을 빼앗는다. 가까이 갈수록 하얀 설산과 황톳빛 토림은 하나 둘씩 겹쳐지면서 마치 매스 게임처럼 하나가 되는 일체감을 보여 준다. 아, 그 천변만화를 형언하기란 쉽지 않다. 수트레지강 계곡에 펼쳐진 황토절벽은 규모 자체로 감탄사를 자아낸다.

거대한 숲 같기도 하고 또 혹은 거대한 성벽 같기도 하다. 자세히 보면 자기가 상상하는 어떤 형상으로 변하는 재주도 부린다. 일순 토림은 캔버스가 되어 사자도 그려지고 코끼리도 그려지고 수만 병마용(兵馬俑)의 모습으로 변신한다. 나무한 그루 없는 흙벽이 수천수만 년 동안 자연의 풍상을 겪으며 만든 기기묘묘한 자태는 그야말로 신비다. 빼놓을 수 없는 경이로운 경관은 아침노을이다. 새벽같이 길을 나선 것이 천만다행이었다. 높은 산을 넘은 해가 뒤늦게 빠끔히 얼굴을 내밀자 토림은 또다시 춤을 추며 변신하기 시작한다. 바로 이곳이 샴발라라고 느끼게 된다.

구게왕국(古格王國, Guge)

짜다토림에서는 구게왕국의 유적지를 빼놓을 수 없다. 황토언덕 위에 위치한 왕국의 옛터는 왕궁과 사원, 방어시설과 주거지 등이 조화를 이룬 하나의 거대한

구게왕국

구게왕국 전경

구게왕국의 무너진 토굴들

건축물이었음을 짐작케 한다. 세월의 비장함을 감안하더라도 700년 세월을 굳건히 지켜낸 왕국은 허름해 보여도 그 기상만큼은 늠름하다.

수트레지강이 발아래 흐르고 그랜드캐니언 같은 계곡 사이에 수직으로 300m나 되는 황토 산 위에 왕국이 있었다. 벌어진 입을 다물기도 전에 발길이 바빠진다. 해가 뜨기 전이라 가장 감상하기 좋은 포인트를 찾아야 한다. 왕국 건너편 언덕에 자리를 잡았다. 팸플릿 사진으로만 눈에 익혀 왔던 백묘(白廟)와 홍묘(紅廟), 산꼭대기의 여름궁전이 가장 먼저 시선을 끈다. 그 아래 불탑과 성벽, 망루와 사찰 등 300여 채의 가옥이 옛 모습을 짐작하게 하고, 사람들이 거주한 듯한 300여 개의 동굴이 황토 산을 벌집처럼 만들어 놓았다. 건축물 지붕이 대부분 유실되어 온전한 모양을 갖춘 것이 거의 없어 폐허가 되다시피 했다.

아침 햇살이 왕국의 머리 꼭대기에 다다른다. 암갈색 황토 산이 황금빛으로 바뀌기 시작하자 천 여 년이나 침묵하고 있던 역사가 아지랑이처럼 피어오르기 시작한다. 아! 그 아름다움이란….

폐허가 된 왕국의 전설이 바람결에 전해지자 순식간에 수백 년의 시간을 넘어 구게의 역사 속으로 빠져든다. 구게왕국은 원래 토번왕조의 후예가 9세기에 건설한 지방정권이었다. 토번의 마지막 왕인 랑다마(朗達瑪)가 피살된 후 형과 권력투쟁에서 밀려난 랑다마의 둘째 아들인 지더니마(吉德尼瑪)는 라싸를 탈출해 아리로 와서 왕국을 건설한다. 지더니마의 세 아들이 아리지역을 나눠 가지면서 인도 북서부 파키스탄과 접경지역인 캐시미르의 라다크왕국과 인도, 네팔과의 접경지역인 서부 티베트의 푸란왕국, 그리고 구게왕국으로 분할된다. 그중 가장 강력했던 나라가 구게왕국이다. 한때는 서쪽으로 캐시미르 일대와 파키스탄 일부 지역까지 통치권이 미쳤었다. 화려하던 구게왕국이 어떻게 연기처럼 역사의 뒤안길로 사라졌는지는 미스터리다.

당시 인도 북부에서 확장한 이슬람 세력의 침략으로 멸망했다는 설이 있지만, 1635년 구게왕국의 내분을 틈탄 라다크왕국의 침략으로 멸망했다는 견해가 지배적이다. 왕국은 찬란했던 만큼 비참한 최후를 맞았던 모양이다. 토성 하단부의 토굴에는 목 없는 유골과 미라가 꽤 많이 남아 있다. 왕국을 건설했던 수많은 구게왕국 사람들은 모두 어디로 간 것일까?

구게왕국의 불교벽화

구게왕국의 화려했던 옛 모습은 미루어 짐작해 볼 수 있다. 지금은 폐허가 되었지만, 17세기 초 멸망할 때까지 16대에 이른 왕조가 700년 동안 창성했던 왕국의 영화는 무상한 역사와 세월의 풍상에도 그 기품을 완전히 잃어버리지 않았다.

인상적인 것은 20세기 초 영국 탐험가들(유물 도굴꾼들)에 의해 발견된 불교미술이다. 금으로 채색된 다수의 벽화는 인도 후기 불교인 밀교(密敎)의 특징을 잘 드러내고 있다. 도굴꾼들에게는 맞춤한 약탈 대상이었고, 문화혁명 때는 파괴의 대상이었던 불교 미술품들은 숱한 곡절에도 어제 그린 듯 살아남아 수백 년의 역사를 증언하고 있다.

토굴에 수백 년 동안 숨어 있던 독특한 벽화는 티베트와 인도의 불교양식이 어울려 구게의 양식으로 구현됐다. 일출에 비친 구게왕국의 신비를 감상하고 왕국 유적지에 들어가려 했으나, 보수공사 중이라 일부만 관람이 가능했다. 황토

구게왕국에서 본 수트레지강과 짜다토림

산 꼭대기의 여름궁전과 산 아래 겨울궁전을 연결하는 인공터널과 2km에 달하는 회전식 취수도(取水道)를 이용하여 산꼭대기에 물을 끌어올렸다는 신기한 시설은 제대로 볼 수 없었다. 수세기 동안 어두운 동굴 속에 간직한 밀교의 진수가 고스란히 보존된 벽화 역시 몇 점 밖에 볼 수 없게 되었다.

아쉬운 마음에 왕국의 이모저모를 둘러본다. 적군을 막아주던 성벽도 대부분 무너지고, 토굴들도 많이 파손되어 그 옛날 사람이 살았던 흔적을 추측해 볼 뿐 무상하기는 마찬가지다. 마니석 무더기만이 천 년 왕국의 태평성대를 기원하듯 쌓여 있을 뿐이다.

도대체 사람이 살 수 없을 것 같은 이 척박한 땅에 불국토를 만들어 삶을 개척했던 구게왕국 사람들도 세월의 무상함에는 어쩔 수 없었던 모양이다. 왕조는 사라지고 유적 유물만이 남아 찬란했던 왕국의 흥망성쇠를 이야기하고 있었다.

일행은 왕국의 이야기를 다 듣지 못하고 행장을 꾸려 다시 길을 떠난다. 새벽부터 달려온 '다와쫑(獨克宗)'의 비경은, 이제 되짚어 나가야 하는 악명 높은 길이 된다. 천 년의 폐허 구게왕국과 '달빛의 성' 다와쫑을 벗어나 고갯마루에 서자 멀리 토림을 병풍삼은 짜다현이 오아시스처럼 보이고, 계곡 아래로는 수트레지강이 실뱀처럼 비늘을 반짝이고 있다. 언제 다시 올 지 모르는 일, 잊지 않으려 다시 한 번 눈에 넣어 둔다. 우리는 서쪽으로 다시 길을 잡아 나간다. 수많은 고개와 개울을 넘고 건너고 광야를 온종일 헤맨 끝에 찾게 될 또 다른 샴발라를 향해서.

chapter **15**

6,700m 지샨따빤의 비밀

지샨따빤

잉지샤

구게왕국의 거대한 토림계곡을 빠져나와 다음 목적지로 이동한다. 짜다현에서 219번 국도(신짱꽁루)를 타기 위해서 705번 현도(縣道)를 경유하지 않으면 나올 수 없다. 약 120km 구간이다. 천애 낭떠러지를 끼고 만든 고갯길을 되짚어 나와야 한다. 신짱꽁루를 타고 다시 아리의 가얼현(噶爾縣)을 지나 티베트 최서단 도시 르투(日土)로 갈 계획이다.

아리는 깡탕(岡塘)고원에 속한 지역으로 티베트에서 가장 큰 면적을 차지하고 있으나 중국 내 영토 중 가장 황폐한 지대로 유명한 곳이다. 2010년 1월 비행장이 개통되면서 도로건설도 함께 이루어져 가장 황폐한 지역이라는 오명에서 벗어나게 됐다. 이로써 고산과 사막으로 뒤덮인 북서쪽 신장위구르자치구와 접경지대를 빼고는 사실상 티베트 거의 전 지역이 거미줄 같은 교통망으로 엮이게 됐다.

219번 도로 근처에 위치한 아리쿤사비행장(阿里昆莎机場, Ngari Kunsha Airport)에서 내리막길을 따라 50km 더 가면 아리의 중심인 아리진(阿里鎮: 獅泉河라고도 한다)에 닿는다. 스췐하변에 위치한 60여 년 된 군사도시이자 신짱꽁루상의 교통 중심지이다. 서쪽으로는 신장, 남쪽으로는 짜다와 푸란, 동쪽으로 라싸와 연결되어 있어 여행의 중요 거점이라 할 수 있다.

생각 이상으로 현대화가 된 도시는 결코 작지 않다. 시내 중심가에는 많은 식당과 대형 상점이 있고, 각 지역에서 집하된 농산물 등 물자도 풍부하다. 식당은 대부분 쓰촨식이지만 위구르 음식도 가능하다. 큰 고개 하나를 사이에 두고 신장 사람과 티베트 사람들이 어울리는 도시지만 외지 여행자들에게는 만만치 않은 곳이다. 허가를 받는 일도 쉽지 않고, 교통이 불편하기 때문에 충분한 시간과 철저한 준비가 필요하다.

아리를 지나 신장 방향으로 가는 길은 비교적 넓고 평탄하다. 주변의 생김새와 길이 비슷해 이곳이 티베트인지 신장 지역인지 구별하기 쉽지 않다. 끝없이 이어진 커다란 고압선 전신주가 동행할 뿐이다. 이 전신주를 따라가면 마을이 나오겠지 하는 바람을 안고 달린다.

르투(Rutok)에 이르자 유명한 판공쵸(班公湖 또는 Pangong Tso)*가 보인다. '태양의 땅'이란 이름에 걸맞게 고원에 내리쬐는 따가운 햇볕은 르투를 풀 한 포기 자라지 않는 황량한 광야로 만들었다. 판공쵸는 정치적으로도 첨예한 중국과 인도의 국경지대에 선물처럼 자리하고 있다.

* '거대한 함몰지'라는 뜻.

판공쵸

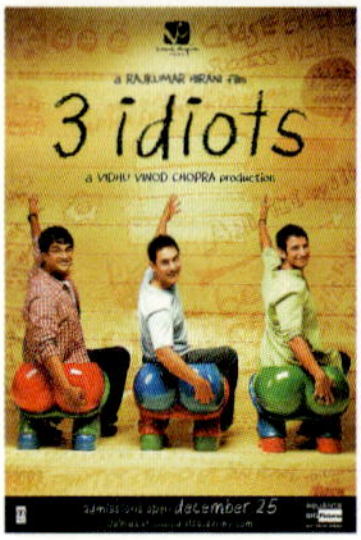

〈세 얼간이〉 영화 포스터와 판공쵸를 배경으로 한 장면

고립무원의 황토고원에서 만난 이 호수가 우리에게 익숙한 것은 2011년에 한국에서도 개봉되어 인기를 끌었던 인도영화 〈세 얼간이(3 idiots)〉(2009) 때문이다. 세 명의 천재 공학도가 펼치는 유쾌한 코미디의 마지막 부분을 인도 쪽 판공쵸에서 찍었기 때문이다.

현실에서도 판공쵸는 황토와 설산을 주위에 거느리고 푸른 하늘을 품었다. 호수 주변은 수초가 풍성하고 유유히 풀을 뜯고 있는 야생마 무리, 호수 가운데 섬과 어우러진 철새들의 모습까지 너무도 평화스럽다. 미려(美麗)한 호수풍경과 어울려 자연은 더욱 신비롭다.

호수는 중국과 인도에 걸쳐 있어서 배를 타면 인도의 레(Leh: 라다크의 주도)까지 갈 수가 있다. 중국과 인도 사람들의 왕래는 물론, 티베트 사람들이 라다크(Ladakh)*로 가는 망명의 길이기도 했다. 중국과 인도군의 충돌이 잦은 민감한 지역으로 국경분쟁이 벌어지자 1962년 국경이 폐쇄됐다. 이후 중국 신장자치구 카슈가르(Kashgar, 또는 카시喀什)와 티베트, 인도 캐시미르를 연결했던 고대 교역로도 폐쇄됐다. 코발트빛 호수는 수천 년의 신비한 전설과 역사를 간직한 채 깊은 상념에 빠진 듯 적막하다.

신짱꽁루는 1962년 중국과 인도 간 국경분쟁 때 개설된 도로로 군사적으로 중요하다. 파키스탄까지 3개국의 국경이 면한 지정학적 요충지로 영유권과 종교 갈등으로 인한 충돌이 빈번했던 지역 아닌가. 2017년, 2018년에 이어 2020년 6월에도 갈완계곡을 사이에 두고 유혈충돌이 벌어져 수십 명의 사상자가 발생했다. 그야말로 건드리면 터질 것 같은 긴장감이 팽팽하게 느껴지는 길이다.

좁고 기다랗게 형성된 호수는 동서길이가 약 1 50km, 남북의 평균 너비는 2~5km에 이른다. 가장 좁은 곳은 5m도 안 되는 곳도 있다. 신기한 것은 호수 면적의 3분의 2가량 되는 중국 쪽 호수는 대부분 담수호로 물고기가 살 수 있지만 인도 캐시미르 지역의 호수는 염호라는 점이다.

호수를 벗어나면 아름다운 초원이 펼쳐지는데 르투를 지나자 한동안 내리막길 협곡이다. 거대한 협곡 사이를 외줄타기하듯 고비탄(Gobitan)** 이라는 비포장도로를 달리고 달려서 도착한 곳은 둬마(多瑪)다.

* 과거 히말라야 왕국의 수도로 지금은 티베트망명정부와 난민촌이 있는 곳.

** 모래와 돌들이 섞인 척박하고 못 쓰는 산과 사막의 땅.

뒤마는 해발 5,000m에 위치한 아주 작은 마을이지만 신짱꽁루를 달리는 기사들이 꼭 하룻밤을 묵어가는 티베트의 마지막 마을이자 예청에서 티베트로 들어오는 첫 마을이다. 거창하게 표현할 것도 없는, 정말 집 몇 채 안 되는 길가의 휴게소 같은 곳이다.

식당을 겸한 초대소에 도착했지만 마치 아편쟁이 소굴 같은 움막에서 잠을 청하기는 쉽지 않았다. 동행했던 중국 감독관의 주선으로 생각지도 않게 중국인민해방군 막사를 사용하기로 한다. 도저히 상상할 수 없는 일이었지만 티베트에서도 오지 중에 오지이기 때문에 벌어질 수 있는 일이려니 했다. 부대 입구에서 몇 가지 보안검사를 한 후 막사를 배정 받았다. 낯설음도 잠시 중국인민해방군 막사는 여느 모텔급 초대소보다도 훨씬 깨끗하고 난방도 신식 라디에이터로 되어 있다.

그제서야 송곳 하나 박기 힘들 정도로 촘촘한 밤하늘의 별이 눈에 든다. 쏟아질 듯한 별들이 여기저기서 총총함을 자랑하며 손짓하고 있다. 수백 km를 달려온 일행은 피곤한 줄도 모르고 별구경 삼매경이다. 해발고도 5,000m에서 만난 칭짱고원의 별들은 손을 뻗으면 잡힐 듯 가까이 있다. 상상할 수 없는 경험이 더해져 우리의 밤은 잠을 자지 않아도 꿈이었다. 티베트의 겨울 밤하늘이란…. 칭짱고원에 오면 꼭 밤하늘을 보시라.

다음 날 새벽. 세계에서 가장 높은 고개 지샨따빤(界山達坂)을 넘어 신장위구르 지역으로 가기 위해 서두른다. 하지만 문제가 생겼다. 탐사대 지프 차량의 스타트 모터가 푸드덕거리며 시동이 걸리지 않는다. 휘발유 차량을 제외한 디젤 차량들은 혹한에 견딜 수 있는 연료를 넣어 뒀어야 했다. 어제 아리를 출발하면서 −20도나, −30도짜리 연료를 구할 수 없어서 0도용 기름을 넣은 것이 사달이 난 것이다. 간밤에 이 지역은 영하 30도 아래로 내려갔다고 한다.

중국은 넓고 기후조건이 다양하다 보니 연료를 구분해서 팔고 있다. 휘발유는

90, 93, 97(옥탄가를 표시한 것으로 수치로 높을수록 고급연료)로 구분하고 디젤은 0, −10, −20, −30, 그리고 특수하게 −35도 있다. 이는 숫자에 맞는 기온까지 얼지 않고 견딜 수 있는 연료를 나타내는 것으로 탐사대 차량에는 최소한 −20을 주유했어야 했다.

엔진룸과 연료통에 펄펄 끓는 물을 부어 녹여도 보고, 얼은 기름을 녹이려고 차체를 흔들어 봐도 별무소용이다. 일정을 늦춰서 해가 뜬 아침에 보급 장교가 민가에서 구해 준 기름을 추가로 넣은 후에야 시동을 걸 수 있었다. 지체된 시간으로 마음도 바쁘고 일정도 촘촘해진다. 여러 가지 도움을 준 인민해방군 관계자들에게 감사인사를 한 후에야 길을 나선다.

뒤마를 빠져나와 신장과 티베트를 잇는 '신짱꽁루'를 탄다. 신짱꽁루인 219번 국도는 세계에서 해발고도가 가장 높은 곳으로 알려진 도로다. 이 일대는 높이만큼 공기가 희박하다. 기압도 현저히 떨어져 지나는 여행자나 운전자들이 대부분 고소 증세를 앓게 된다. 탐사대가 넘으려는 고개 지샨따빤*은 해발 6,700m다. 실제로 고산병으로 유명을 달리한 사람들도 있다고 하니 지옥길이 아닐 수 없다. 예청 가는 길이 정말 장난 아니게 됐다.

티베트 라싸에서 신장 예청(葉城)까지는 약 2,500여 km, 평균 해발고도는 자그마치 4,500m가 넘는다. 219번 도로 위는 산소량도 적고 기온도 낮아 초겨울에 고개를 넘고자 하는 우리 일행에게는 참으로 난감한 일이다.

뒤마에서 예청까지는 쿤룬(崑崙)산맥의 설산을 대략 8개 정도는 넘어야 하는 고행길이다. 신짱꽁루의 보수와 통행을 담당하는 중국 무장경찰 교통대가 '생명 금지 구역 중의 금지 구역'이니 조심하라는 경고가 허투루 들리지 않는다.

뒤마에서 약 110km쯤, 거리는 짧지만 수많은 고개를 오르락내리락하며 4시간여를 달려서야 신짱꽁루의 가장 높은 고개인 지샨따빤을 오른다. 산마루에는 '지샨따빤 해발 6700m' 표지석이 있는데 신장위구르와 티베트의 경계선이기도 하다. 세계에서 가장 높은 고개를 넘는다는 기대가 한껏 올라 있었던 것도 사실이다. 실제로 가보니 고도계는 한참 낮은 5,200m대로 표시하고 있어서 길을 잘못 들어선 줄 알고 지샨따빤을 찾느라 한참을 맴돌았다. 그러나 주변에 해발

* 쿤룬산맥을 넘는 고개.

6,700m의 고개는 없었다.

왜 지산따빤의 높이는 실제와 다른가? 여기에는 여러 가지 설이 있다. 70년대 측량했을 당시의 오류라는 해석과, '해발 6700m'는 많은 사람들이 끔찍하게 느낄 수 있는 높이로, 영토분쟁이 잦은 이곳에 티베트로 가는 길을 내어 주기 싫어했을 중국 정부의 의도가 숨어 있다는 설이다.

지샨따빤 구계비 앞면

역사적으로는 '1950년 8월 1일, 신장위구르자치구 2군단의 독립 기병부대인 리디산(Li Di-san)이 이끄는 기병대가 아리고원에 진입하여 세계의 지붕 위에 붉은 깃발을 꽂았다'라는 기록이 있듯이 이 지역은 수백 년 동안 독립하려는 위구르족과 지키려는 중국의 치열한 영토 분쟁지역이기 때문에 설득력이 있다.

이 논란은 2009년에 지샨따빤의 높이를 5,248m로 수정해 일단락되었다. 하지만 2005년 7월 1일 새로 세운 구계비 앞면에는 '海拔 5248M', 뒷면에는 '海拔 6700M'로 표기하고 있다. 왜 그런지는 여전히 모를 일이다.

우리는 세계에서 가장 높은 고개를 차를 가지고 넘는 신기원을 이루겠다는 목표가 있었다. 그러기에 미친 듯 일대의 고개란 고개는 다 뒤지고 다녔지만 5,300m를 넘는 고개를 찾지 못했다. 하긴 그동안 이 고개를 통해 티베트와 신장을 오갔을 수많은 트럭기사와 여행자들을 생각하면 애초부터 기록은 부질없는 일인 셈이다. 모두 씁쓸하게 웃고 만다. 지도와 신문기사 등 중국발 자료만 믿고 황당한 꿈을 꾸었던 지샨따빤 해프닝은 그렇게 끝이 났다.

지샨따빤에서 내려와 처음 만난 마을은 대홍류탄(紅柳灘)이다. 붉은 버드나무라는 홍류(紅柳)가 만발해서 마을 이름이 됐다는데 홍류는 눈을 씻고 찾아봐야

대홍류탄마을 풍경

한다. 서부영화에나 나옴직한 황야에 토담집 몇 채가 전부다. 고원의 바람에 흙먼지가 회오리를 치고 타르초만 찢어져라 나부끼는 곳이다. 이 대홍류탄에서부터 해발고도가 낮아지고 기후도 훨씬 따뜻해져서 여행자들에게는 심리적으로 여유를 준다.

동네 마당에 버려진 듯한 허름한 당구대에서는 사람들이 게임을 즐기고 있다. 가끔 그들의 해맑은 웃음소리가 허허벌판에 퍼지고, 그들을 보는 우리도 미소를 지으며 길을 재촉한다.

홍류탄에서 약 120km 떨어진 산시리잉팡(三十里營房)으로 향한다. 해발 4천 m의 홍류탄에서 해발 3천 m의 산시리잉팡으로 내려가면서 머리는 더 맑아지고 몸은 날 듯이 개운해진다. 고소증세에 위축됐던 몸이 점점 자유로워지는 것이다.

신짱꽁루에서 그나마 크고 번화한 곳 중의 하나라는 산시리잉팡은 호탄하(和田河)의 지류인 카라카시하(喀拉喀什河)계곡에 자리잡고 있는 마을이다. 크고 작은 자동차정비소, 주유소, 여관과 식당이 다양하게 있는 동네다. 아스팔트도로를 사이에 두고 형성된 마을로 그리 크지 않지만 천리 길을 달려온 여행자에게는 오아시스다.

정작 난관은 산시리잉팡에서부터였다. 중국 감독관의 말이, 앞으로 지나갈 예청까지 280km 구간은 군사보호지역으로 사진촬영은 물론 절대 정차하거나 하차할 수 없으니 미리미리 화장실을 다녀오란다. 도대체 어떤 지역인데 그럴까 하면서 길을 나선다.

강디쓰산맥을 벗어나면 카라쿤룬(喀喇崑崙)산맥, 즉 카라코룸산맥(Karakorum range)으로 접어들게 된다. 아찔한 낭떠러지 길을 따라 아흔아홉굽이를 지나야 허이카따빤(黑卡大坂), 마짜따빤(麻札大板, 4,969m)을 넘는다. 티베트의 마지막 산인 쿠디따빤(庫地大板, 3,150m)까지 100여 km는 그야말로 첩첩산중, 구절양장의 길을 넘어야 예청으로 갈 수 있다.

허이카따빤을 지나서 30분쯤 됐을 때였다. 군사보호지역이라 절대로 하차하면 안 된다던 중국 감독관이 엄포와는 달리 다행스럽게도 한 번의 정차를 허락한다. 벌써 한 달 넘게 동행한 중국 감독관도 꽌시(關系)를 무시할 수는 없었던 터였다. 운 좋게 날씨가 좋아 K2봉(8,611m, 세계 제2위 봉우리)이 보이자 잠깐 시간을 내주었다. 앞산에 가려 전체를 볼 수 없지만 약 8부 능선부터 정상 부위를 볼 수 있었다. 아쉬움과 함께 우리가 파키스탄 방향으로 가고 있음도 짐작해 본다. 히말라야 자이언트 봉우리 14 중에 K2는 파키스탄에 있기 때문이다. 참 멀리 왔다.

신짱꽁루에서 본 K2 봉우리

나중에 확인해 보니 우리가 지나던 지점 인근 150여

km에 중국의 우주센터가 있고 미사일기지가 다수 있다고 한다. 인도, 파키스탄과 국경분쟁을 대비한 중국 정부의 강력한 의지가 보이는 대목이다. 오래 머물다가 군인들에게 시비가 될 수 있다는 중국 감독관들의 성화와 협박으로 이내 자리를 뜰 수밖에 없었다.

쿠디따빤은 비록 높지는 않지만 신짱꽁루에서 그 기세가 제일 장관일 만큼 거칠다. 우리는 길의 형편에 맞게 속도를 낮춰 기나긴 하산을 한다. 쿠디(庫地)의 공안검사참(公安檢査站)에서 여권검사를 한 뒤 계곡을 따라 내려오니 모든 것이 달라졌다. 도로는 포장되어 더 넓어지고 평온하다. 차창으로 스치는 사람들의 얼굴이 하얗고 가름하며 덥수룩한 수염과 날이 선 코를 가진 사람들로 즐비하다. 여전히 먼지 많은 거리는 당나귀 수레와 채찍을 휘두르며 달리는 마부의 모습이 활기차 보인다.

신장위구르의 첫인상은 다분히 소란하고 매캐한 느낌이다. 그래도 수많은 황토 계곡을 지나고 아홉 개의 큰 고개를 넘어서 만나게 되는 예청은 왠지 과거에서 현대로 귀환한 것 같아 안도의 한숨을 쉬게 된다.

예청(叶城)

예청은 티베트와는 또 다른 풍경을 가진 마을이다. 무슬림사원이 많은 것이 인상적이다. 크지 않은 시장(바자르)이지만 활기찬 모습이 티베트와는 사뭇 다르게 사람 살만한 곳이라고 느껴진다.

다음 날 아침. 예청의 아침은 분주하다. 어제 늦게 도착한 터라 미처 보지 못한 이색적인 풍경이 펼쳐진다. 왕복 6차선의 대로에는 세상에서 움직일 수 있는 것과 탈 수 있는 것들이 모두 나와 전후좌우로 뒤섞여 난리도 아니다. 일행은 이

엉망진창에서 어떻게 빠져나갈지 걱정스럽다. 차들은 빵빵거리고 오래된 경운기를 개조한 차의 배기통에서는 시커먼 매연이 공장 굴뚝이다. 자전거와 오토바이와 자동차가 얽힌 일대 교통대란 중에도 해맑게 웃는 소년, 소녀들. 그 와중에도 어깨와 등에 커다란 보따리를 지고 차들 사이로 날쌔게 뛰어다니며 하루를 준비하는 서민들의 모습에서 위안을 찾는다.

간신히 예청 중심가를 빠져나와 신장과 시짱(티베트)을 연결하는 신짱꽁루(219번 국도)에서 315번 국도로 갈아타고 카슈가르 방향으로 길을 잡는다. 세 겹으로 심은 백양나무 가로수는 농익은 진노란색 가을 향기를 머금은 채 도로와 동행하고 있다.

신짱꽁루에서 만난 양떼와 여인

최근에 건설된 것으로 보이는 아스팔트도로에는 대형트럭과 오토바이, 경운기, 당나귀 마차까지 굴러다닐 수 있는 모든 것이 튀어나와 각자의 길을 가고 있다. 여행자에게는 낯설고 경악스러운 일이지만 여기서는 자연스러운 일로 보인다. 길옆에는 백설 같은 꽃을 단 목화밭과 누렇게 익어가는 칭커밭에서 가을 추수에 신이 난 농부들의 환한 모습들이 주마등처럼 스쳐간다.

예청을 벗어나 고속도로 대신 구도로를 따라 다시 거친 황야를 질주한다. 이름 모를 하천을 끼고 가파른 산길을 달리기도 한다. 사막은 모래와 바람이 만든 기기묘묘한 사구만 있다고 생각했지만 정작 사막으로 가는 길은 고비탄이라는 거친 길을 지나야 만날 수 있다. 고비탄이란 흙과 모래, 자갈 등이 섞인 '몹쓸 땅'이라고 해도 무방하다. 다행히 몇 년 전, 도로포장이 시원하게 되어서 예전 같은 고행길은 사라졌다.

고비탄사막과 끊어졌던 비포장도로가 모두 포장이 되어 황량한 '몹쓸 땅'은 이제 구경거리가 됐다. 세상은 참 빠르고 무섭게, 중국 사람들도 참 거침없이 전진하고 있음을 느낀다.

예청에서 카슈가르까지는 약 230km쯤 된다. 그사이에 16~17세기 위구르왕국 야르칸트(Yarkant, 1514~1682)의 왕 압둘 루시티함(Abdur Rhushitiham)과 왕비 아마니샤한(Amanni Shahan, 阿曼尼沙罕)의 무덤이 있다는 사처(砂車)를 지난다. 시인이자 민속음악을 연주한 예술가이기도 했던 왕비는 당시 야르칸트 주변의 뮤캄(木佧姆, Mukamm)이라는 민속음악 12종을 모아 집대성했다. 이 지역 음악의 모태로 지금까지 전해지고 있다. 지나치기 정말 아까운 도시지만 일정상 어쩔 도리가 없다. 시간이 되면 꼭 들러보고 싶은 마을이다.

카슈가르 남쪽 60km쯤에 위치한 잉지샤(英吉沙 또는 Yengisar)에 이른다. 잉지샤는 우리나라의 면소재지만한 작은 도시다. 이 오지 촌 동네도 10여 년 전과는 확연하게 다르게 현대화되었다. 먼지 폴폴 날리던 비포장도로변에 위치했던 시골은 온데간데없고 오성홍기(五星紅旗)가 게양된 빌딩과 건물들이 즐비하다.

잉지샤하면 '칼'이다. 마을 초입부터 도로변 간판에서 그 면모를 확인시켜 준다. 칼을 주제로 한 간판과 조형물에 새긴 '世界之最一刀'라는 문구에서 역사와 전통을 자랑하는 잉지샤 사람들의 자부심을 느낄 수 있다. 예전에는 길거리에 좌판 형태로 칼들이 전시되고 호객도 했지만 현대화된 이후로 대부분 실내로 옮겨졌다. 가게 내부는 다양한 칼이 진열되어 있고 가끔은 칼을 제작하는 모습도 보인다.

잉지샤라는 마을 이름을 처음 들었을 때는 무슨 절인가 싶었었다. 알고 보니 "이곳 잉지샤가 토질이 나쁘고 물까지 부족하여 사람들이 살기 힘들다고 하소연을 하니, 하늘에서 칼 잘 만드는 기술자들을 내려보냈다. 그들이 칼을 워낙 잘 만드니 동네가 유명해지고 부자가 되었다."는 전설에서 유래하여 위구르어로 신도시(新城)를 의미하는 '잉지샤'로 부르게 되었다.

투루판의 포도, 하미과(수박), 호탄의 옥이 유명하듯이 신장 지역에서는 아랍식 전통 수공예 방식으로 만드는 '잉지샤의 작은 칼(英吉沙小刀)'이 400년 역사를 자랑하는 특산품이다. 위구르인들에게 칼은 필수 소지품이자 장식품이다. 항시 휴대하고 다니며 양고기, 소고기와 하미과를 잘라 먹는다. 중국 정부에서도 이런 풍습을 인정하여 위구르족에게는 칼을 휴대하고 다닐 수 있도록 허용하였다.

요즘의 잉지샤는 세상의 변화에 대응이라도 하듯 상품이 다양화되었다. 예전에는 소형칼, 부엌칼 등 오로지 칼만 만들었지만 지금은 화장용 손거울, 보석함, 손톱깎이 등 돈되는 것은 다 만든다.

아쉬운 것은 이곳도 트렌드를 반영하여 요즘 사람들이 좋아할 만한 용도와 디자인의 칼도 팔고 있으나 정작 잉지샤산이 아니라는 점이다. 위구르족의 전통 수공예품으로 솜씨가 정평 있는 칼의 고향 잉지샤라서 아쉽다.

잉지샤의 상인들은 "이곳의 칼은 모두 수공업으로 만들어집니다. 그래서 같

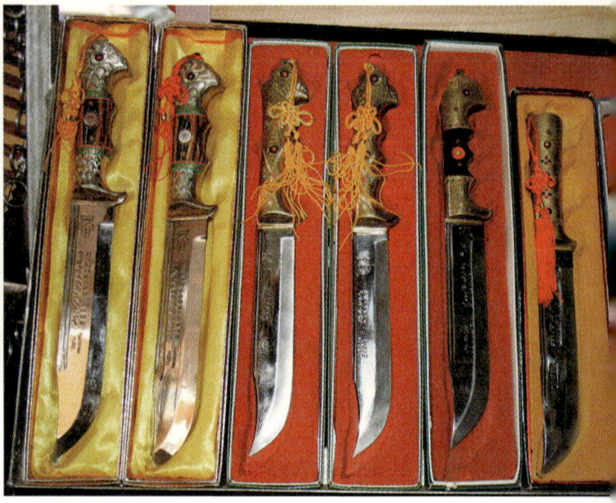

잉지샤의 수제칼

은 물건이 거의 없지요. 품질이 좋아 최고의 칼로 자부합니다."라고 하지만 예전 방식으로 담금질하고 제련하는 방식은 일부고 주조된 강철을 가져다가 성형하는 것이 적지 않다고 안내인이 귀띔한다. 가격을 보니 장인들이 한 땀 한 땀 정성 들여 만든 것이라고 보기 어렵다. 시대의 변화에 따라 편리하게 변하는 것은 어쩔 수 없다하더라도 장인들의 경험과 노력이 빛나는 잉지샤의 전통이 오래 지속되었으면 싶었다.

거리에는 여행자와 관광객들의 쇼핑이 여전하다. 가격을 흥정하는 것은 세계 어디서나 흥미로운 일이다. 가게마다 몇 자루의 칼을 들고 사네마네하며 실랑이 하는 모습이 재미있다. 이곳 사람들도 우리 시장통에서 흥정하듯 하면 꽤나 많이 깎아주기도 한다. 사람 사는 것은 대략 비슷하지 않은가. 혹시 이 먼 잉지샤까지 오면 기념품으로 한 개쯤 가져볼 만하다. 상당히 정교하고 유니크한 칼 제품이 다양하고 저렴하다.

chapter 16

풍요로운 오아시스 도시, 카슈가르

카슈가르

카슈가르의 행정구역상 명칭은 신장성 타리무분지 카시지구 카시시(新疆省 塔里木盆地 喀什地區 喀什市)다. 그러나 위구르인은 '카슈가르(Kashgar)'라 부른다. 타리무분지 서쪽 끝, 바람에 의해 침적된 황토와 충적토로 이루어진 오아시스 위에 건설한 도시다. 현대에는 이국적인 풍물 때문에 실크로드 여행에서 빼놓을 수 없는 매력적인 도시 중의 하나다.

위구르족, 한족, 회족(回族), 우즈베크족(烏孜別克族), 키르키스족(柯爾克孜族), 타지크족(塔吉克族) 등 13개 민족이 거주하지만 위구르족이 다수다. 세월이 무색하게 아직도 서역의 독특한 문화가 진하게 느껴진다. 하루 종일 걸어도 중국에 있다는 느낌이 들지 않는 곳이 바로 신장이라 하지 않던가. 위구르족은 외모부터

다르다. 흰 피부에 오뚝한 콧날, 큰 키에 떡 벌어진 서구적 골격, 위구르 전통 모자 '도파(doppa)'를 쓴 남자와 온몸에 '히잡'을 두른 여성들에게서 중국의 향기를 느낄 수는 없는 일이다.

중앙아시아 국가들은 대부분 다민족 사회다. 신장도 마찬가지다. 역사는 중앙아시아 지역을 그냥두지 않았다. 뺏고 뺏기는 전쟁의 역사는 수천 년을 이어왔다. 그사이 얼마나 많은 종족들이 섞였는지는 모를 일이다. 인종적 혼혈이 꾸준히 이어져 왔고 그 결과 하이브리드형 인간으로 진화했다. 특히 미녀가 많기로 유명하다. 밭 매는 아가씨도 미스코리아보다 낫다는 우스갯소리가 허투루가 아니다.

'위구르의 여신'이라 칭송하는 구리나자(古力娜扎, Gulnazar)와 함께 2대 미녀로 불리는 디리러바(迪麗熱巴, Dilraba)는 중화권의 스타로 발돋움했고, 멀게는 청나라 건륭제의 후궁 향비(香妃) 등 위구르를 비롯한 서역 출신의 미녀는 차고 넘친다. 미녀만 많은 것이 아니다. 노래와 춤을 좋아하는 위구르족은 손님 접대하기를 좋아한다고 알려져 있다. 그런 사람들 중 나쁜 사람이 있던가.

그동안 중국발 뉴스를 통해서 각인된 호전적이고 배타적인 사람들이 아니라는 걸 알게 된다. 훈훈한 인간성과 독특한 감수성이 매력적인 사람들이라는 것을 머무는 시간만큼 이해하고 느끼게 된다.

라싸에서 출발하여 3,000여 km를 달려서야 도착한 카슈가르. 신의주와 부산을 3번 오가야 하는 길이다. 카슈가르는 그 이름에 담긴 여러 의미처럼 기가 막힌 도시임에는 틀림이 없는 듯하다.

카슈가르!('각양각색의 집'이라는 뜻). 고대에는 서역(西域)이라고 불렸다. 중국의 가장 서쪽에 자리잡고 있어서 이국적인 분위기가 선명한 곳으로 '실크로드의 진주'라고 불렸던 곳이다. 둔황에서 갈라진 톈산남로와 타클라마칸사막의 북과 남을 경유한 오아시스길이 다시 만나는 깔때기의 목 같은 곳이다.

카슈가르 노천시장

신장위구르자치구의 남서쪽에 위치한 난장(南疆)은 신장 남부지역의 상업, 문화, 종교 중심지이자 위구르족의 터전이다. 서쪽으로는 파미르고원과 카자흐스탄, 타지키스탄, 키르기스스탄이 경계하고 있고, 남쪽으로는 쿤룬산맥과 인도의 잠무캐시미르, 북쪽으로 우루무치로 이어지는 지정학적 위치에 있다. 해발 1,300여 m에 위치하고 있으나 대륙성 온대기후로 사계절이 분명하고 혹한과 혹서가 없는 쾌적한 지역이다. 그 옛날 실크로드를 오갔던 대상들이 고된 행로 중에도 이곳에서 휴식과 여흥을 즐겼던 이유를 알 것 같다.

당나라의 삼장법사 현장이 인도에 불경을 가지러 가다 들렀고, 몽골의 황제를 만나러 가던 마르코 폴로, 그리고 신라의 혜초 스님과 고구려의 후손 고선지도 이곳을 지나 서역정복에 나섰다 하니 역사와 스토리가 무궁무진한 곳이다. 신장 지역으로의 여행은 쉽지 않기 때문에 꼭 보고 싶다는 욕망이 생기는 곳이다. 수고로움 이상의 매력이 숨겨져 있는 보물 같은 곳이기 때문이다.

인구의 대다수를 차지하는 위구르족은 투르크계 민족이다. 그들의 운명이 참으로 길고도 험난했던 것은 역사가 증명하고 있다. 카슈가르에서 중국이 처음으로 지배권을 행사한 것은 기원전 2세기 한무제 때 장건(張騫)이 실크로드를 비롯한 서역을 개척하면서 시작된다. 당시에는 소륵국(疎勒國)이었다. 이후 중국의 지배에서 벗어났다가 당대에 다시 중국의 지배를 받았고, 청대 이후 지금까지 중국의 통치를 받게 되었다.

청나라 말 정치적 혼란기에는 러시아와 영국 간의 각축장이 되었다. 한때 소비에트 연방의 지원을 받아 1930년대, 1940년대 두 차례 등 3차례에 걸쳐 동투르키스탄(East Turkestan Republic)이란 이름으로 독립을 선언했지만 중국이 가만히 두지 않았다.

인도, 파키스탄, 러시아 등 8개국과 5,400km에 걸쳐 국경을 공유한 카슈가르는 정치, 군사적으로는 요충지대이고 경제적으로는 천연자원의 보고로 중국으로서는 포기할 수 없는 특수한 지역이다. 1949년 중화인민공화국으로 강제합병되고 '새로운 경계'를 의미하는 '신장(新疆)'이라 불렸고 1955년 신장위구르자치구가 되었다.

1991년 12월 8일, 소비에트 연방이 해체되는 역사적인 사건이 발생한다. 그 결과 카자흐스탄, 우즈베키스탄, 투르크메니스탄, 아제르바이잔, 키르기스스탄 등 투르크 민족 독립국가들이 탄생했다. 이를 계기로 투르크의 맹주인 터키와 중앙아시아를 연결하는 투르크 벨트가 만들어졌다. 1000년 전 실크로드를 지배하던 투르크 민족의 범투르크주의(Pan-Turkism)가 다시 주목받았다. 투르크 벨트를 연결하는 마지막 땅이 중국에 합병된 신장 지역이다.

위구르족 역시 범투르크주의에 영향을 받아 분리 독립운동을 시작했다. 1997년, 2008년에도 독립시위가 있었고, 2009년에는 신장 자치구 수도인 우루무치에서 분리 독립 요구 시위를 벌이다 수백 명이 숨지는 유혈사태가 벌어졌다. 이후 한족과 위구르족 사이에 불신의 골이 한층 깊어졌다. 중국 정부는 이 지역에 치안병력을 대폭 강화하고 위구르 언어와 교육, 종교 활동 등을 시시콜콜 억압하고 있다.

중국 공산당은 왜 위구르인을 철저하게 탄압하는 것일까? 한족 중심인 중국 동부와 달리 신장은 중앙아시아 문화권에 속하는 지역으로, 이슬람교를 신봉하고 고유 언어를 고집하는 위구르족은 중국화가 쉽지 않은 민족이다. 물과 기름처럼 절대 섞이기를 거부하는 위구르족 문제는 중국 내부에서 티베트 문제보다 훨씬 골치 아픈 문제로 알려져 있다.

비폭력적 독립운동을 전개 중인 티베트 달라이 라마와 달리 이 지역은 19세기 이후 무려 200년 가까이 무력투쟁이 계속 이어지고 있다. 중국 정부는 70년간 제국주의적 '동화, 말살 정책'을 통해 탄압하고, '신장 개척'을 내세워 1962년에도 란신철도를 통해 한족을 대거 이주시켰다.

'위구르의 위구르인은 대지가 낳고, 위구르의 한족은 기차가 낳는다'는 유행어가 생겨날 정도였다. 그 결과 위구르 내 한족의 비율은 40% 이상, 최대 도시인 우루무치는 최근 기준으로 무려 약 80%에 이른다. 카슈가르도 상대적으로 위구르인의 비율이 최근 몇 년 사이에 90%에서 80% 정도로 낮아졌다는 통계다. 이면 서역 땅 신장위구르지역에도 '한족'은 거침없이 직진하며 위구르를 잠식하고 있다.

한족 인구가 70% 이상을 넘어서면 자치구로서의 역할이 무의미해지게 된다는 의미를 곱씹어 볼 필요가 있다. 자치구에서 중국 정부의 통제를 확실히 받는 성(省)으로 바꾸기를 의도하는 것은 아닌지.

2017년도부터는 전례 없이 대규모의 위구르인들을 강제수용소에 가두고 세뇌공작을 한 것으로 알려졌다. 티베트와 내몽골에서 진행된 소수민족의 강제 동화

(同化)정책과는 전혀 다른 기세인 이 공작의 진짜 이유는 무엇일까?

이 의문에 대한 해답으로서 시진핑(習近平) 주석이 주도하는 일대일로가 있다. 현대판 실크로드로 불리는 이 야심적인 인프라 건설은 결국 신장위구르자치구를 가장 중요한 허브로 보고 있다는 주장이다. 허브는 지역 사회의 장기적인 안정이 요구된다. '분리주의'와 '과격'한 위구르민족의 반중성향을 용납해서는 안 된다는 중국 공산당 수뇌부의 강경한 입장이 대탄압을 부르게 된 것으로 볼 수 있다. '일대일로'의 불편한 진실이라고나 할까.

2018년에도 신장지역의 위구르인 100만 명 이상을 강제수용(정치적 성격의 수용소인 '재교육 캠프')하고 있다는 의혹과 함께 유엔인권위원회가 수용소를 공개하라고 요구했다. 트럼프 행정부의 마이크 펜스 부통령이 2018년 10월, 한 연설에서

> "신장(新疆)에서는 중국 공산당이 100만 명이나 되는 이슬람계 위구르인을 강제수용소에 구속하고 주야를 불문하고 세뇌하고 있다. 중국 정부가 위구르 문화를 교살하고 이슬람 신앙을 짓밟으려는 의도적인 시도라고 위구르인들이 증언하고 있다."

라고 한 것으로 봐서 근거 없는 이야기는 아닌 것 같다. 여전히 신장위구르자치구가 뜨거운 감자인 것만은 확실하며, 수백 년 동안 계속되고 있는 독립을 원하는 위구르인들의 염원 또한 길고도 끈질기다.

카슈가르는 지리 문화적 측면에서 천혜의 요소를 갖춘 곳이다. 우뚝 솟은 산부터 사막, 초원, 고원지대까지 다양한 자연환경을 가지고 있다. 기묘한 자연풍광과 역사적 유지(遺址), 독특한 민족특색이 농후한 카슈가르는 신장 남부지역의 가장 중요한 관광지구다. 파미르고원, 카라쿨호수, 타클라마칸사막, 중국에서

가장 큰 이슬람 사원 중 하나인 이드카흐 모스크, 대형 이슬람식 건축인 향비묘, 천불동 등 헤아릴 수 없는 유산들이 있다. '카슈카르에 오지 않고 신장에 왔다고 할 수 없다(不到喀什 不算到新疆)'는 말이 있을 정도다.

그 많은 유산 중에 카슈가르가 자랑하는 것은 이슬람 유산이다. 특히 사원이다. 사원을 보면 위구르가 보인다. 한때 불교도였던 위구르인들 중 가장 먼저 이슬람으로 개종한 사람들도 카슈가르 사람들이다. 주변을 둘러싼 투르크계의 영향 때문이다. 10세기 경 최초의 터키계 이슬람 왕조인 카라한(Karakhan)이 왕도를 세우면서 카슈가르가 이슬람 문화를 전파하는 전진기지가 됐다. 이후 신장 위구르지역은 급속히 이슬람의 세상이 되었다. 이슬람 문화가 바로 카슈가르의 문화이고, 위구르인을 제대로 볼 수 있는 곳이기도 하다.

신장에는 현재 약 500여 개의 이슬람 사원이 있다. 그중 진수는 카슈가르시 중심인 해방로에 자리잡고 있는 이드카흐 모스크다. 중국에서 가장 규모가 큰 이슬람 사원 중 하나로 카슈가르를 상징하는 의미를 넘어 위구르족 삶의 중심이 되는 사원이다. 이드카흐(Id Kah)는 '기념일에 예배드리는 장소'와 '축제의 광장'이라는 두 가지 의미가 있다.

이드카흐 모스크(艾提尕爾清眞寺, Id Kah Mosque)가 있는 자리는 원래 묘지였다. 9세기경 궁정 관료들이 무덤을 만들기 시작했고, 실크로드를 왕래하던 거상들과 아라비아인, 페르시아인들의 무덤이 되었다. 1422년(이슬람력 846년) 카슈가르의 집정왕이었던 사퀴씨즈 미르자(沙克色孜米扎爾, Saqisiz Mirza)가 죽자 후손들이 왕을 기리기 위해 그 무덤에 조그마한 사원을 세우고, 매일 참배를 드렸다. 그것이 이드카흐 모스크의 시초다.

이슬람에서 건축은 문화의 결정체다. 스페인의 알함브라궁전과 인도의 타지마할에서 볼 수 있듯이 화려함에서는 궁전이나 왕릉들이 압권이지만 이슬람 건축의 총체적 아름다움을 대표하는 것은 무슬림들의 예배 장소인 모스크다. 모스크의 넓은 공간은 이슬람 유일신의 통합적인 힘을 실증하는 곳으로 화려한 아라베스크 장식은 영적으로 신의 무한한 위대성을 묘사한다. 이것이 이슬람 세계를 하나로 묶는 중요한 문화적 요소가 된다.

이드카흐 모스크는 1538년 대대적인 확장과 이후 몇 차례 증축을 거듭해서 오늘날에 이르렀다. 모스크 앞 광장은 매우 넓고 순례자와 장사꾼들로 항상 북적이고, 사원 주변에 수많은 가게들이 이슬람의 분위기를 한껏 고조시킨다.

가장 먼저 눈에 띄는 것은 높이 12m에 이르는 황토색 문루와 그 옆의 대형 원기둥 탑이다. 전통적인 이슬람 건축의 형태다. 고대에는 항해나 사막 여행자의 길을 안내하는 기능도 있어서 일명 '등탑'이라고도 했던 '미어자나'(Mi'dhanah 또는 minaret)는 예배시간을 알리는 첨탑이다. 매일 5차례, 예배시간을 알리는 소리 '아잔'(adhan)이 흘러나온다. 요즘은 스피커를 통해서 듣는 경우가 더 많은 것

이드카흐 모스크

같지만 무아진(mu'adhdhin)이 읊조리는 '아잔'이 특유의 리듬감으로 마음속에 파고든다.

사원의 구조는 매우 정연하면서 위엄이 있다. 사원 남북길이는 140m, 동서 폭은 120m, 면적은 16,000㎡(약 4,800여 평)에 달한다. 정문에는 정교하게 조각된 연녹색 꽃무늬가 가득 새겨져 있다. 사원 안으로 들어서면 광장과 나란히 이어진 예배당과 교경당(教經堂)이 이슬람 특색의 절정을 보여준다.

이드카흐 모스크는 종교 활동의 중심지인 동시에 무슬림의 축제 '쿠르반 헤이트(Kurban Heyit)'*와 '로자 헤이트(Roza Heyit)'** 때는 축제의 장소가 되어 인산인해를 이룬다. 이런 철옹성 같은 종교적 위세가 중국 정부를 불편하게 하는 것 같다. 어제오늘 일은 아니지만 신장위구르와 중국 정부의 갈등이 심화될수록 종교탄압의 강도가 세지고 있다. 위구르족을 중심으로 분리 독립을 주장하는 세력을 우려하고 있는 중국 당국이 주목한 것은 위구르인들의 신앙심이다.

위구르인들의 투철한 신앙심을 뿌리 뽑기 위해 지방의 공산당 관리들은 파격적인 정책을 발표했다. '민한통혼(民漢通婚)가정 장려 조치' 정책이다. 한족과 소수민족 간 결혼한 커플에게 재정적 혜택을 지원하는 것으로 결혼과 함께 곧바로 현금을 지급하고 주택우선배정권과 의료비를 지원한다는 것이 골자다. 지방 공산당은 이 통혼 장려책이 '소수민족 간의 융합과 통합을 향상하기 위한 웅장한 몸짓'을 의미한다고 주장하고 있다. 얼마나 실효를 거둘지는 두고볼 일이다.

어떤 중국 기자의 말을 빌리자면, SF 영화 〈스타트랙〉에 등장하는 외계종족

* 이슬람력 12월에 '희생양'이라는 의미를 가진 축제로 위구르족들의 최대 명절. 로즈헤이드(라마단) 종료일로부터 70일이 되는 날 열린다.

** 이슬람력 9월에 있는 라마단 축제가 끝나고 벌어지는 축제. 로자는 '금식', 헤이트는 '축제'를 의미.

'보그(Borg)'를 따라하는 행보라고 비판했다. 〈스타트랙〉 시리즈에 나오는 '보그'는 생각을 공유하고 행동을 같이하는 특성을 갖고 있다. 마치 여왕개미를 중심으로 거대한 군락을 이룬 개미들처럼 일사분란하게 움직이고, 만나는 사람들을 모두 자기식으로 흡수해 버리는 캐릭터다.

"우리는 보그다. 우리에게 항복하라. 너희들의 생물학적, 공학적 성질은 우리의 것으로 만들어질 것이다. 너희들의 문화는 우리를 위해 적용될 것이다. 저항은 무의미하다."라고 협박하면서 타 종족을 동화시킨다.

신장위구르에서는 중국 공산당 지방정부가 '보그'다. 위구르 여성들이 전통적으로 입는 히잡과 남성들의 상징인 수염을 금지했다. 또, 행정 수단을 동원해 이슬람 최대 명절 라마단 동안 금식을 통제하는 것은, 바로 보그의 '…너희들의 문화는 우리를 위해 적용될 것이다. 저항은 무의미하다'와 무엇이 다른가?

민한통혼으로 이슬람이라는 투철한 신앙심을 한족 출신의 배우자가 무력화시키는 것을 기대하지만 그 역효과도 만만치 않다고 우려한다. 한족과는 전혀 다른 정체성과 문화, 언어, 종교를 유지하며 수천 년을 살아왔다. 달콤한 생계지원금이 이슬람교를 신봉하는 위구르족의 본능적 반향을 잠재울 수 없는 까닭이다.

최근 수 년 간 라마단을 앞두고 공산당원과 공무원, 학생, 교사를 상대로 금식 금지령이 근거가 없는 것이 아니었다. '종교 활동은 제한하지 않는다'는 원칙을 깨고 있기 때문이다. 기본적으로 공산당은 종교를 싫어하고, 그 종교적 기반에 분리주의와 테러리즘이 내재하고 있다고 보는 것 같다. 이런 무슬림의 부활이 다른 중국 내 비(非) 위구르 무슬림 단체로 확대되고 결국 공산당의 근간을 무너뜨릴까 두려워서 박해를 하는 것은 아닐까?

이슬람교에 대한 중국 정부의 강력한 탄압이 진행 중인 지금 위구르인들 저항 또한 격렬하다. 당분간 신장지역은 평온하지 않을 것이다.

위구르족의 거울, 카슈가르 바자르

교통이 발달하면서 카슈가르는 이제 더 이상 낭만적인 풍경의 오아시스가 아니다. 넓게 뚫린 대로, 고층건물들, 수없이 오가는 차량행렬, 도시 곳곳에서 쉽게 만나는 한족들. 중국의 여느 도시와 차이가 없다. 오히려 위구르인들의 오롯한 터전과 역사가 피해를 보았다.

중국 정부는 구시가지 일부를 남겨두고 2010년부터 '전통가옥 개조·정돈사업'을 기치로 도시개발을 단행했다. 지진이 많이 발생하는 신장지역에서 흙집이 지진에 취약하다는 이유였다. 중앙아시아 지역에서 가장 잘 보존된 이슬람도시로 평가받던 위구르족 전통촌락 카드미셰해르(老城)가 순식간에 사라지고 있다. 당사자들인 위구르인의 반응은 차갑다. 카드미셰해르가 어떤 곳인가? 수십 년에서 수백 년에 걸쳐 자연발생적으로 조성된 마을로 위구르족 공동체의 산실이자

복원된 노성 쿠드자 비쉬

전통문화의 보고다. 중국 정부의 지배를 받기 전, 여섯 개 정도의 큰 노성(老城)이 있었으나 지속적인 개발로 원형이 축소되거나 해체되었다. 2018년에 쿠드자비쉬(高臺民居)라는 유명한 구역이 재개발되면서 실질적으로 한 구역만 남았다. 이드카흐 모스크 길 건너편의 노성은 잘 꾸며진 관광지로 변해버렸다.

흙벽 위에 새로 만들고 있는 노성은 보존이 아니라 재현하는 방식이다. 일단 철거 후 재조성한 신도시는 마치 중세 서양의 도시를 둘러보는 느낌이 들 정도로 현대화된 민속촌이 되었다. 위구르인들에게는 정말 속 뒤집히는 재개발이 아닐 수 없다. 중국 정부의 의도를 모르는 것은 아니나 우리나라 70년대의 새마을 운동처럼 전통이고 문화고 싹 쓸어버리는 식은 더 큰 저항을 초래할는지 모른다.

위구르인들에게 카드미셰해르라는 전통가옥은 단순한 집이 아니다. 그 집과 골목에서 다양한 기념품, 일상용품, 먹을거리 등을 파는 명소이자 시장(바자르)과 연계되어 생계를 이어가던 기반시설이다. 중국 정부는 그 기반을 흔들어 공동체를 해체하고 주민통제를 강화하려는 것이다.

카드미셰해르는 모스크, 바자르와 더불어 위구르족을 상징한다. 바자르와 전통부락이 현대화될수록 상권은 기차를 타고 온 한족들에게 장악되고, 위구르인들은 그만큼 시장에서 멀어진다. 서로 안부를 묻고 교류하던 그들만의 독특한 연대의 장마저 진창이 된 것이다. 가뜩이나 반정부 성향의 위구르인들에 대한 탄압이 심해지고 있는 요즘 중국 정부의 속내를 가늠하기는 어려우나 끊임없이 독립을 주장하는 위구르인들의 시장모임이 불편할 수밖에 없다. 카슈가르의 도도한 역사를 상징하는 전통마을이 눈물을 흘리고 있다.

카슈가르하면 전통시장, 즉 바자르가 유명하다. 북동쪽에 있는 일요시장 동바자르는 중국 서북지역 최대의 바자르였다. 카슈가르는 옛 실크로드 중심 도시였지만 현재도 물류의 집산지로 톈산남로와 톈산북로를 통해 수많은 나라에서 들어온 물건들이 차고 넘친다.

2000년 이상의 역사를 지닌 카슈가르의 명물 동(東)바자르가 2004년 도시정비사업에 따라 중시야바자르(喀什中西亞國際貿易市場)로 바뀌었다. 때문에 카슈가르의 상권이 크게 두 개로 나뉘었다. 최근 떠오르는 황금상권인 '카슈가르상업보행가'가 그중 하나다.

위구르인들의 정신적인 성지인 이드카흐 모스크 건너편에 한족들이 운영하는 대규모 쇼핑센터 카슈가르상업보행가는 중국 정부의 지원을 받아 조성된 시장으로 현대화된 쇼핑 공간과 세련된 실내 인테리어가 중국의 여느 대도시 못지않다. 중국 공장에서 직수입된 값싼 물건과 최신 유행을 선도하는 제품이 많아 위구르 젊은이들의 마음을 빼앗고 있다. 수천 년 동안 이어진 카슈가르의 중심이 이드카흐 모스크(청진사)를 근거로 한 위구르족 세력에서, 마오쩌둥 동상을 중심으로 한 인민광장 부근 상업보행가시장으로 옮겨가고 있다는 뜻이다. 그 상권을 한족들이 끊임없이 먹어치우고 있다.

위구르인들의 셍치티엔(星期天)이라는 재래시장은 한족 중심의 현대화된 카슈가르상업보행가와 중시야시장에 압도되어 점점 활기를 잃고 있다. 중시야시장이 365일 여는 상설시장이 되면서 셍치티엔시장은 일요일에만 여는 노천시장으로 변했다. 그마저도 몇 년 전 테러사건 이후 보안을 이유로 과일을 제외한 모든 물품의 거래를 금지시켜 사실상 죽은 시장이 됐다. 그 역사가 무릇 2000년이며, 고대에는 '아시아 최대 시장'으로 카슈가르의 역사와 맥을 같이해 왔던 바자르가 위구르인들의 생각과 전혀 다른 방향으로 바뀌고 있다. 이제는 중시야시장이 카슈가르의 대표시장이 되었다. 참 세월난망이다.

카슈가르의 명물 전통시장도 예전 같지 않다. 시골장터 풍경을 그리워하는 나그네의 낭만적인 이기심이려니 자책도 해보지만 본래의 색깔을 잃고 있는 점은 못내 아쉽다. 위축된 시장 구경에 나선다. 시장은 오랜 역사만큼 수많은 상점이 상품 종류별로 구역에 따라 잘 구축되어 있다. 그야말로 없는 것 빼고 다 있다.

카슈가르상업보행가 풍경

널찍한 입구에서부터 진열된 물건들의 향연이 시작된다. 가짓수를 헤아리기 힘들 정도로 다양한 과일과 견과류, 위구르인들의 전통의상, 털모자뿐 아니라 잉지샤에서 공급된 것으로 보이는 수제 칼과 신장지역 명품인 카펫과 품질 좋고 값싼 캐시미어 관련 면제품은 특히 인기가 많다.

아직도 약 5천 개의 가게가 성업 중이다. 카라코람하이웨이 덕분에 이웃한 파키스탄과 인도에서 공급되는 물류가 시장을 활성화시킨다. 국경을 면한 우즈베키스탄, 타지키스탄, 키르기스스탄, 카자흐스탄, 러시아 등과도 국경무역이 활발하다고 하니 21세기에도 여전히 실크로드의 가교 역할을 하고 있는 셈이다.

인상적인 것은 북적거리는 시장통에서 하루를 준비하고 삶을 꾸려가는 사람들이 해맑고 진지하다는 점이다. 시장 입구에서 철통경계를 하는 중국 공안들만 없다면 전혀 걱정이 없어 보이는 사람들이다. 이 이국적이고 생동감 넘치는 사람과 풍물과 분위기를 느끼게 되면 가슴이 뛰는 것은 자연스럽다. 바자르는 카슈가르라는 도시에 활력을 충전해 주는 에너지다. 위구르인들에게 시장이 없다면 그것은 바로 삶을 포기하라는 말과 같을 것이다.

카슈가르시장 풍경

시장 중에 가장 역동적이고 원초적인 힘을 느끼게 하는 시장이 있다. 일요일 카슈가르에서 약 20km 떨어진 황디향(荒地鄕)에서 열리는 가축시장 우락(牛羊) 바자르가 그곳이다. 소와 양을 주로 거래하지만 신장지역은 중국에서 가장 많은 양을 키우는 지역이라 주요 거래 품목은 역시 양이다.

시장 입구부터 각양각색의 풍경이 눈에 들어온다. 하얀 도파를 쓴 무슬림들이 대부분인 시장은 울어대는 양과 흥정하는 사람들의 소리가 뒤엉켜 시끄럽기도 하지만 양과 얽힌 사연들이 천일야화처럼 번지고 있다. 시장 주변에는 손수레에 실린 다양한 길거리 음식들이 여행자들의 코와 눈을 자극한다. 손수레에 간판처럼 진열된 염소대가리는 잠시 섬뜩할 수 있으나 양꼬치와 국수, 화덕에 구운 낭 등 다양한 위구르 음식과 솜씨를 맛보지 않을 수 없다. 사람 사는 맛이란 이런 것이 아닐까 싶을 정도로 고원의 햇살 아래 시장은 평화롭고 끈적끈적하고 맛있다. 하루해가 기우는 황혼 속으로 걸어가는 당나귀 수레와 팔다 남은 양배추 몇 개를 싣고 터덜터덜 시장을 떠나는 위구르 노인의 모습이 행복해 보인다.

chapter 17

실크로드의 신비를 간직한 쿠처

- 쿠처
- 키질석굴

아름다운 카슈가르를 떠나 시 외곽으로 벗어나자 수리시설이 잘 된 넓은 경작지가 펼쳐진다. 예전에 볼 수 없었던 풍경이다. 사막을 옥토로 바꾸는 사업이 꾸준히 진행되고 있는 모양이다. 쿠처(庫車)로 가기 위해 314번 국도를 탄다. 314번 국도는 중국에서 파키스탄으로 넘어가는 길로 카라코람 하이웨이(Karakoram Highway, KKH)로 불리기도 하고, 중빠요의꽁루(中巴友誼公路)라고도 한다.

톨게이트에서 투루판과 호탄을 잇는 투허고속도로(吐和高速, G3013)를 이용해도 된다. 탐사대는 보다 사실적인 신장을 체험하기 위해 314번 국도로 간다. 반대편 서쪽으로 가면 토루갓패스(Torugart Pass)를 넘어 키르기스스탄, 사마르칸트로 이어지는 길로서 유럽으로 가는 길이다.

일대일로 프로젝트의 일환으로, 중국 서쪽 끝 도시 신장자치구 카슈가르(喀什)와 파키스탄 남부 과다르(Gwadar)항을 잇는 약 1,300km의 대역사로 최근에 뜨거운 이슈가 된 길이다. 중국은 왜 과다르항에 집착하는가? 해상교통로가 이중삼중으로 미국에 의해 차단되거나 간섭받고 있는 상황을 벗어나려는 목적일 것이다.

2013년 1월 중국 정부는 파키스탄의 과다르항 운영권을 인수했음을 공식발표한다. 과다르항은 세계 원유 공급량의 40%가 지나는 호르무즈해협에서 400여 km 떨어진 요충지로 중국으로서는 해상 원유수송로를 확보하는 의미가 있다. 즉 '에너지 안보' 차원에서 중요한 의미를 갖는다. 남중국해의 분쟁이 고조되면 말라카해협으로부터 시작되는 해상 수송로가 고립될 수 있기 때문에 과다르항과 연결하면, 육상으로는 신장위구르자치구 카슈가르와 연결하는 원유수송 및 송유관 건설 작업을 할 수 있어 항구적으로 원유를 확보할 수 있다.

탐사대는 동북쪽 우루무치 방향으로 향한다. 쿠처까지는 약 710km. 쉬지 않고 8시간쯤 달려야 하는 길이다. 고속도로 진입까지는 백양나무, 호양나무 등 가로수들이 산들산들 배웅을 해주었으나 시내를 벗어나자 논과 밭이 잠시 보이다가 이내 황무지로 변해 버린다. 지금도 퇴적이 이루어지고 있다는 고비탄사막이다.

풀 한 포기 찾기 힘든 사막 한가운데를 가로지른 외로운 길, 망망대해를 쪽배를 타고 항해하는 느낌이다. 사막 위에 만들어진 타리무사막고속도로는 항상 바람과 모래와의 싸움이 치열하게 벌어지는 곳이다. 오죽하면 "중국 사막은 '자연의 공격'과 '인간의 수비'가 서로 격렬하게 싸우는 전쟁터"라 표현하겠는가. 모래로부터 도로를 지키기 위한 인간의 노력은 한도 끝도 없다. 타클라마칸사막을 둘러싼 수백 km에 이르는 도로주변에는 오늘도 녹화공정(綠化工程)으로

아커쑤 근처 야단디마오지형지대

분주하다.

그 지리한 사막 길을 동쪽으로 재촉하여 아커쑤(阿克蘇)로 향한다. 아커쑤 인근 커핑현(柯坪縣)을 지나자 고속도로 왼쪽으로 길게 뻗은 야단디마오(雅丹地貌)가 따라온다. 그 길이가 장장 100km가 넘는다. 야단(雅丹)이란 위구르 말로는 '흙무덤으로 이루어진 절벽이라는 뜻'이라고도 하는데 마귀성(魔鬼城)이라는 뜻이다. 장구한 세월 동안 사암과 흙이 바람과 비에 침식되어 만들어진 지형이 큰 바람이 불 때마다 마치 귀신의 울음소리와도 같다하여 붙여진 이름인데 과연 그러하다. 강한 바람에 혹은 빗물에 씻겨 만들어진 물결 같은 무늬와 지형들이 현란하다. 세월은 무엇이든 형언하기 어려운 절경으로 바꾸어 버리는 힘이 있다.

도로주변으로 녹색 밭과 초지가 보이면 아커쑤에 다왔다는 뜻이다. 톈산산맥의 남쪽 기슭 아커쑤는 예로부터 아커쑤강 유역의 정치·상업 요충지로, 신장 남부지역의 경제와 교통의 중심지였던 오아시스였다. 남쪽은 타클라마칸사막이 지키고 있다.

카슈가르에서 쿠처 가는 길의 3분의 2는 온 셈이다. 아커쑤의 논과 밭, 나무들을 보자 동행한 중국 감독관도 새로운 풍경에 놀라 몇 마디 거든다. "이 지역이 옥토로 변하고 타클라마칸사막 일대가 상전벽해가 됐을 줄은 꿈에도 몰랐다." 예전에 볼 수 없었던 현상이라고 한다. 아무것도 할 수 없을 것 같은 사막에서 대단위의 포도, 대추, 무화과, 심지어 고추와 벼농사까지 하고 있다는 사실은 중국 정부의 어마어마한 투자와 관심의 결과라는 것이다.

중국 정권 수립 후, 중국군 생산건설병단(공병대)이 투입돼 아커쑤, 마나스(瑪納斯) 등지에 꾸준히 인공수로를 건설해 농지를 확장했고, 그 땅에서 밀, 옥수수, 벼, 목화 등을 재배하여 잘 먹고 잘 살게 되었는데 이 모든 것은 중국 정부 덕이라는 이야기다. 소수민족 동화정책의 일환으로 경제의 평등이라는 개념을 실천하기 위한 꾸준한 노력의 결과라는 것도 빼놓지 않는다. 자화자찬이다. 그렇거나 말거나 우리 같은 외지인이 보기에도 신장이 그야말로 천지개벽을 하고 있는 것은 사실이다. 중국이라는 나라는 갈 때마다 양파껍질 벗기듯 새로운 사실을 발견하게 되고, 그 발전하는 속도에 놀란다.

톈산산맥의 발치에 있는 아커쑤에서 하룻밤을 자고 쿠처로 향한다. 쿠처는 아커쑤와 옌치(焉耆, Karashahr) 사이에 있는 오아시스로 타리무분지를 통과하는 실크로드의 북쪽 노선 상에 자리잡은 중심지다. 약 2200년 전 실재했던 국가로 동아시아에 불교를 전파했던 실크로드의 요지이자 동서 문명의 교류지로 번영했다. 때로는 독립왕국으로, 중국의 힘이 강할 때는 직접 통치도 받았던 위구르인들의 국가 신장. 그중에도 중원문화와 서역문화가 공존했던 옛 도시 쿠처(Kuche)는 다양한 문화유적과 유구한 역사로 특별하다.

『서유기(西遊記)』에서는 '여인국(女人國)'의 배경이 되는 곳이자 신장지역 석굴 5분의 3이 있는 '석굴의 도시'다. 키질천불동이나 이슬람 사원인 쿠처대사 등 둘러볼 곳이 많지만, 다양한 색채를 뽐내는 천산신비대협곡(天山神秘大峽谷)이 가장 인기가 있다. 중국판 그랜드 케니언이다. 사막 속에 숨어 있는 보물창고 같은 곳이 쿠처다.

쿠처란 위구르족 언어로 '역사가 유구하다'는 의미다. 쿠처는 여러 가지 별명이 있지만 그중에서 '노래와 춤의 고향'이라는 데는 별 이견이 없는 듯하다. 중국 서부지역 가무의 대표로 손색이 없는 쿠처의 츄즈(Chuze: 쿠처의 옛 지명)가무는 인

쿠처 중심가 풍경

근의 많은 국가들은 물론 중국의 음악, 춤, 서커스의 발전에도 큰 기여를 했다. 쿠처의 명물인 석굴도 보고 백살구를 먹으면서 전통무용인 츄즈가무를 보려면 쿠처를 직접 방문하는 방법밖에 없다.

쿠처는 우리와도 역사적으로 인연이 있는 도시다. 『왕오천축국전(往五天竺國傳)』에 따르면 서기 727년 11월 신라의 혜초 스님이 해로를 통해 인도로 갔다가 육로로 돌아오는 길에 카슈가르를 거쳐 이곳 쿠처를 경유했다. 혜초 스님과 동시대 인물로 고구려 유민 고선지(高仙芝) 장군도 아버지 고사계(高舍鷄)를 따라와 쿠처에서 군인으로 성장했다.

쿠처는 기원전 1, 2세기부터 중국의 사서에 '구이쯔(龜玆國, kucha)'로 등장하는데 고대 서역의 36국 중 하나로 중국과 뺏기고 빼앗는 영토전쟁으로 점철된 역사를 갖고 있다. 오아시스 육로의 지정학적 요지에 자리잡은 까닭에 중국의 한나라 왕조는 시종일관 이곳을 중시해 왔다. 전한이 멸망하자 쿠처는 흉노와 제휴해 카슈가르를 속국으로 만들어 세력을 키웠으나 후한 때인 73년 반초 장군에게 점령당한다. 이후 당나라 때 다시 서역을 평정한 뒤 전 지역을 호령하기에 이른다.

쿠처 시내에서 그리 멀지 않은 곳에 있는 쿠처고성유적지는 바로 당나라 시대의 안서도호부(安西都護府) 즉, 안서사진(安西四鎭)이라 일컫던 옌치, 유티엔, 쿠처, 카시 등 4곳을 지키기 위한 군사지휘부가 있던 곳이다. 고구려 유민으로 서역을 방어하는데 크게 기여한 고선지 장군은 전장에 나설 때마다 이곳 쿠처고성에서 출정했다. 그는 5차례에 걸친 서역원정을 통해 현재의 중국의 영토라인을 구축한 것으로 평가받는 영웅이 됐다. 그러나 이곳 어디에도 난세의 영웅 고선지를 기리는 흔적은 남아 있지 않다. 북쪽 성벽이 있던 곳에 '쿠처고성유지(龜玆故城遺址)'라는 입석만 덩그러니 서 있다. 신시가지와 구시가지의 접경지역에 있는 성벽은 도로를 내면서 끊어져 있다. 토성은 세월의 무게로 대부분 유실되고 일부는 밭으로 변해버렸다. 누가 그 옛날 2만 4천여 명의 군사가 주둔한 곳이라 믿겠는가. 아스라한 흔적만이 자리를 지키고 있다.

키질천불동

다음 날 아침 쿠처 최대의 석굴사원인 키질천불동으로 향한다. 1700여 년 전에 만들어진 키질천불동(克孜爾千佛洞, Kizil)* 은 유네스코 세계인류문화 고대유산에 등재된 유서 깊은 곳이다. 쿠처에서 서북쪽으로 길을 나서 70km쯤 달려가자 빠이청(拜城)현 못 미친 곳에 천불동으로 가는 이정표가 나온다. 무자티강(木扎提河)의 지류인 웨이깐하(渭干河)를 건너서 천불동 입구에 도착한다. 노랗게 물든 백양나무 터널이 시원스레 뻗어 있고 그 너머로 밍우다꺼산(明屋塔格山)에 조성된 석굴이 벌집같다.

늦가을이 매달린 화려한 백양나무길이 끝나는 곳, 제일 먼저 눈에 띄는 것은 입구에 서 있는 검은 빛깔의 커다란 좌상이다. 천불동의 주인공 쿠마라지바(Ku-

* 위구르어로 '붉다'라는 뜻.

키질천불동 전경

키질천불동 입구 가로수길

marajiva, 鳩摩羅什, 343~413) 스님의 청동좌상이다. 키질천불동을 대표하는 38호 석굴 벽화에 묘사된 보살의 모습을 본떴다는 동상은 마치 수년을 절제한 수도승의 모습처럼 처연하고 비감하다.

쿠처왕실 출신으로 어린 시절 인도 간다라에 가서 불교를 연구하고 돌아와서 남북조시대 불교를 중국에 반석처럼 다져 놓은 장본인이자 황금기를 개척한 불세출의 명승이었다. 스님은 산스크리트어와 중국어에 능통하여 당시 인도 불교를 중국에 전파하는데 큰 족적을 남겼다. 우리가 잘 알고 있는 불교 용어인 극락이나 지옥, 반야심경에 나오는 "색불이공공불이색 색즉시공공즉시색(色不異空空不異色 色卽是空空卽是色)"이라는 말들이 모두 그가 산스크리트어의 형이상학적인 내용을 한문으로 번역하면서 만든 말이라고 한다. 우리가 이해하기 쉬운 불교개념을 만든 스님이라고 보면 된다.

중국에서는 그를 남조(南朝)의 진체(眞諦), 당의 현장과 더불어 중국 '삼장(三藏)의 한 사람'이라 일컫는다. 죽기 직전, 쿠마라지바는 "내가 번역한 불경에 틀린 것이 없다면 나를 화장해도 혀는 타지 않을 것이다."라 했다는데, 화장한 뒤에도 과연 혀만은 타지 않고 남아 있었다는 전설처럼 그의 불경번역은 그야말로 최고였던 모양이다. 불교의 부흥을 위해 평생 정진했던 스님의 검은색 동상은 그의 자부심만큼이나 엄중하고 의연하다.

쿠마라지바 좌상

키질천불동은 3세기부터 시작해 8세기까지 무려 500년 동안 조성됐다. 둔황의 막고굴(莫高窟)보다 1세기 이상 앞선 것으로 판명된 중국 서북지역 최초의 석굴이다. 둔황석굴, 룽먼석굴, 윈깡석굴과 함께 4대 석굴의 하나인 키질석굴이 특별한 것은 각 석굴에 그려진 벽화 때문이다.

인도의 영향을 받아 간다라 형식을 띠고 있으며, 청금석(Lapis lazuli)은 안료와 화풍이 독특하여 역사적 가치가 높다. 이미 확인된 석굴만 236개인데, 미발굴된 것까지 합치면 300개가 넘을 것이라고 한다. 그중 벽화가 있는 석굴은 모두 75개다.

중앙아시아 미술의 정수로 알려진 동굴 내 벽화의 주제는 주로 불교와 관련된 전설과 부처의 생애에 관한 내용들로 그 수가 중국에서도 으뜸이다. 공개된 굴은 6~7개에 불과하고 입장하기 전에 카메라와 가방은 입구에 맡겨야 한다. 이곳 역시 석굴 내부 촬영을 금지하고 있다. 이 중 원형을 간직하고 있는 38개 석굴과 불상이 있는 석굴은 별도의 관람료를 내야 한다. 석굴은 대부분 가이드와 함께 보게 된다. 보존을 위해 출입문을 열쇠로 잠가 두기 때문에 가이드가 일일이 열어 주면서 설명을 해 준다.

석굴을 몇 개를 보느냐는 오로지 가이드의 재량이 좌우하기 때문에, 가이드와 얘기만 잘 하면 많은 걸 볼 수 있다. 불행히도 탐사대가 만난 가이드는 말이 잘 통하지 않는 사람이었다. 성의 없이 개방한 몇 개의 석굴을 보았으나 이내 실망하고 말았다. 개방된 석굴은 그 원형을 짐작하기 어려울 정도로 훼손이 심하거나 내용물이 시원치 않았다. 우상(偶像)을 싫어했던 이슬람교도들의 종파적인 파괴도 있었지만 중요한 석굴의 미술품들은 이이 오래전에 도굴 당했던 터였다.

키질석굴 전경

투루판(吐鲁番)의 베제클리크천불동(柏孜克里克千佛洞), 고창국의 분묘인 아스타나(Astāna)고분군, 막고굴 등 석굴의 벽화들은 20세기 초 일본, 독일, 프랑스, 러시아 탐험대가 도굴해 하이에나처럼 쓸어갔다는 것이 주지의 사실이다. 키질 석굴 역시 일본, 프랑스, 영국, 러시아, 독일 등의 도굴범들이 줄줄이 지나간 터라 원형을 파악하기조차 힘들다.

외국인 도굴범들 중에 일본의 오타니 탐험대와 독일의 고고학자 르콕, 그륀베델은 특히 욕을 많이 먹는다. 석굴사원의 벽화를 칼과 톱으로 무자비하게 떼어내 일본과 유럽으로 밀반출했기 때문이다. 석굴들은 그야말로 껍데기만 남은 것이다. 약탈의 흔적이 뚜렷하게 남아 있는 석굴에는 잔인한 역사가 아직도 남아 있다.

키질석굴의 유물을 무참히 약탈한 이는 탐험대라는 미명하에 계획적인 도굴을 했던 독일의 알베르트 르콕(Albert Von Le Coq, 1860~1930)과 그륀베델(Albert

오타니 컬렉션

서역불교문화재의 대표적인 약탈자였던 일본의 승려 오타니 고즈이(大谷光瑞, 1876~1948)가 수집한 막대한 양의 서역 유물 컬렉션을 말한다. 오타니 고즈이가 대승불교의 자취를 찾아간다는 명목 아래 1902년부터 12년 동안 둔황, 투루판 등 중앙아시아에서 문화재들을 무자비하게 도굴, 약탈행위로 수집한 약 5,000여 점의 유물을 지칭하는 것이다.

아이러니하게도 그중 3분의 1 정도인 1,500여 점이 우리나라 국립중앙박물관에 보관되어 있다. 일제강점기 시절 돈이 필요했던 오타니는 당시 일본의 광산재벌인 구하라 후사노스케(久原房之助)에게 약탈 유물들을 양도했고, 그는 광산채굴권을 얻기 위해 당시 조선총독이자 친구인 데라우치 마사타케(寺內正毅)에 컬렉션을 기부했다. 일본의 패망으로 미처 일본으로 빼돌리지 못하고 한국에 남게 된 것이다. 이들 문화재는 약탈문화재로 알려져서 이를 둘러싼 반환논쟁이 일고 있다.

한락연 초상화

Grünwedel, 1856~1935)이다. 지금도 벽에 남아 있는 칼자국은 모두 르콕과 그륀베델 일당이 남긴 것이다. 그들의 만행으로 애꿎은 관람객들이 피해를 본다. 관람은 꽤나 엄격하고 제한되었다. 석굴 안에 들어서니 형상을 알아보기 힘들 정도로 파괴된 석굴이 여럿 있어 가슴이 아프다.

키질석굴이 우리에게 더 뜻깊게 다가온 것은 르콕이 훼손한 작품들을 묘사하여 복원한 이가 조선인이기 때문이다. 그 역사적인 인물을 만나려면 10호굴로 가야 한다. 10호굴에 환하게 웃고 있는 한 장의 낡은 초상화와 혁명열사증명서 등이 전시되어 있다. 검은색 양복과 붉은색 넥타이, 그리고 안경을 낀 모습은 세련되고 지적이다. 누구인가? 바로 키질석굴의 석굴벽화 복원 작업에 크게 기여한 것으로 알려진 조선족 동포 화가 한락연(韓樂然)이다.

항일운동가이자 화가, 고고학자라는 특이한 이력의 주인공 한락연(1898~1947). 그의 본명은 한광우로 지린성(吉林省) 룽징(龍井) 출신이다. 3.1운동과 임시정부에참여했던 독립운동가였으나 보다 적극적인 항일투쟁을 위해 중국 공산당에 입당하면서 사회주의자가 된다.

중국 공산당의 배려로 일찍이 상하이미술전문학교와 프랑스 루브르예술대학에서 수학한 엘리트였다. 중국 내 소수민족으로 조선족 예술가라는 개인사와 일본의 중국 대륙 침략이라는 역사적 사실이 맞물리면서 항일운동과 공산당운동을 하는 등 순탄치 않은 인생을 살았다. 그의 투쟁 이력은 민중들의 일상생활에 대한 관심으로 이어져, 그의 예술세계에서 이름 없는 소수민족들의 일상의 삶을 기록하게 된다.

중일전쟁이 발발하자 1937년 유럽 생활을 마치고 돌아온 후 우한(武漢)과 충칭, 시안 등지를 돌며 항일지하조직 활동에 헌신한다. 그러던 중 1940년 공산당 활동으로 국민당군에 체포되어 3년간의 옥고를 치르기도 했다. 출옥 후 1944년 란저우에 비밀공작을 위해 왔다가 운명적으로 키질석굴 벽화의 복원 작업에 착수하게 된다.

1946년부터 천불동 벽화를 모사를 시작으로 69호굴* 까지 발굴한다. 안타깝게도 1947년 6월, 비행기 사고로 유명을 달리하기까지 제국주의 국가의 도굴에 의해 훼손되고 약탈당한 석굴의 미술품들에 대한 모사, 연구, 기록, 발굴뿐 아니라 석굴의 개수를 정리하는 일련번호를 만들어 석굴벽화 복원 작업에 크게 기여했다.

중국에서는 '중국의 피카소'로 추앙받지만 우리에게는 잊혔던 독립운동가 한락연은 신장과 둔황 벽화를 조사, 연구를 책임진 중국미술사의 대가이기도 했다. 붓으로만 일제에 저항하지 않고 행동하는 투쟁가로 활약한 흔치 않은 사람이다. 임시정부수립 100주년이 지난 이 시점에도 그는 우리에게 낯설다. 보다 투쟁적으로 일제와 맞서 싸우기 위해 중국 공산당이 되었던 이력 때문에 남과 북 어디서도 환영받지 못한 것이다. 독립과 항일을 위해 경계를 넘나들었던 그의 파란만장한 생애를 새롭게 이해하게 돼 그나마 위안이었다.

쿠처로 돌아오는 길, 멀리 홀로 선 붉은 망루가 눈길을 잡는다. 사막 길로 접어들어 10여 km쯤 들어가자 깊고 넓게 파인 쿠처강 바닥이 보인다. 여름철 비가 많이 오는 경우에만 물이 흐르는 건천이다. 그 강둑에 붉은 흙으로 만든 봉수대가 서 있다. 가까이 보니 한나라 때 나무와 황토, 자갈 등으로 축조한 키질가하

* 경주 계림로 보검의 출처를 추정할 수 있는 단서가 될 벽화가 있는 굴.

(克孜爾尕哈烽燧, Kizilgaha)라는 봉수대다. 역시나 생김새대로 고대 돌궐어로 '붉은 색의 초소(紅色的哨卡)'라는 의미다.

봉수대는 2000여 년 전 한나라가 서역을 통치할 목적으로 만든 것이다. 당시 이 봉수대에서 불 또는 연기로 신호를 보내면 다음 봉수로 연이어져 도읍인 장안에까지 소식을 전했다고 한다. 원래 높이는 20m를 넘었으나 지금은 13m 정도만 남아 있다. 아직도 보존 상태는 양호하고 여전히 봉수대 역할을 할 수 있을 만큼 튼튼하다.

메마른 강 협곡 위에 홀로 덩그러니 서 있는 봉수대는 슬픈 전설이 하나 있다. 쿠처왕국의 어느 왕에게 예쁜 공주가 한 명 있었는데 어느 날 점성술사가 백일 안에 죽을 운명임을 예언한다. 이에 왕은 공주를 보호하기 위해 키질가하봉수대 안에 숨겨 놓고 100일 동안 나오지 말도록 신신당부를 한다. 왕의 당부가 있은 지 99일이 지난 후, 이제 하루만 더 넘기면 된다고 생각한 왕은 공주가 무사히 이 위기를 넘길 수 있을 것이라고 믿었다.

백일이 되는 날, 왕이 보낸 마지막 식사를 맛있게 먹은 공주는 후식으로 사과를 베어 문 순간, 사과 속에 있던 전갈에게 물려 그만 목숨을 잃고 만다. 소식을 들은 왕이 봉수대로 왔을 때는 이미 공주는 싸늘한 시신으로 변해 있었다. 공주의 시신을 안고 통곡하던 왕이 슬픔에 못 이겨 봉수대 위에서 투신했다.

흐르던 강은 말라비틀어지고 거대한 협곡은 풀 한 포기 찾기 힘든 사막이지만 실크로드 톈산남로의 길목을 지키는 전초기지가 봉수대였다. 덕분에 땅의 주인이 바뀌는 정복전쟁이 수시로 일어났던 역사의 현장이었을 것이다. 어제는 불교도가 주인이고 내일은 이슬람교도가 주인이었던 땅을 무려 2000여 년이나 지켜온 고독한 봉수대에 어울리는 전설이다.

키질가하봉수대가 있는 쿠처강

키질가하봉수대

chapter **18**

세상에서 가장 위험한 사막 타클라마칸

타클라마칸

호탄

그 사막에서 그는
너무도 외로워
때로는 뒷걸음질로 걸었다.
자기 앞에 찍힌 발자국을 보려고.
(오르텅스 블루(Hortense Vlou)의 詩 〈사막〉)

오르텅스 블루의 시처럼, 사람들은 인생을 사막에 많이 비유한다. 왜일까? 사막은 외롭고 고독하고 처절하여 자기 삶에 대한 거울처럼 느껴서일까? 아니면 미래를 향한 처절한 절규가 마치 사막에 찍힌 자기의 발자국이라고 느껴서일까?

사막공로 지도

오르텅스 블루의 마음을 담고 사막을 찾아 나서기로 한다. 과연 타클라마칸사막은 얼마만큼 친구가 될 수 있을까?

쿠처에서 314번 또는 투허고속도로를 이용하여 룬타이 방향으로 약 40km쯤을 달리자 룬난(輪南) 석유생산기지(유전)가 보이기 시작한다. 대규모 원유저장소와 유조차, 대형 트럭들이 분주하고 멀리 유정에서 뿜어내는 화염이 유전지대를 직감케 한다. 동행한 중국 감독관이 유전지대는 촬영금지구역이라고 빨리 지나라고 재촉한다. 아무 짓도 하지 않았지만 예민한 지역에 들어오면 괜스레 위축된다.

'룬난유전' 이정표를 따라 타클라마칸사막을 향해 남쪽으로 방향을 잡는다. 타클라마칸을 종단하는 길은 두 개가 있다. 첫 번째 사막공로(165번 지방국도)는 룬타이(輪台)에서 타중(塔中), 민펑(民豊)까지 북쪽 톈산산맥과 남쪽 쿤룬산맥 사이 사막 길을 연결한다. 약 522km 길이로 1995년에 완공되었다. 2007년에 건설된 제2의 사막공로(和阿사막공로: 217번 국도)는 아쿠쑤(阿克蘇) 또는 쿠처에서 호탄(和田)까지 연결되는 약 430km 구간이다.

이 한없이 넓은 사막 한가운데 고속도로가 웬일인가? 이 길도 카슈가르 등 신장 남부와 국경지역의 공업적 토대를 마련하기 위해 건설된 것으로 우루무치 혹은 중국 중심으로 가는 시간을 크게 단축시키는 의미가 담겨 있다는 게 중국 정부의 입장이지만 1980년대 발견된 펑펑 솟아나는 석유와 천연가스 운송이 주목적임은 이미 다 아는 얘기가 됐다.

타클라마칸의 지하에 묻혀 있는 석유는 중국 매장량의 약 30~35%가 될 것으로 추정된다. 모래밭이 아니라 금싸라기 땅이 된 것

타클라마칸사막

사막공로 기념탑

이다. 황량한 벌판 사이로 멀리 유전지대에서 불꽃을 토해내는 굴뚝이 웅변하고 있다.

드디어 타클라마칸사막의 초입. 스웨덴 출신 고고학자인 스벤 헤딘의 말을 빌리자면 '세상에서 가장 위험한 사막'에 겁도 없이 들어선다. 들어가면 살아 돌아오지 못한다는 타클라마칸사막. 고속도로를 달리는 차창에 비치는 풍경은 사구들의 아름다움과는 달리 메마르고 건조하다. 햇빛과 구름에 의해 서서히 그림을 그리는 사막은 고요하지만 예기치 못한 두려움도 같이 따라오고 있다.

사막공로를 소개하는 안내판은 이렇게 도로를 소개하고 있다.

"타클라마칸사막 공로는 현재 유동사막에 건설된 가장 긴 고속도로이다. …중략… 1993년에 본격적인 공사에 착수하여 1995년 룬타이에서 민펑을 연결하는 전장 522km 고속도로를 완성하였다. 이 도로는 타클라마칸사막에서의 유전개발, 신장성의 경제개발을 촉진, 정치안정에 중요한 기여를 하였다. 이 도로는 과학자와 건설기술자의 합작품이자 국가 석유자원을 전략적 대체하는 희망의 길이자, 남쪽 신장성 여러 소수민족의 행복의 길이다."

사막에 길을 만들기 위해 모래바람을 막는 기술을 연구한 결과 사막기후에 강한 식물 4가지를 선정해 사막공로를 지키는 방사림으로 이용하고 있다. 호양(胡

楊)나무와 뿌리 길이만 5m가 넘는 홍류(紅柳), 20cm의 작은 키에 뿌리가 깊어 모래를 많이 휘어잡고 무더기로 자생하는 숴숴(梭梭)•, 갈대 등이다. 방사림 옆으로 조성된 용수 공급 파이프와 어우러져 방사림은 제법 무리를 이루어 잘 자라고 있다.

도로를 지키기 위해 조성된 사막의 방사림

도로가 포장되면서 잊혀진 서역남로가 새로운 모습을 드러내고, 신장지역을 탐험하는 우리 같은 여행자에게 꽤나 편리하고 유용함은 두말할 나위가 없다. 그러나 그 옛날 실크로드의 영광처럼 사막 주변 오아시스에 사는 소수민족의 행복을 견인할 것인지는 두고볼 일이다.

신장위구르자치구 남쪽의 동서 1,400km, 남북 500km의 분지가 타리무분지다. 타리무분지 가운데에 있는 타클라마칸사막은 면적이 337,600km2(한반도의 약 1.5배)에 달하며 동서 1,000km, 남북 500km에 이르는 중국 최대 사막이다. 중국은 곧잘 사하라사막 다음의 두 번째 큰 사막이라고 소개하지만, 사실은 중국에서도 내몽고자치구의 파단지린(巴丹吉林)사막에 이어 두 번째고, 세계의 사막 순위로는 15위 정도다. 남쪽으로는 쿤룬산맥, 남서쪽으로는 파미르고원, 서쪽과 북쪽으로는 톈산산맥에 의해 경계가 정해진다. 동쪽으로는 로프노르사막과 고

• 명아주과에 속하는 관목.

비사막이 버티고 있다.

'타클라마칸'이란 위구르어로 '한 번 사막에 들어가면 살아서 나올 수 없다.'라는 뜻이다. 위구르어로 타클라(Takla)는 '죽음'이고 마칸(Makan)은 '끝이 없는 넓은 지역'이라는 뜻이므로 결국은 '살아서 돌아올 수 없는 넓은 지역'이라는 뜻이다. 무모한 호기심에 대한 경고 같은 말이다.

타클라마칸사막에는 특히 무서운 것이 있다. 위구르인들은 '카라부란'(kara buran, 黑暴風)이라고 부르고 중국어로는 '사첸바오(沙塵暴)'라 부르는 검은 모래폭풍이다. 카라부란은 사막의 도시를 단숨에 삼켜버릴 만큼 혹독하고 거대하다고 역사가 증명하고 있다.

전설의 러우란왕국(樓蘭王國, Loulan)* 역시 '카라부란'이라는 모래폭풍 때문에 사라졌을 것이라 추정하고 있다. 한때 서역남로의 중심 도시로서 기원전 2세기부터 기록에 등장한 러우란왕국은 4세기에 들어 역사에서 갑자기 사라졌다. 학자들은 외부침입설, 기후 악화와 수원의 고갈에 따른 자연환경변화설 등 여러 가지 원인들을 제기했다. 러우란왕국의 경우 서역남로의 경유지로서 도시가 발달하면서 오아시스가 한계를 넘어섰기 때문일 것이라 추정한다. 오아시스가 감당할 수 있는 능력을 벗어나자 하류의 수량이 변하고, 환경 변화를 초래했다는 것이다.

예를 들면, 러우란 사람들이 대형 토목공사와 나무말뚝을 방사선 모양으로 박아서 태양빛을 형상화했던 독특한 매장법 '태양묘'는 수많은 나무를 필요로 했다. 무성했던 삼림이 파괴되어 결국은 멸망할 수밖에 없게 됐다는 주장이다.

기후악화설을 주장한 중국의 기상학자들은, 유명한 러우란미녀(3800년 전의

* 현재의 신장, 위구르 지역에 존재하던 고대국가.

미라)를 연구한 결과 폐에 대량의 모래가 침전되어 있는 것을 발견했다. 이것은 당시에 기후가 이미 악화되었다는 것으로 기후악화설 즉 모래폭풍도 한몫했을 것으로 추정하는 것이다. 이 설에 따르면, 3세기부터 6세기까지 기후가 점차 건조해지고 강우량이 감소하여 사막화되었다고 본다. 그리고 마침내 모래폭풍이 악마처럼 등장한 것은 아닐까?

스벤 헤딘

그 옛날 수많은 낙타와 대상들이 목숨을 걸고 지나갔을 사막의 실크로드에는 바람이 만든 무수한 역사의 기억들을 품고 있는 사구(沙丘)들이 있다. 사구 속에 숨겨 왔던 수천 년의 타클라마칸사막의 역사를 파헤친 이들이 있었으니 다름 아닌 탐험가와 고고학자로 칭한 서양인들이었다. 19세기 말 제국주의의 총과 칼을 앞장세운 그들은 곧바로 도둑놈들이 되었다. 모래더미에 묻혀 있는 수많은 역사와 진실을 파헤쳐 자기 나라로 빼돌렸다. 유적지를 탐험하고 전문적으로 도굴해서 노략질한 대표적인 인물이 스웨덴 출신의 스벤 헤딘(Sven Hedin, 1865~1952)이다. 일각에서는 험난한 여정 속에서 중앙아시아의 고대 문명을 개척한 불후의 공적을 남겼다고 칭송한다. 중앙아시아 유물의 발견자이긴 하나 약탈자인 것도 사실 아닌가?

스벤 헤딘은 1893년부터 1930년까지 네 번에 걸쳐 중앙아시아를 탐사하던 중, 1899년 타클라마칸 북동쪽 뤄뿌포(羅布泊湖)* 사막을 건너다가 우연히 4세기쯤 역사에서 사라진 러우란왕국의 폐허를 발견한다. 목간(木簡)** 120편과 융단

* 몽골어로는 '로프노르(Lop Nor: 많은 강물이 흘러드는 호수)'라는 뜻으로 옛날에는 호수였으나 물이 증발하여 사막이 됨.
** 나무로 된 편지.

조각 등을 챙겨 돌아간 이후 서양인들의 본격적인 노략질이 시작되었다.

둔황 막고굴의 존재를 알린 영국의 아우렐 스타인(Aurel Stein)은 막고굴의 불상과 7,000여 점의 유물을 대영박물관으로 가져갔고, 막고굴에서 벽화를 뜯어낸 독일의 알베르트 르 콕(Albert Le Coq), 중국말을 할 수 있었던 폴 펠리오(Paul pelliot)는 가장 가치 있는 문헌과 필사본들을 무더기로 루브르박물관으로 가져갔다. 일본의 승려였던 오타니 탐험대까지 도적떼처럼 몰려와 유물을 훔쳐간 것이다.

스벤 헤딘은 이때 파헤쳐진 둔황의 막고굴 제17굴 장경동의 유물을 유럽의 학계에 알려 '돈황학(敦煌學)'을 정립하게 된다. 중앙아시아의 비밀을 알게 된 서양인들의 무자비한 탐험과 도굴이 사막 속에 묻혀 있던 신비한 오아시스 도시들을 발견하게 된다. 고창고성, 교하고성, 베제클리크석굴사원 등이 그것이다.

위로는 나는 새도 없고, 아래로는 달리는 짐승도 없다는 사막을 제국주의의 앞잡이들이 무주공산으로 헤집고 다녔고 수천 년 간직했던 고대의 비밀들은 속수무책으로 유린당했다. 영국제국주의와 심지어 나치 독일의 후원을 받아 제작된 스벤 헤딘의 탐험 기록과 지도는 영국과 러시아가 중앙아시아와 티베트를 집어삼키는 이정표가 되었다. 탐험하고 침략하고 정복하는 그레이트 게임(The Great Game)의 정석이 그대로 적용된 것이다.

중국인들은 그들을 '이방의 악마들(洋鬼子)'이라 부르며 적개심을 가지고 있다. 그 악마들이란 19세기 말부터 중국 공산당 정권이 들어서기까지 실크로드의 유물들을 도둑질하여 자기 나라로 반출한 스벤 헤딘, 알베르트 르 콕, 폴 펠리오, 오타니 같은 탐험가와 고고학자들이다.

사막 초입에 들어서자 매표소가 있다. 강변에 서식하는 호양나무를 테마로 공원을 조성하고 입장료를 받고 있다. 공원 안에는 갈대밭과 호수, 연못이 조성되어 있고, 일주도로와 공원을 일주하는 관람용 협궤열차까지 갖춰 놓았다. 상류

타리무호양림공원

의 수자원 남용으로 하류의 호양림(胡楊林)과 초원이 말라죽어 사막화가 가속되고 있는데도 매표소에서는 따박따박 입장료를 챙기고 있었다.

사막 속에서도 나무가 자라는 신기한 풍경을 볼 수 있는 곳이 바로 타리무호양림(塔里木胡楊林) 지역이다. 최소 수백 년은 살았음직한 아름드리나무들이 사막에 숲을 이루고 있다는 사실에 경이감이 든다. 강변 사이로 길게 늘어선 샛노란 호양나무와 호수의 반영(反映)은 달리 표현할 수 없는 아름다움이다.

사막 여기저기 크고 작은 군락을 이룬 호양나무는 사막도 사람 살만한 곳이라는 것을 일깨우는 듯하다. 사실 유전이 대대적으로 개발되면서 오아시스 도시도 발전하고 쿤룬산맥에서 흐르는 빙하수를 이용한 관개사업 덕으로 농업도 활발하게 이루어지고 있다.

타클라마칸사막은 예전의 그 사막이 아니다. 중국 정부의 의지만큼 끊임없이 황토색이 초록색으로 바뀌고 있다. 사막 가운데 호양나무가 군락을 이루고 있는 타리무호양림공원도 그 일환이다.

사막공로 동쪽 타리무강 근처에 호양나무 숲이 있다. 건조하고 기온의 변화가 심한 곳은 물론 염분 농도가 높은 타클라마칸사막에서도 잘 자라고 있었다. 그래서 호양나무를 '사막의 척추'라고 부른다. 호양나무는 지하 10m까지 뿌리를 내리고 많은 수분을 저장할 수 있어 생존할 수 있다고 한다.

호양나무는 방사림뿐 아니라 교량이나 제지와 가구를 만드는 등 쓰임새가 다양하다. 위구르 사람들은 '가장 아름다운 나무'라는 뜻으로 이 나무를 투오커라커(托克拉克)라고 한다. 아무것도 자랄 수 없는 사막에 홀로 서 있는 호양나무, 죽어서도 쓰러지지 않고 서 있는 풍경이 끈질긴 생명의 원형이라고 느끼는 것을 과하다고 할 수 없다. 그래서 위구르 사람들은 호양나무를 "살아서 천년(長着不死一千年), 죽어서 넘어지지 않고 천 년(死了不倒一千年), 땅에 쓰러져서 썩지 않고 천년을 견디는 나무(倒了不爛一千年)"라고 칭송하는 것이리라.

다시 사막공로로 나와 한동안 호양림과 함께 동행하게 된다. 신장위구르자치구 바인궈렁몽골자치주(巴音郭楞蒙古自治州)인 룬타이현(輪台縣)에서 165번 지방도로인 제2사막공로(塔中公路)를 타고 민펑으로 향한다.

룬타이현 경계를 벗어나자 뜻밖에 사막을 가로지르는 강이 나타난다. 타리무

타클라마칸사막을 흐르는 타리무강

타클라마칸사막에 자생하는 호양나무 군락지

강이다. '타리무'가 위구르어로 '수자원이 풍부한'이라는 뜻이라는 이유를 알 것 같다. 타리무분지의 대부분이 바로 타클라마칸사막이고 그 머리 위에 강이 있다. 산에 쌓인 눈과 빙하가 녹아 골짜기마다 흩어진 물들이 다시 모여 만들어진 강이 사막의 젖줄이 된다.

강을 건너서 샤오탕공안파출소(肖塘派出所)를 통과하면 본격적으로 사막에 진입하게 된다. 공로 입구에는 '塔里木沙漠公路(타리무사막공로)'라는 표지판과 함께 기념탑과 안내판도 세워놓았다. 샤오탕(肖塘)에서 민펑(民豊)까지 오아시스의 북도와 남도를 이어주는 도로는, 1단계는 남쪽의 민펑에서 북쪽으로는 쿠얼러와 쿠처 사이에 있는 도시인 룬타이까지로 1995년에 개통되었다. 2002년에는 2단계로 사막 가운데 있는 도시인 타쭝(塔中)에서 치에모(且末) 사이를 개통했다.

사막공로 입구 인공조림 지대가 시작되고 2차선 도로로 들어서자마자 사막이 시작된다. 폭이 10m인 도로로 넓지 않기 때문에 바람따라 움직이는 모래의 침입을 막는 것이 관건이다. 다양한 나무와 식물을 이용한 실험 끝에 도로 좌우에 네모꼴 형태로 방사림을 쌓았는데 가장 많이 사용하는 방사림이 갈대였다.

사막을 달리다 보면 가끔 빨간색 지붕에 하늘색 벽 칠을 한 건물을 볼 수 있다. 수정방(水井房)이라는 물관리사무소다. 한낮에 60도 이상을 웃돌고 밤이면 영하로 떨어지는 이 척박한 땅에 사람이 살고 있다는 것이 경이롭다. 수정방은 작은 묘목들을 길 양편에 5~10겹씩 심어 놓은 방사림에 물을 공급하기 위한 일종의 물탱크이자 염분이 있는 지하수를 담수로 만드는 시설이다. 보통 4~5km 간격으로 설치하고 수십 개의 호스로 연결해 하루 6시간 정도 사막에 물을 공급한다. 타클라마칸사막 전역에 이런 수정방이 대략 140여 개 정도다. 대부분 부부들이 기거하면서 방풍림과 주변 도로를 관리하는데 대략 1~2년 정도 근무한다고 한다. 행복한 직업이라고 말할 수는 없어도 자연과 인간의 눈물겨운 사투가 계속되고 있음을 새삼 느끼게 된다.

모래사막에 진입하자 까만 아스팔트길이 끝 간 데를 모르게 뻗어 있는 모습은 자체가 장관이다. 섭씨 50도가 넘는 열기와 풀 한 포기 보기 힘든 사막을 300km쯤 더 달려 타클라마칸사막 한가운데 타쭝에 도착한다. 마을 입구부터 커다란 식당들의 간판이 시선을 끈다. 주유소와 약국 심지어 KTV(중국식 단란주점)도 있다. 사막의 석유와 가스가 호황이기는 한 모양이다. 이곳은 석유개발기지가 가깝다. 속칭 돈이 도는 곳이어서인지 중국 식당과 이슬람 식당들이 성업 중이다. 마을 규모에 비해 식료품점이 많은 것은 외지에서 일을 찾아 온 노동자들의 많다는 뜻일 것이다.

휴게소 옆 고속도로에 위에 세워진 아치 현판에 써진 글이 인상적이다.

'죽음의 바다와 싸워 이기자'(征戰死亡之海)

'오직 황량한 사막은 있어도, 황량한 인생은 없다.'(只有荒凉的沙漠, 沒有荒凉的人生)

사막을 극복해야 될 대상이라 여기는 중국인의 의지가 발랄하다. 사막에 대해 다시 한 번 생각하게 하는 문구다.

출발하기 전 자동차에 기름을 가득 채우고 화장실을 다녀오는 등 만반의 준비를 한다. 중국 대륙의 오지를 다니려면 주의할 것이 몇 가지 있다. 화장실 문제는 대충 해결한다고 해도 특히 차량 주유는 절대 방심해서는 안 된다. 자칫 방심하다가는 오도 가도 못하는 난처한 경험을 할 수 있다. 주유소 간격이 수백 km인 경우가 허다하기 때문에 대비를 해야 한다. 주유소가 보이면 무조건 가득 채우는 것이 기본이다.

고속도로에 면해 있는 주유소에서 기름을 가득 채운 후 식당을 찾는다. 주유소와 붙어 있어 선택의 여지도 없다. 사막을 배경으로 '사막 스타일의 이슬람 식당'이라는 뜻의 대막풍정원청진찬청(大漠風情園清眞餐廳)이라는 이름만 거창한 식당이다. 메뉴라야 대부분 국수 종류다. 요기만 할 작정이었지만 그래도 신장 위구르 지역에서 맛있는 음식이라면 단연코 '낭'과 '빤미옌'이다. 그동안의 경험으로 빤미옌을 거를 수는 없는 일이다.

이탈리아의 파스타의 원조라는 빤미옌(拌麵)* 을 시켰다. 파스타의 원조라는 것에는 여러 가지 설과 이견이 있지만 국수의 역사로 봐서는 가능성이 무척 높다. 우리 비빔국수격인 빤미옌과 곁들이로 밀가루 반죽을 화덕에 붙여 구운 빵

* 장이나 양념에 비벼 먹는 국수.

호탄 가는 315번 국도

인 낭을 주문한다. 그동안 여기저기서 먹어봤던 빤미옌은 변함없이 최고의 맛을 선사한다. 빤미옌의 맛의 비밀은 첫째는 두툼한 수타면의 탱글탱글하고 쫄깃한 면발이요, 두 번째는 양고기와 토마토, 피망 등으로 만든 소스에 있다. 중국 특유의 향신료가 없는 소스라 더욱 정겹다. 마치 스파게티처럼 원하는 만큼 면 위에 뿌려 먹으면 된다. 코와 혀에 전혀 부담이 없어서 즐거운 식사를 할 수 있다. 사막을 바라보면서 먹는 무슬림 음식의 한 끼는 생각보다 깔끔하고 맛있는 추억이 된다.

사막공로의 중간쯤에 있는 타쭝마을은 지도상으로는 커다란 삼각형의 꼭짓점에 위치한 곳으로 제1사막공로(165번 지방도로, 민펑 방향)와 233번 지방도로(체모 방향)가 갈라지는 분기점이다. 갈림길에서 서쪽 방향의 민펑을 향해 200km를 달려 서역남로 길이기도 한 315번 국도로 갈아탄 후 20여 분 정도 가면 민펑현에 도착한다.

제1사막공로를 통해 타클라마칸사막을 종단하는 것은 정말 행운이다. 초겨울의 날씨조차 뜨겁고 따갑지만 바람이 잔잔하여 그 무섭다는 황사의 기원인 모래폭풍을 만날 수 없었다. 사막을 거의 벗어날 때쯤 비겁하지만 한 번쯤 맞아보고 싶은 위험한 호기심이 발동한다.

햇빛을 받아 붉게 물든 모래언덕은 바다처럼 물결이 되어 끝도 없이 이어지는 황홀경이다. 고개를 돌려 황홀경 속에 숨어 있는 나의 흔적을 되짚어 보았으나 끝내 찾을 수가 없었다. 사막은 여전히 외로움을 타고 있다. 호탄으로 서둘러 발길을 재촉한다.

chapter **19**

옥(玉)의 고장 호탄

- 호탄
- 뤄창

민펑 서쪽 연옥(軟玉)의 산지로 유명한 호탄(Hotan, 和田). 당나라 때는 유티엔(于闐縣: 지금의 于田縣)이라 불렸다. 중국에 합병된 후 1959년에 허텐현(和田縣)으로 개칭되었지만 그 옛날 서역 36국의 하나였던 곳이다. 호탄은 당나라 때 서역으로 통하는 주요 교역로였다. 그래서 이곳의 안전은 당나라의 번영과 직결됐다. 당시 일대의 지배권을 둘러싸고 토번(지금의 티베트)과 치열하게 각축을 벌였다.

8세기 초, 위기를 느낀 중앙정부에서 쿠처의 안서도호부에 있던 고선지 장군을 유티엔의 진수사(鎭守使: 지방사령관)로 임명한다. 이에 고선지 장군은 타클라마칸사막을 종단하여 부임지로 갔다고 전해진다. 유티엔에서 처음으로 독립된

자기 부대를 지휘할 기회를 잡은 고선지 장군은 토번과 맞서 혁혁한 전공을 세운다. 이 경험은 훗날 토번을 정벌하여 실크로드의 안정적 지배권을 확보하고 서역정벌의 위업까지 이루는 토대가 되었다. 우연히 만난 고선지 장군의 일화는 여전히 흥미진진하다.

방향을 서쪽으로 잡고 예전의 서역남로였던 315번 국도를 따라 호탄으로 향한다. 쿤룬산맥을 넘어 예청이나 카슈가르를 지나갈 때 남동진하면 바로 올 수도 있었던 마을이다. 사막공로를 지나볼 요량으로 315번 국도를 타고 타클라마칸사막 외곽을 돌아 쿠처와 제1사막공로를 지나다 보니 다람쥐 쳇바퀴 돌 듯 되짚어 오는 길이 되었다.

타클라마칸사막은 실크로드의 한가운데 있다. 시안에서 시작하여 란저우를 지나 둔황(敦煌)으로 이어졌던 실크로드는 둔황에서 다시 두 갈래로 갈라진다.

호탄 가는 315번 국도

옥문관(玉門關)을 지나 타클라마칸사막 북쪽 길을 따라 하미⇨투르판과 쿠처⇨카슈가르로 가는 서역북로(또는 천산남로)가 그 하나고, 양꽌을 지나 로프노르⇨러우란⇨호탄을 지나는 서역남로가 다른 하나다. 고대로부터 서역남로는 실크로드의 동맥이었다. 지금은 타클라마칸사막을 일주하는 315번 국도의 일부로 포함되어 있다.

민펑에서 호탄까지 거리는 약 290km다. 100km쯤 달리다 보니 녹지로 덮인 유티엔현이 나온다. 이 지역은 남부 신장의 전형적인 농촌마을이다. 집들은 마치 숨바꼭질이라도 하는 듯이 백양나무 숲속에 지었는데 사막의 열기와 모래바람을 피하기 위해서 당연한 선택이다. 멀리서도 보이는 하얀색 융단은 목화밭이다. 비닐하우스 단지와 밭들의 생김새로 봐서는 다양한 농작물을 재배하고 있다. 특이하게도 호탄 근처에서는 벼농사를 짓는 논도 볼 수 있다. 녹지대와 논밭이 많아 사막지대가 맞는지 의구심이 들 정도다.

2천여 년 전에도 인구가 2만여 명이나 살았던 도시였다는 것은 쿤룬산에서 내려오는 풍부한 수량으로 농사가 가능했다는 뜻일 것이다. 315번 국도는 유티엔현 한가운데를 가로지른다. 주변에는 사막의 오아시스라고 하기가 민망할 정도로 농경지를 비롯한 녹지대가 넓게 형성되어 있다. 언제부터 이렇게 큰 오아시스 마을이 됐는지는 모를 일이다.

마지막 오아시스 처러현(策勒縣)을 지나 217번 사막공로와 만나는 지점에 이른다. 위롱카시강 대교를 건너면 옥의 고장 호탄이다. 건기라 강은 말라 개천이 됐지만 다리 규모만 보면 꽤나 큰 강이다.

호탄은 두 개의 강이 동서로 나뉘어 흐른다. 왼쪽으로는 카라카시강(黑玉河) 오른쪽으로는 위롱카시강(白玉河) 사이에 이루어진 오아시스 도시다. 강 이름에서 짐작하듯 옥(玉)의 산지로 유명한 곳이다. 카라카시강에서는 흑옥이, 위롱카시강에는 백옥이 채집된다. 이 옥들은 고대 유티엔국의 특산물로서 서쪽으로는

카라카시강과 대교

이란, 이라크 등 서남아시아를 거쳐 유럽으로, 동쪽으로는 중국에 진상품으로 보내졌다. 이처럼 파미르고원을 거쳐 서역과 인도로 가는 실크로드 상에서 동서 무역이 이루어지는 중개시장으로 부를 축적할 수 있었다.

지금도 사정은 달라지지 않았다. 소위 쿤룬옥(崑崙玉)의 주산지로 지난 2008년 북경 올림픽 때는 메달 뒷면을 제작하는데 쓰여 그 진가를 세계에 알렸다. 오늘도 엘도라도에서 일확천금을 꿈꾸듯 강바닥에는 수많은 사람과 포클레인이 엉켜 분주하게 강바닥을 헤집고 있다.

호탄은 실크로드 서역남로에서 가장 유명한 도시 중의 하나였다. 마르코 폴로는 『동방견문록(東方見聞錄)』에 "호탄에는 없는 것이 없이 풍족하다."고 묘사했으나 요즘은 현대화가 급속도로 진행되고 있는 신장지역에서 가장 낙후된 도시로 전락했다. 카슈가르보다 위구르의 전통이 더 보전되고 있는 유서 깊은 도시라는 평가로 위안을 삼아야 한다. 그래도 '옥의 고향', '비단의 고향'이라는 별칭으로 불렸던 전설적인 도시의 브랜드는 여전하다. 무엇보다 호탄은 옥으로 설명해야 한다.

17세기까지도 중국은 오로지 호탄에서 생산되는 옥밖에는 몰랐다. 고대의 호탄은 옥 생산 덕에 타리무분지 내에서도 가장 크고 강력한 왕국이었다. 5~6월경 쿤룬산맥의 빙하가 녹아 위룽카시강과 카라카시강이 범람하면서 쿤룬산의 옥은 범람한 강을 따라 운반된다. 늦가을 건기가 시작되어 강바닥이 드러나면 옥을 채취하기 시작한다. 겨울 초입에 위룽카시강에서 옥을 줍는 사람들의 모습이 이채롭다.

호탄은 비단과 카펫으로도 유명하다. 현장법사의 『대당서역기』에는 1500여 년 전 호탄으로 시집간 중국의 공주가 뽕나무씨와 누에고치를 머릿속에 숨겨와 호탄에 전파했다는 유명한 전설이 있다.

그때부터 만들어 입던 위구르 여인들의 옷감이 호탄산 아틀라스 실크(Atlas silk)였다. 위구르어로 '우아한' 것을 의미하는 신장위구르 실크의 전통적인 패턴을 말하는데, 그 아름다움과 정교함, 다양한 색깔로 염색된 비단은 로마 귀족들에게 최고의 상품이었다. 그래서 실크로드의 교역품 중에 단연 으뜸은 비단이었다. 길을 떠난 비단은 사막과 파미르고원을 넘고, 도적떼를 피하고서야 겨우 로마의 귀족을 만날 수 있었다. 사정이 이러하니 당연히 비단은 금값과 같았고 그 비단의 생산지 호탄이 서역남로에서 가장 부강한 왕국으로 발돋움한 것은 당연하다. 독일 지리학자 리히트호펜이 그 길을 실크로드로 명명한 이유도 적절하다.

1500년 전 물레로 실을 뽑아 비단을 만들었던 유티엔국이 서역남로의 최대의 강국이 되었다는 이야기는 전설이었다. 그 전설 같은 얘기는 세월의 바람과 함께 스러졌다. 비단이 예전 같지 않게 된 것이다. 그럼에도 호탄에서 빼놓지 말고

호탄 실크를 만들기 위해 누에고치에서 실을 뽑는 모습

봐야 할 것 중 하나는 수작업 실크 제작과정이다. 호탄 시내에서 약 10km 남짓 떨어진 작은 마을 '지야샹(吉亞鄕)'에 있는 '아틀라스 실크 핸드크라프트'라는 공장은 위구르 전통의 이슬람 실크 문화를 볼 수 있는 수공예 생산지다. 터널 같은 백양나무 가로수길이 인상적인 마을 입구는 깔끔하게 정비되어 있고, 위구르인 전통양식으로 지어진 집들이 촘촘하다.

위구르인들은 집을 지을 때 대문을 중요시해서 크고 호화롭게 만든다고 하더니 아틀라스 실크 공장도 예외는 아니다. 갖가지 문양을 새긴 호화롭고 높은 이슬람식 대문이다. 대문을 들어서자 비단을 만드는 공정별로 아담한 건물들이 들어서 있다. 전통적인 수작업을 하는 곳이라 찾아갔지만 생각보다 사람의 발길이 드물고, 3대째 60년을 꿋꿋하게 비단을 짜왔던 장인의 손길도 4대를 이을 손자와 함께 한가해 보인다.

예전 방식으로 가마솥에 고치를 삶아내고, 물레로 실을 뽑아 나무베틀에 걸면 둔탁한 소리를 내며 북이 바쁘게 오간다. 나무물레는 손때가 묻어 까맣게 반들거리고 베틀은 세월에 지쳐 삐거덕거리지만 여전히 호탄 최고의 비단을 토해낸다. 기계로 생산되는 비단 수천 필이 쏟아져 나올 동안 호탄의 비단은 한 필을 마감하지 못하지만 조상 대대로 물려받은 방법 그대로다. 비단을 짜는 노인의 굽은 손은 천연덕스럽고 주름진 얼굴엔 온화한 미소가 흐른다. 아직 철모르는 손자의 눈이 초롱초롱하다. 아쉽게도 쿤룬산맥 아래 서역남로의 최대의 오아시스 도시 호탄 비단은 지금은 찬란하지 않았다.

옥의 엘도라도를 찾아서

옥(玉)을 찾아 강으로 가는 길에 호탄 시내 중심에 있는 단결광장(團結廣場)을 지난다. 남과 북 끝단에 커다란 탑이 하나씩 있는데 북쪽의 탑인 대형 동상이 눈에 든다. 마오쩌둥이 그의 체구의 반밖에 안 되는 어떤 노인과 악수하는 모습이다. 노인은 유티엔에서 태어난 위구르인 꾸얼판 투루무(庫爾班吐魯木)라는 소작농이다. 1949년 중국이 신장을 합병한 후 실시한 토지무상분배의 수혜자였다. 잘 먹고 잘 살게 된 것이 중국의 은혜라고 생각한 그는 감사의 인사를 하러 떠난다. 당나귀를 타고 1년이 넘게 걸려서 베이징에 도착해 결국 마오쩌둥을 만나게 된다. 당시 중국은 그 사건을 신장합병의 정당성을 알리는 최고의 이벤트로 활용한다. 중국 공산당 최고통치자와 위구르인 소작농의 만남은 어쩐지 애잔하지 않은가? 배고픔에서 벗어난 소박한 감사의 표시였지만 결과적으로는 중국 정부에게 신장 합병의 명분을 통째로 입에 넣어준 슬픈 사연이 되었다. 두 배 가까운 마오쩌둥의 크기와 위압적 분위기가 지금의 호탄을 상징하는 듯하다.

꾸얼판 투루무와 마오쩌둥

호탄 시내에서 벗어나 위롱카시강 대교를 건너면서 보니 강폭이 엄청나게 넓다. 여름이면 쿤룬산맥의 빙하가 녹아서 위롱카시강과 카라카시강의 수량이 넉넉하다고 했다.

중국인들은 예로부터 옥(玉)은 달빛이

호탄 옥(玉)

2000여 년 동안 호탄은 세계적인 옥 생산지였다. 양의 기름 같이 뽀얗게 흰빛을 띠는 양지옥(羊脂玉)은 지금도 고가의 상품이다. 호탄 옥은 멀리 고대부터 중국 중원은 물론이거니와 아시아, 유럽에서도 귀족들의 장식품으로 사용했다. 호탄 전 지역에서 옥을 생산하나 주요 생산지는 위롱카시강과 카라카시강에서 매년 양지옥을 200~300kg 정도 생산한다. 호탄 옥의 조각품은 세계적인 희소한 진품으로 인정받고 있으며, 현재 북경 고궁 박물관에 진열된 〈대우치수옥산(大禹治水玉山)〉은 원석의 무게가 5,300kg에 달한다. 1992년 호탄 옥 조각 공장에서는 북경인민대회당에 전시된 〈수고루(手鼓舞)〉라는 대형 옥 조각품을 만들어 세계를 깜짝 놀라게 했다. 현대 의학에서 호탄 옥은 작은 양의 특별한 원소를 함유하고 있는데, 사람이 장기간 착용했을 때 몸을 건강하게 하고, 장수에 도움을 주며 고혈압과 노년기 질병에 유익한 작용을 한다고 한다.

'호탄옥왕'이라는 대형 옥 원석

호탄 카펫

호탄 카펫은 생산 역사가 2천 년이 넘는다. 호탄 카펫은 동방민족 수공예 카펫체계에 속해 있다. 원재료는 두꺼운 양털을 사용하는데 도안이나 설계 모두 풍부하고 다채롭고 만드는 방법도 다양하다. 위롱카시강 주변 호탄 카펫공장에서 생산되는 수공예 카펫은 유럽, 아시아, 미국, 오세아니아 등 수십 개 국가로 수출되고 있다. 1992년 호탄 카펫 공장에서 북경인민대회당의 의뢰를 받아 제작한 〈천산송(天山頌)〉은 길이 12.5m, 너비 4.5m로 현재 세계 최대의 미술제품 중 하나로 인정받고 있다.

정화되어 만들어진 결정체라고 믿었다. 옥을 금보다 귀하게 여겨 황제의 인장도 옥으로 만들었다. 옥새(玉璽)란 말은 여기서 나온 것 같다. 옥은 그야말로 중국인의 보석이다. 호탄은 그런 중국인들의 고향이요 옥의 고향이다. 옥의 도시답게 가게나 건물 이름에 가장 흔한 글자가 옥(玉)이요, 거리마다 옥의 고장임을 알리는 간판들이 한 명의 손님이라도 놓칠세라 빼곡하다.

화려하고 다양한 옥 상품의 값은 천차만별이라 선뜻 엄두가 나지 않는다. 중국인들은 아주 친근하게 상품을 대하지만 외지인들은 들었다 놨다를 반복하다 발길을 돌리는 경우가 많다. 산 넘고 물 건너 이 먼 곳까지 왔으니 특산품을 하나쯤 갖고 싶지만 가격이 만만치 않다.

우리 탐사대도 횡재를 기대하며 강바닥으로 내려가 본다. 이미 수많은 이들의 노옥(撈玉)한 흔적이 지뢰밭 같고, 어떻게 생긴 돌이 옥인지 아는 사람도 없다. 자갈 반 모래 반인 강바닥에서 옥이 눈에 띌 리 만무하다. 팬티만 입고 얕은 물속으로 들어가 발로 더듬는 사람, 큰 망치로 암석을 깨는 사람, 자갈밭을 헤집는 사람들이 옥 사냥에 빠져 있는 동안, 탐사대는 고만고만한 옥을 들고 행상을 하는 동네 사람들에게 포위된다. 재수가 좋으면 한 달 치 봉급이나 일 년 농사짓는 것보다 벌이가 낫다고 하니 해볼 만한 일이겠다. 매년 쿤룬산은 호탄의 주민들에게 옥덩어리를 선물로 주고 있지만 초행인 우리는 횡재는커녕 봉변을 당할까 두려워 서둘러 강을 빠져나온다.

호탄서 뤄창까지

호탄을 떠나 다시 동쪽 사막을 향해 카라카시강을 건넌다. 옥의 횡재를 꿈꾸는 이들의 움직임이 신기루처럼 아른거린다. 언제 또 볼 수 있을까 하는 마음에 풍경을 자꾸 눈에 집어넣고 머리에 새긴다. 다리 아래에 강물이 넘실대면 훨씬 좋았을 것이란 아쉬움을 안고 길을 떠난다.

호탄에서 약 290km 정도 떨어진 곳 민펑으로 돌아가는 길. 타클라마칸사막의 남단을 따라 옛날 비단길의 하나였던 서역남로의 동쪽으로 가는 길은, 카슈가르⇨예청⇨호탄⇨민펑⇨치에모⇨뤄창⇨양관을 거쳐 간쑤성의 둔황으로 이어지는 길로 한나라 때부터 이용했다. 당대에 접어들어 둔황에서 옥문관을 거쳐 쿠얼러⇨쿠처⇨카슈가르로 가는 서역북로를 주로 이용하자, 서역남로의 번성했던 오아시스 도시와 왕국들은 쇠퇴하게 된다.

잊혀졌던 서역남로가 다시 역할을 하게 된 것은 바로 석유와 가스 때문이다. 타클라마칸사막에 유전이 개발되면서 1998년 10월 중국 정부는 사막을 가로지르는 사막공로를 개설했다. 실크로드 천산북로의 룬타이에서 천산남로 민펑까지 이어지는 길이다. 이 길을 통해 석유와 가스를 동부로 이송하는 것이 가장 가

깝고 용이하기 때문이다.

차는 마치 바다를 항해하듯 망망한 평원을 달린다. 이따금 오아시스 마을들이 섬처럼 나타났다 신기루처럼 사라진다. 두 시간을 달려 사막 한가운데 이르니 온 사방이 풀 한 포기 보이지 않는다. 모래바람에 포장도로가 덮일 것을 염려하여 마른 갈대로 사방공사(砂防工事)를 해둔 것이 이채롭다. 바람에 날리던 모래가 그 방사림에 걸리게 되면 자연적으로 작은 둔덕을 이루고 그 둔덕이 점점 높아져 저절로 구릉을 이루며 커지고 있다.

계속 따라오던 쿤룬산맥도 어디로 숨었는지 보이지 않는다. 바람에 실려 온 모래들이 쭉 뻗은 도로 위에서 파도처럼 춤을 춘다. 이제 완벽한 사막이다. 온 사방이 모래바다다. 사구들이 높은 파도처럼 스쳐 지나간다. 수많은 공룡 떼들이 지나가는 듯한 사구를 만나기도 한다. 이런 사막을 걸어서 지났을 구법승과 대상들의 한숨과 외로움이 온몸으로 젖어 든다.

그 옛날 산맥과 사막 사이를 만년설이 녹아 유입되면서 오아시스가 만들어지고, 사람들이 정착하자 자연스레 길이 생겼다. 그 길에 사람과 물류가 오가는 실크로드가 탄생했다. 기후가 변하고 물이 마르자 사막화가 진행되면서 서역남로는 실크로드에서 한동안 쇠락했다.

20세기에 이르러 타클라마칸에서 발견된 유전 때문에 사막의 남북을 연결하는 사막공로가 생기면서 315번 국도 즉, 서역남로도 새로운 전기를 맞게 되었다. 유전 덕분에 잘 닦인 길을 달려 돌아온 민펑. 218번 사막공로와 315번 국도와 합쳐지는 곳 끝에 위치한 오아시스 마을이다.

시내 외곽에 이르자 그림 같은 목초지가 펼쳐진다. 사막을 몇 시간을 달려온 이방인에게는 뜻밖의 광경이다. 목초지의 넓이와 색깔만큼 풍요로운 마을임을 직감하게 된다. '백성들이 풍요롭다'는 뜻을 가진 민펑은 21세기에 새로운 오아시스로 거듭나고 있었다.

가축시장으로 가는 위구르인

민펑 재래시장의 오후

걱정거리도 있다. 타클라마칸사막에서 몰려 온 모래 때문에 마을이 점점 작아지고 있다. 수자원을 확보해야 하는 현실적인 문제가 민펑을 우울하게 만들고 있다. 중국 중앙 정부도 이곳의 사막화를 방지하는 사업에 노심초사할 수밖에 없다.

치에모까지 가는 일정으로 가장 위구르답다는 시장만 보기로 한다. 민펑 시내에서 멀지 않은 곳에 재래시장이 있다. 시장은 작은 도시답지 않게 많은 사람들로 붐볐다. 우리 시골의 5일장 분위기다. 시장의 초입은 여느 신장지역과 마찬가지로 다양한 먹을거리가 손님들을 맞이한다. 이 지역의 특산물이자 명물인 하미과(哈密瓜: 멜론)와 티옌과(甛瓜: 참외)가 탐스럽고, 건포도, 호두 등 견과류와 석류 등 형형색색의 다양한 먹을거리가 즐비하다.

어디선가 양고기를 굽는 냄새가 코끝에서 진동한다. 숯불 위에 지글지글 굽고 있는 양꼬치는 신장의 대표적인 먹을거리다. 숯불에 짭조름한 향신료를 살살 뿌리면서 구워낸 꼬치와 빠이주(白酒) 한 잔은 참기 어려운 유혹이다.

이채로운 것은 시장 노천에서 운영되는 길거리 정육점이다. 주로 소와 양고기인데 소머리와 양머리가 간판처럼 전시되고 그 뒤로 해체된 다양한 부위가 진열되어 있다. 아마도 갓 잡은 신선한 고기라는 표시 같다. 우리는 혹시나 하면서도 슬그머니 셔터를 누른다. 그 엽기적인(?) 장면을 놓칠 수는 없지 않은가. 시장의 이모저모는 정말 사람 사는 풍경이라서 떠나기가 쉽지 않다.

민펑에서 동쪽으로 약 308km 떨어져 있는 치에모 가는 길은 제2사막공로를 이용할 수 있지만 315번 국도로 간다. 호탄 갈 때 한 번 지났던 사막이지만 그때 머릿속에 넣어 두었던 기억은 사라지고 낯설게 다가온다. 민펑에서 치에모 가는 길은 모래산의 연속이요 어디를 보아도 하늘과 맞닿은 망망사해(茫茫沙海)다. 거대한 블랙홀에 떨어진 느낌이다.

도로 양쪽으로 끝없이 이어진 사구들이 춤을 추면서 따라온다. 광활한 사막의 한가운데를 가로지른 아스팔트도로는 너무 명료하여 한줄기 빛처럼 앞길을 인도하고 있다. 4시간여를 달려 치에모에 도착했다. 예전 같으면 하루는 족히 걸렸을 거리지만 315번 국도가 정비된 후로는 이동시간을 많이 줄일 수 있게 된 것이다. 2002년에는 타쭝에서 남쪽으로 길을 하나 더 내어 치에모까지 연장되었다.

쿤룬산맥에서 가장 높은 무쯔다꺼봉(木孜塔格峰, 7,723m)을 남쪽에 두고 있는 치에모는 치에모(且末)국과 시아오완(小宛)국의 도시였으며 옛 체르첸의 왕국이 있던 곳으로 지금은 현급 도시가 됐다. 위구르족이 75% 이상 차지하는 위구르인의 마을이다.

치에모는 남쪽에 쿤룬산맥에서 발원한 8개의 강이 현 가운데를 지나고 있어 수량이 풍부하다. 중국 정부의 소수민족 정책이 깊숙이 들어 온 곳이다. 지금은 아파트와 빌딩 등 현대화 사업으로 예전의 치에모는 찾아보기 어렵다. 10년 이상 미래를 보고 추진된 현대화 사업이라 인구 규모에 비해 모든 것이 크고 널찍하나 사람들은 별로 눈에 띄지 않는다.

깔끔하게 정비된 시내에는 옥공예품을 파는 가게들이 골목마다 자리를 잡고

치에모고성 터

있다. 치에모 역시 호탄과 마찬가지로 옥의 도시로 유명한 곳이다. 아얼진산(阿爾金)에서 쿤룬산맥까지 약 800km 구간에서 옥이 생산되는데, 치에모현도 그 범주에 있다. 인구는 약 6만 명 정도다. 2002년 타클라마칸사막을 남북으로 관통한 사막공로가 생긴 이후 2016년 12월 19일 치에모공항이 신설되면서 여행자가 늘고 있다. 예전에는 근처에 위치한 로프사막에 핵 실험장이 있던 군사시설이어서 출입통제가 됐던 곳이라, 외국인은 허가를 받아야 갈 수 있었다.

치에모의 남서쪽에 있는 치에모고성으로 향한다. 치에모고성은 넓이가 1,800km^2에 이르며 출토 유물을 분석한 결과 춘추시대까지 역사가 거슬러 올라간다. 한참을 헤매고서야 유지(遺趾)를 찾았다. 고성이라고 해서 높다란 성벽과 망루 등을 기대했던 것이 잘못이었다. 타클라마칸사막 속에 묻혀 이미 폐허가 된 유적을 찾는 것이 어디 쉬운 일이던가.

번성했던 오아시스국가 치에모왕국의 고성은 3000년 전 어느 날 갑자기 밀어닥친 대홍수로 모든 것을 잃었다. 수천 년 동안 사막의 모래바람에 시달린 고대도시는 찾을 수 없었다. 수많은 불가사의와 풀리지 않는 역사적 신비를 간직했던 도시는 1957년 중국 과학 아카데미의 사막연구원 (Institute of Desert Research)이 발견했다. 그러나 겉으로 드러난 것은 그저 왕국의 옛터일 뿐이다.

도시는 모래 밑에 숨어서 아무것도 볼 수 없고 아무것도 만질 수 없는 사막이었다. 그 옛날 대홍수의 상처를 짐작할 만한 야단(Yadan)* 지형이 건드리면 쓰러질 듯 서 있다. 아마도 고대도시의 흙 성벽은 아니었을까. 인근의 또 다른 유적지로 향하는 발걸음이 진한 아쉬움으로 무겁기만 하다.

치에모를 왔다면 치에모고성 인근에 있는 짜후라커장원(扎乎拉克庄園)과 자군루커묘(扎滾鲁克古墓群)를 놓쳐서는 안 된다. 시내 서남쪽으로 약 3km 떨어진 곳에 있는 짜후라커장원이다. 1911년에 건축된 것으로 총면적 780㎡다. 당시 이 지역 최대 지주의 집이었다. 저택은 정사각형 모양의 건물로 벽돌 벽과 나무 기둥으로 구성되어 있고, 11개의 방과 2개의 복도가 있는 고대 위구르족의 대표적 건축물이다.

황토벽에 단층의 단조로운 형태지만 카슈가르에서 온 장인들이 위구르 전통방식으로 지은 집이다. 절묘하고 섬세하기 이를 데 없다고 자랑하는데 이방인의 눈에는 그다지 매력적으로 다가오지 않는다. 그러나 흙에 달걀과 석고, 설탕을 혼합하여 바르고, 목재는 1년 동안 물에 담근 후 1년 동안 말려서 사용했다는 건축술에는 고개가 주억거렸다. 황량한 사막 한가운데서 유아독존의 자태로 100년을 버틴 힘이었다.

* 가파른 산이나 험준한 계곡을 이르는 말.

1998년 지방 인민정부가 자치 지역의 핵심 문화재로 보호하기 위해 대대적으로 보수하여 애국주의 교육기지로 활용하고 있다. 위구르족의 특성과 문화를 짐작할 수 있는 각종 생활도구와 유물이 남아 있어 생활상을 엿볼 수 있다.

고성 입구의 자군루커묘지고분군은 약 2,600여 년 전 춘추시대에 조성된 이 지역 귀족 가족의 무덤이다. 동서 약 750m, 남북 약 1,100m 크기로 1985년에 발굴되었다. 160여 기의 고분을 발굴해서 출토된 미라와 도자기, 비단과 모피의복 등 부장품도 함께 소개하고 있다. 특히 자군루커1호묘지 24호실은 주목할 만하다. 가족의 시신이 한꺼번에 합장되어 수천 년을 잠들어 있던 무덤으로, 14구의 시신이 한꺼번에 합장된 무덤은 다른 곳에서 보기 힘든 독특한 형태의 무덤이다. 무덤은 주로 수직 동굴 형태의 직사각형이 대부분이다. 어른과 어린아이, 어떤 이는 앉아 있는 모습, 어떤 이는 누워 있는 등 다양한 형태를 취하고 있다. 당시의 장례풍습이라고 한다.

이 밖에도 타지에서 죽은 후 이곳에 안장된 군인의 미라 등 다양한 사람들의 미라와 유물은 매장한 지 얼마 되지 않은 듯 보존 상태가 놀랍다. 특히 9호묘 발굴 당시 미라가 입고 있던 다양한 색채의 옷은 당시의 방직, 염색 과정 등이 매우 높은 수준에 이르렀음을 보여준다. 색감도 요즘에 비해 전혀 뒤지지 않을 정도다. 2,600년 전의 모습이라고는 믿기 어렵다. 다양한 군상들을 연결하여 당시를 상상해 볼 수 있어 쏠쏠한 재미가 있다.

치에모를 떠나 뤄창으로 가는 길은 반듯하다. 러우란왕국과 미란왕국 탐사의 전초기지 뤄창(若羌) 가는 길. 치에모에서 뤄창 가는 길도 끝없는 사막으로 이어진다. 쿤룬산맥과 타클라마칸사막 사이를 보기 좋게 가른 아스팔트도로 위에서 사막의 향연을 즐길 수 있다.

붉은 모래로 가득한 사막은 시시때때 자태를 바꾸면서 춤을 추고 있다. 그러는 사이 사막이 얼마나 무서운지 까맣게 잊고 있다. 서역남로가 쇠락한 후 가난

뤄창 가는 315번 국도

을 면치 못하던 곳에 길이 나면서 사람들의 발길이 잦아지자 오아시스가 살아나고 있다. 그러나 물이 풍부했던 예전과 달리 지속적인 사막화는 초지와 농지를 잠식하고 있어서 걱정거리가 된 지 이미 오래다. 사막에서 발원한 황사현상 등 바람에 의한 자연재해도 결코 가볍지 않다. 사막과 인간의 투쟁은 점점 치열해지고 있다.

chapter **20**

뤄창에서 시닝으로

- 뤄창
- 시닝

뤄창(若羌 또는 차르클릭)은 인구 약 6만 명의 작은 현(縣)이다. 타클라마칸 동남부 길의 사실상 끝이며 서역 36국 가운데 러우란(樓蘭)으로 유명한 곳이다. 지리적으로는 사막을 넘어 둔황으로 이어지고, 아얼진산을 넘으면 티베트 사람들의 땅 칭하이성 거얼무로 연결된다. 타클라마칸 끝자락에 있는 작은 마을이지만 한편으로는 교통의 요지이다.

서역남로의 다른 도시들처럼 뤄창도 개발의 바람이 거세다. 뤄창은 중국에서 중앙아시아나 중동으로 진출하는 고대 실크로드의 거점이었다. 2006년 뤄창⇔민펑 구간 570km의 315번 국도가 연결되면서 석유, 천연가스 개발과 난장 지역 경제발전이 가속화되었다.

2018년 12월에는 허뤄(和若, 호탄⇔뤄창)철도가 착공되었다. 신장 남부 호탄과 뤄창 사이 825km를 잇는 철도공사는 앞으로 약 3년 후면 완성될 예정이라고 한다. 민펑, 치에모 등 서역남로 선상에 있는 오아시스도시가 쿠얼러와 거얼무를 연결하는 노선과 연결되어 그야말로 일대 전기를 맞게 되는 셈이다.

실크로드 길목 뤄창이 21세기에 들어 오일로드로 거듭나고 있다. 뤄창은 중국 정부가 주창(主唱)하는 일대일로 정책에서 빼놓을 수 없는 위치를 차지하고 있다. 공항과 철로건설이 한창이고, 도심 외곽에서는 10만 명을 수용하는 아파트 단지가 조성되고 있다. 현재 인구가 3만 명인 것을 고려하면 상전벽해(桑田碧海)다.

2012년 뤄창에서 대규모의 니켈, 구리, 코발트 등의 매장량이 확인되면서 뤄창의 개발은 더 뜨거워질 전망이다. 이는 뤄창현 입장에서는 반길만한 일이다. 그동안 '러우란의 미녀' 등으로 유명한 러우란현에 밀려 뤄창과 민펑 사이에 신(新)러우란시를 건설하여 러우란으로 합병하려는 움직임이 오랫동안 있었다. 뤄창 사람들 입장에서는 자존심 상할 일이었지만 이제는 도시 이름을 빼앗기지 않아도 될 만큼 일신우일신하고 있다.

뤄창에는 러우란박물관이 유명하다. 바로 '러우란의 미녀'라는 미라 때문이다. 1980년 4월 위구르 사회과학원 고고연구소 연구팀이 로프노르를 탐사하다가 옛 러우란왕국의 철판하(鐵板河) 삼각주의 모래 속에서 3,800년 동안 완벽하게 보존된 미라를 발견한다. 전설 속의 고대왕국 러우

'러우란의 미녀'를 상징화한 러우란박물관 외벽

란의 실체가 드러난 것이다. 미라는 발굴 당시 머리칼과 눈썹이 선명하고 화려한 옷과 장식물로 치장한 여인이었다. 고고학자들은 큰 눈을 가진 금발 미녀가 생전에 건장하고 풍만했으며 용모가 단정한 페르시아계 유목민(Saka족: Scythai족을 말함) 출신의 중년의 부인이었을 것이라 추정했다. 그래서 일명 '죽은 모나리자' 또는 '러우란의 미녀(樓蘭美女)'라고 부른다.

사막의 오아시스에서 도시국가로 번성하다가 7세기경 돌연 역사 속에서 사라져버린 비운의 전설 '러우란왕국'에는 어떤 일들이 있었던 것일까? 러우란왕국은 타클라마칸사막 동쪽 끝에 위치한 로프노르호수 근처 서역 36개국 가운데 작은 나라였다. 원래 러우란 사람들은 로프노르호수에서 고기를 잡거나 농사를 지으며 실크로드를 지나는 대상들을 상대로 장사를 하며 살았다. 톈산북로와 톈산남로가 갈라지는 천혜의 장소에 위치한 덕분에 자연스레 실크로드의 보급기지로서 번영을 누렸다.

어느 날 호수가 마르면서 하나 둘 사람들이 떠나고 도시는 모래바람 속에 묻혀 흔적도 없이 사라졌다. 호기심 많은 동서양의 많은 학자와 탐험대들이 미스터리한 호수의 실체를 알고자 찾아다녔다. 사라진 전설의 호수를 찾은 사람은 스웨덴 탐험가 스벤 헤딘이었다. 20세기 초 그의 탐험대는, 모래폭풍으로 타리무강의 물길이 바뀌면서 로프노르호수가 1500년 정도의 주기를 가지고 위치와 크기가 변하는 이동하는 호수였다는 사실을 알게 된다. 어찌됐든 7세기경에 홀연히 사라진 왕국의 미스터리가 풀리게 된 것이다. 우리는 20세기 초에 발견한 세기의 현장을 보고 싶었으나 끝내 갈 수 없었다. 주요 핵 실험장과 다수의 군사시설이 있는 보안구역이라는 이유로 답사를 허가해주지 않았다.

뤄창에서 화투거우 가는 길. 높은 산과 협곡으로 이 길은 말과 낙타도 버거워했을 터였다. 그 옛날에는 필경 죽음의 길이었으리라. 그 길을 향해 간다. 뤄창을 벗어나면 곧장 모래와 자갈, 잡초들이 뒤섞인 고비탄사막이다. 멀리 길고 험준

아얼진산맥 고갯길

한 아얼진산맥이 시야를 가로막는다. 해발고도 800m대의 뤄창에서 단숨에 해발 1,800m로 올라서니 오랫동안 동행했던 쿤룬산맥이 멀어지고 금빛 지평선 타클라마칸사막이 보인다. 오지는 힘든 만큼 멋진 추억을 안겨준다. 도저히 빠져나갈 수 없을 것 같은 쿤룬산맥 협곡을 지나 아얼진산으로 직진한다.

대협곡을 세 개나 지나 아얼진산고개를 넘자 티베트와는 또 다른 설산이 파노라마를 연출하고 있다. 오지길 14,000여 km를 달려온 차는 가르릉거리며 피로를 호소한다. 애써 차를 달래가며 해발고도 3,000m를 올라서자 지난 몇 시간 동안 달려온 협곡과 황무지와 산맥들이 일순 하나가 된다.

중국 감독관도 현지 가이드도 이 길은 난생 처음이었다. 뤄창⇨망야⇨화투거우⇨거얼무⇨시닝으로 향하는 길은 대부분이 사막과 산악이다. 그사이에 숨어 있는 모래사막, 황무지사막, 소금사막 등 사막버라이어티가 기다리고 있다.

아얼진산맥과 315번 국도

그 시작인 훙려거우협곡은 고비탄 길이지만 계곡으로 들어서면 가느다란 실개천에 초지도 볼 수 있다.

몽골어로 '측백나무가 있는 산'이라는 뜻인 아얼진산맥은 신장위구르의 타리무분지와 칭하이성의 차이다무분지 사이에서 동북 방향으로 뻗은 산맥이다. 서쪽으로는 쿤룬산, 동쪽으로는 치롄산까지 맞물린 전장 700km, 폭 200km가량의 거대한 산줄기다.

산을 넘어 남쪽으로 나오자 사막지대가 펼쳐진다. 사막을 가로지르는 도로 하나가 마치 뱀이 지나간 길처럼 여유롭게 휘어져 뻗어 나간다. 아, 또 사.막.이.다. 어쩌면 이런 길을 다니는 것도 낭만적인 추억이 될지 모른다. 신장위구르자치구의 쿠얼러에서 칭하이성의 거얼무를 잇는 철도가 개통되면 고생을 자초하지 않아도 된다. 낙후된 서부지역의 경제발전을 촉진하고, 둔화되고 있는 지역 경제성장도 활성화될 것으로 보인다. 위기는 기회라 했던가. 오래전 유명무실하게 된 서역 남로를 비롯한 실크로드가 새롭게 복원될 수 있는 기회가 될지 모른다.

올라올 때만큼이나 꼬불꼬불한 길을 내려가자 드디어 칭하이다. 동쪽 신장위구르 지역에서 칭하이성으로 가는 길은 딱 하나다. 뤄창에서 315번 국도를 타고 약 290km 가면 칭하이성으로 넘어가는 신장의 마지막 마을인 이툰부라커(Yitun-bulake, 依吞布拉克)를 지나 이내 망야(茫崖)에 이른다. 신장위구르자치구와 칭하이성 접경 지역에 위치한 산간 오지 마을이다. 영화처럼 먼지 날리는 마을의 황량함 그 자체로 존재 의미가 있다.

아얼진산맥을 넘으면 화투거우(花土溝)에 가까워진다. 도로 옆에는 새로 굴착 준비에 바쁜 채굴현장들이 눈에 띄고 여기저기 제멋대로 자리한 시추기가 쉴 새 없이 돌고 있다. 이 황무지가 땀을 흘리는 만큼 도시가 커질 것이다.

이툰부라커에서 약 60km를 달린 끝에 도착한 유전도시 화투거우. 오로지 유전개발 하나만을 위해 황량한 사막에 홀연히 생겨난 도시다. 불과 10여 년 전만 해도 볼 것 하나 없는 마을이었다. 지금은 확연히 다르게 도시의 규모를 갖추고

하이시몽골족티베트족자치주에 있는 고비탄사막지대

있다. 편의시설도 없는 것이 없을 정도다. 왕빠(网吧: PC방)도 있고 우체국, 은행도 있다. 미용실이며 목욕탕, 시장은 물론이고 700km나 떨어져 있는 거얼무를 연결하는 버스노선도 있다. 거침없는 화투거우의 발전상은 밤하늘에 빛나는 유전의 가스불빛처럼 화려하다.

초대소에서 하룻밤을 지내고 맞은 이른 아침 화투거우를 떠난다. 영하 16도의 차가운 공기는 스산한 화토구의 분위기와 어우러져 다른 세상에 떨어진 듯 낯설다. 지금 어디 있는지, 어디로 가야 하는지? 현실과 유리된 시공간은 일상의 궁금함을 유발한다.

화투거우에서 나와 315번 국도를 따라가자 이내 가씨쿨호수(尕斯庫勒湖, Gasi Kule Lake)가 동행한다. 사막에 지친 눈이 호강을 한다. 약 15km쯤 가서 가씨향(尕斯鄉, Gasixiang)마을에 이르자 제법 큰 농경지가 있다. 이 화성 같은 황토고원에서 논과 밭이라니, 인근에 있는 가씨쿨호수의 혜택일 것이다.

산맥을 내려와 오른쪽에 길게 뻗은 바옌카라산맥을 벗삼는다. 하이시몽골족티베트족자치주(海西蒙古族藏族自治州)를 지나 시아오차이다무호수(小柴達木湖, Xiaochaidamu Lake) 근처 G3011고속도로(柳格高速)를 200여 km 가면 거얼무다. 칭짱열차가 개통되기 전까지는 오직 거얼무를 통해서만 라싸로 갈 수 있었다. 도시에 가까워지자 고속도로 좌우로 너른 녹지대가 나타나고 호수도 보인다. 사람 사는 세상으로 귀환이다.

하루쯤 쉬어가야 할 길이지만 집을 향한 마음이 조바심으로 가득하다. 거얼무를 지나 시닝으로 내처 달리다가 거얼무에서 시닝으로 가는 길에 칭하이호수를 보려고 109번 국도로 갈아탄다. 770km를 달려가야 한다. 도중, 볼리비아의 '우유니(Uyuni)'와 같은 소금사막 차카염호(茶卡鹽湖)를 보고 싶었으나 일정상 다음 기회로 미룰 수밖에 없다. 국도 분기점에서 호수를 보고 되짚어 나올 시간이 여의치 않다. 언제 또 오려나 하는 자조 섞인 마음이 긴 한숨으로 바뀐다.

치롄산맥과 유채밭

칭하이호수 동부에서 치롄산으로 이어지는 광활한 유채꽃 밭 멘위엔(門源)의 '백리화해(百里花海)'는 칭하이호수 북쪽으로 돌아가는 길이기도 하거니와 시기도 아니어서 포기하고 서남부 방향으로 길을 잡았다.

거얼무에서 사막과 산길을 번갈아가며 525km를 달린 끝에 샹피산(橡皮山, 3,817m)고개에 이르자 거대한 칭하이호가 모습을 드러낸다. 중국 칭하이성 동부에 있는 중국 최대의 염호다. 옛 이름은 코코노르였다. 몽골어로 '푸른 호수'라는 뜻이다.

중국 최대의 내륙호이자 '가장 아름다운 호수'로 알려진 칭하이호 기슭에는 코라를 도는 순례자와 관광객들이 엉켜 있다. 산과 초원, 호수가 어우러져 아름답고 장려한 경관을 자랑하는 칭하이호수로서는 당연한 북적거림이다. 1월, 8~9월 이때면 호수 북쪽 기슭에 노란 유채꽃이 만발해 장관이다. 5~7월은 철새를

칭하이호수

to 둔황(敦煌)
315번 국도
하이베이 티베트족 자치주
(海北藏族自治州)
to 라싸(拉薩)
칭하이호
(青海湖)
황위엔
(湟源)
르웨산
(日月山)
시닝
(西寧市)
차카염호
(茶卡盐湖)
109번 국도
6번 고속도로(京藏高速: 티베트~베이징)
따오탕하
(倒淌河)
to 라싸(拉薩)
214번 국도
하이난 티베트족 자치주
(青海省海南藏族自治州)
to 위수(玉樹)

구경하는데 가장 좋은 때이고, 볕이 좋은 날 호수는 바다로 변한다.

칭하이호는 북쪽에 다퉁산, 동쪽에 르웨산, 남쪽에 칭하이난산, 서쪽에 샹피산 등 사방 4개의 높은 산으로 둘러싸인 분지의 중앙에 위치한다. 원래는 황하와 연결된 큰 담수호였으나 지각변동으로 물길이 막히면서 염호가 되었다고 한다. 그 규모가 오래전부터 줄어들었지만 최근에는 기후변화 등으로 그 속도가 빨라지고 있다고 걱정한다.

칭하이호수에도 아름다운 전설이 있다. 전설에 의하면, 천여 년 전 당(唐)나라의 문성공주가 토번왕 송첸감포와 혼인을 맺고 티베트의 라싸를 향해 당나라의 도읍 장안을 출발한다. 당나라 황제는 문성공주에게 고향의 경치를 그린 거울 일월보경(日月寶鏡)을 하사했고 기나긴 여로에 공주는 고향이 그리울 때면 거울을 꺼내서 보며 눈물을 지었다고 한다. 천신만고 끝에 당번고도(唐蕃古道)*를 지나며 르웨산에 이른 문성공주는 당태종이 고향이 그리워지면 보라고 하사한 일월보경을 산 아래로 던져 버렸는데 거울이 떨어진 자리에 호수가 생겨났고 그 호수가 바로 칭하이호수라는 이야기다. 칭하이호수 주변을 돌 수 있는 일주도로가 있으나 해가 기울기 시작한 오지에서 모험을 할 수는 없는 일. 칭하이호수에 손을 한 번 담그고는 호수 남쪽으로 길을 재촉한다.

샹피산을 내려서면 초원지대가 펼쳐진다. 12월이라 노랗게 물든 초원이 그윽한 아름다움으로 다가온다. 노란 초원에는 셀 수 없는 양과 야크, 말들을 평화롭게 방목하고 있다. 척박하기 그지없는 땅에서도 사람들이 살고 가축이 공존하는 목가적 풍경이 신기하다. 반대로 바람이 많은 지역은 어김없이 풍력발전을 한다. 천연 에너지를 얻기 위한 중국의 각고의 노력이지만 경치가 괜찮은 등성이

* 당나라와 토번을 잇는 옛길.

마다 거대한 바람개비들을 설치해 놓아서 가끔은 짜증이 난다.

르웨산에 가까워지자 따오탕하고속도로IC 옆에 실개천이 흐르고 있다. 바로 따오탕하(倒淌河)다. 위수 가는 길과 칭하이호 가는 길이 갈라지는 교통의 요충지로 티베트 일주를 시작하면서 위수로 갈 때 지났던 곳이다.

옛날 당태종의 양녀였던 문성공주가 티베트 왕 송첸감포에게 시집가던 중에 고향 생각을 하면서 시 한 수를 남겼는데, "세상의 모든 강물이 동쪽으로 흐르건만, 나만 홀로 서쪽으로 가는구나." 하고 탄식을 하자 갑자기 강물이 서쪽으로 방향을 바꿔 거꾸로 흐르게 되었다는 개천이다. 그래서 개천의 이름이 따오탕하 즉, '거꾸로 흐르는 하천'이 되었다는 것이다. 물론 전설이다. 따오탕하는 원래 동쪽으로 흐르던 강으로 황하로 흘러들었으나 지각변동으로 서쪽으로 흐르게 되었다고 한다. 그러나 문성공주의 전설이 더 마음에 와 닿는다.

따오탕하고속도로IC에서 약 1km 남짓, 르웨산이 있다. 칭하이 동쪽 농업지역과 서쪽 목축업지역의 경계선이다. 예로부터 중국 땅에서 티베트로 갈 때 반드

따오탕하 시원지 표지석

시 거쳐야 하는 곳이다. 이 지점을 기준으로 기후변화가 다양하게 나타난다. 국도에서 좌측으로 르웨산으로 가는 갈림길로 접어든다.

르웨산경구(日月山景區, 3,520m) 입구. 산비탈에는 기념테마공원이 조성되어 있다. 9m에 이르는 거대한 옥으로 조각된 문성공주상과 일정(日亭)과 월정(月亭) 두 개의 정자가 세워져 문성공주와 관련된 전설이 정리된 곳이다.

탐사대의 길고 긴 티베트, 위구르의 전설 같은 장정도 어느덧 마지막으로 향하고 있다. 15,000여 km에 이르는 티베트, 신장위구르 일주를 마무리하며 시닝으로 향한다. 시닝은 대장정을 사실상 시작했던 곳이다.

시닝에서 출발한 일정은 허카현 초원제일진에서 숨고르기를 한 연후에 칭하이성의 마둬와 위수를 거쳤다. 그 무렵 지독한 고산병을 이겨내며 거침없이 쓰촨성의 일대를 답파했다. 라싸와 간체, 시가체 등 주요 도시들의 속살과 현실도 목도하였다.

감히 범접하기 어려웠던 히말라야의 최고봉 초모랑마(에베레스트산)와 짜다토림, 구게왕국, 푸란을 거쳤고, 세계의 지붕이라는 카라코룸산맥을 넘어 도착한 신장위구르자치구에서는 삼엄한 분위기 속에서 세상사의 흐름도 느껴보았다. 실크로드 톈산남로 상의 오아시스였던 카슈가르와 쿠처를 지나 제2사막공로를 통해 죽음의 땅 타클라마칸사막을 경험했다. 이미 오래전 그 역할을 다하고 모래바람에 스러졌던 서역남로의 도시들이 어떻게 다시 살아나고 있는지도 확인할 수 있었다. 힘들었지만 홀가분하고, 홀가분하지만 아쉬운 뒤안길을 두고 원점회귀하면서 티베트와 신장위구르의 무시무시한 변화를 다시 생각하지 않을 수 없다. 그것은 악몽처럼 서서히 목을 조여 오는 어떤 공포인지도 모른다.

주지하다시피 중국은 14개국과 국경을 접하고 있고, 20여 군데에서 영토분쟁을 벌이고 있다. 티베트, 신장지역뿐 아니라 캐시미르를 사이에 둔 인도와 파키스탄, 자원의 보고 남중국해와 동중국해의 영해 주권을 지키기 위해 난사군도(南

沙群島 또는 Spratly Islands)와 댜오위다오(釣魚島 또는 센카쿠열도, 尖閣列島) 심지어는 우리 땅 이어도와 파랑도까지 자기 땅이라고 억지를 부리고 있다. 엄청난 지하자원과 지정학적으로 중요한 위치를 포기하지 않겠다는 뜻이다. '대중화주의(大中華主義)' 즉, 영토란 무조건 큰 것이 좋다는 것이 중국인들의 뿌리 깊은 관념이기도 하다.

변경(邊境) 문제해결이 곧 중화민족의 부흥이라는 중국 공산당 지도부의 원대한 목표는 당연하다는 것을 여행을 통해서 확실하게 느낄 수 있었다. 한편 경제적으로 '혁신(China Innovation)'은 계속되고 있었다. 새삼스러울 것도, 놀랄 것도 없다. G1의 초일류국가를 꿈꾸는 대국답게 수많은 프로젝트가 국가 주도 아래 쉼 없이 착착 진행되고 있다. 그 저력과 규모는 상상하기도 힘들다. 우리가 알고 있던 중국은 이미 오래전 이야기다.

중국에 대한 몰이해나 불편한 감정으로 중국의 정체를 간과하고 있었음을 중국을 한 바퀴 돌고 나서야 반성하게 된다. 한반도에 평화가 온다면 지구상에서 가장 위험한 나라는 단연코 영토 확장 및 세계 중심을 도모하는 중국이 될 가능성이 크다. 앞으로 우리는 어떻게 중국을 만나야 하는가? 작가 조정래 선생의 경구를 새겨둠직하다.

> "중국이 강대해지는 것은 21세기의 전 지구적인 문제인 동시에 수천 년 동안 국경을 맞대온 우리 한반도와 직결된 문제이다."(소설『정글만리』 중에서)

어느새 하늘을 찌를 듯한 시닝의 고층빌딩이 품을 열고 있다. 우리는 한동안 휴식을 취하러 도시로 향한다. 다시 돌아올 날을 고대하며. 我会再来的!

아얼진산맥을 넘어 거얼무로 가는 길

Special thanks to

미지의 세계에 호기심을 일깨워 준 현광민 회장님(한중자동차문화교류협회),
중국의 길을 멋지게 표현해 준 민병근 그래픽디자이너,
원고가 완성되기까지 끝까지 동행해 준 친구 한성환.

참고자료 및 문헌

『티베트의 신비와 명상』, 다정 김규현 저, 도피안사, 2000.

『티베트 역사산책』, 다정 김규현 저, 정신세계사, 2003.

『실크로드 문명기행』, 정수일 저, 한겨레출판, 2006.

『중국을 누빈다 ⑤ 티베트』, 광뚱여행출판사 저, 김택규·김윤정 역, 예담차이나, 2002.

이재형의 실크로드 대장정 시리즈(《법보신문》, 2003년)

심형철의 실크로드 기행, 《디지털타임스》 2007년 11월 8일

서화동 기자의 [中 서부 極地 2만km 대장정] 《한국경제신문》(2005) 연재기사

중국국가여유국 서울지국 홈페이지 http://www.visitchina.or.kr

네이버 블로그 윤태옥의 왕초일기 [인문기행 중국]-(청하이성 메모2) 청해성의 수도 시닝(西寧)

사막공로를 건너며 (過218沙漠公路)-작성자 심목

천산남로 07, 타클라마칸을 가로지르다. [2012.08.15.]-작성자 취몽

http://blog.daum.net/kijesi 산들바람의 세상구경

http://blog.daum.net/gamcho2002/8573857

http://wildwater.tistory.com/166 [산, 물 그리고 흔적]

네이버 블로그 〈세계를 향해 중국을 향해〉 중 '중국여행/허난성(河南省)의 정저우(鄭州) 중원을 잡는 자, 천하를 다스린다'-작성자 bhpark7

네이버 블로그-지난(제남)여행기 Day1(180614)-작성자 HOJOOHO

Korean@cri.com.cn

시사위크(http://www.sisaweek.com)

blog.naver.com/kmoon0922/221330350814 땡살의 중국여행

최종명의 중국대장정(06) - 고향, 루랑진, 거백림 지나 바이까지

헬로! 티베트

초판 1쇄 발행 2020년 11월 20일

지은이 백민섭
펴낸이 정재탁
펴낸곳 (학)신구학원신구문화사
디자인 은디자인
색보정 오명현

등록 1968년 6월 10일 제1-205호
주소 경기도 성남시 중원구 광명로 377 신구대학교 우촌학사 1층
전화 031-741-3055~6, 031-741-3054(팩스)
이메일 shingupub@naver.com
홈페이지 www.shingubook.com

ISBN 978-89-7668-254-3 13980